文化と教養

―比較文学 講演の旅―

新田義之 著

大学教育出版

まえがき

これまで大学の講義とは別に、いわゆる公開講座や講演の形で、いろいろな種類の研究グループや市民のかたがたの前で、その折々の話題やテーマで話す機会があったが、そんな時に準備した原稿や聞き取りの筆記が、会誌や年報などに印刷されることも多かった。

これらは言うまでもなく、特定の機会に特定の聴衆に向かって話したものだから、そのような前提と枠組みとを無視して一般に公表するのは、必ずしも適当なことではないかもしれない。

しかし考えてみればどんな本でも、興味のある人々に見いだされて初めて意味を持つものだから、折々の機会に集まられて私の話を聞かれたかたがたと興味を共にする読者もあるはずで、そうであるとすれば、よほど特殊なものは別として、折々の講演を集めて一冊の本にしてみる意味もないとは言えない。

そう思って、私にとって思い出の深い講演記録の中から、まだ書物になっていないものを十五篇ばかり選んでみた。したがって比較的最近のものが多いが、いくらか古いものも数篇含まれている。各篇の始めに、どのような機会に話したものかを、括弧に入れて簡単に記しておいたが、内容を把握されるのにいくらかお役に立てば幸いである。

便宜上章分けにしたが、これは同じ章内の各篇が内容において、互いに緩やかな類似点を持つという以上の意味はない。むしろ私の知識と認識の偏りは全篇に見られ、かえって章分けなどしない方がよかったのかもしれない。

私はこれまで比較文学・比較文化を専攻し、特にドイツ文化と東洋の関わりに注目してきた。具体的にはゲーテ、ルドルフ・シュタイナー、リヒアルト・ヴィルヘルムを主な研究対象とし、日本近代文学の分野では木下杢太郎を中心に、医学の歴史も含めて、その周辺のことを調べた。第五章は、一九八二年に『木下杢太郎』(小澤書店) というモノグラフィーを出した後の補足的な考察という意味で、「余韻」と名づけたものである。結局のところこれらの研究対象から得たものがすべての論考の基礎になっていて、どんなテーマで話しても結論は同じになってしまうきらいがあるのもそのためであろう。

この本をこのような形でまとめることができたのは、大学教育出版の佐藤守専務を始め、同出版社のスタッフの皆さんのお蔭である。ここに記して感謝の意を表したいと思う。この本が好意ある読者を得て、比較文学・比較文化の本質を理解する上での何らかの役割を果たしてくれることを、切に祈ってやまない。

二〇〇〇年二月

新田　義之

文化と教養——比較文学 講演の旅——

目次

第一章　文化と教養

教養の役割

（岡山のノートルダム清心女子大学では、毎年「生活文化講演会」という名の公開講演会を催して、地域と大学との交流をはかっている。これは平成十年七月、特に「教養」に関する話をするようにと主催者から求められて、その要望に応えようと試みたものである。）

皆さん、こんにちは。ただいまご紹介をいただきました新田でございます。今日はこの催しの主催者のご意向もありまして、いわゆる「教養」と私たちの人生がどういう関係にあるのか、あるいはあるべきなのかという問題について、少しばかり考えてみたいと思います。できるだけ理屈に走らず、肩の凝らない話となるように努めますが、力の及びませんところは何卒ご容赦くださいますように、お願い申し上げます。

皆様もご存じのように、ごく最近まではどの大学も、「教養課程」と「専門課程」とに分かれておりました。これを「教養部」と「専門学部」というふうに呼んでいた所もあるように思いますが、要するに大学に入学した学生は最初の二年あるいは一年半ほどの期間、自分の将来進む専門の学科が何であれ、人文、社会、自然科学のすべての分野にわたる初歩的な教育を受けることになっていたのです。そして学生たちはこの期間を、「一般教養」を身につける期間であると理解しておりました。ここにおいでになる年輩のかたがたの多くは、この制度の中で大学時代をお過ごしになられたに違いありません。

一九四九年から五十年間も続いてきたこの制度は、ほんの数年前に、文部省の通達によって骨抜きにされました。このことをまだご存じない方もあるかと思いますが、現在では各大学に教育カリキュラムを自由に決めることが認められておりまして、これまで教養課程で大きな比重をしめておりました外国語や古典文学などの科目は、各大学の判断でどのように扱ってもよいことになったのです。これはつまり、これまでの「教養課程」を消し去ってもかまわないということであります。

もちろんあくまで「教養課程」を大切にし、学生が大学に入ってから二年後に初めて専門分野の選択をするという制度を崩さない大学もあります。なぜならそういう大学では、広い分野を視野に収めた上で専門の選択をすることが、本当の意味で「ほんもの」の専門家となる前提だと判断しているからです。しかし、この判断がすでに時勢に合わないとする大学では、もう教養部そのものを廃止してしまっております。しかもそういう大学の数が、すでに圧倒的に多くなっているように思います。

「教養部」という制度が意味を失いかけている、あるいは失ってしまったということは、大勢を見る限り、もう否定できないようです。「教養」を大切にする精神は、ほとんどの大学においては現状に合わなくなった、と言ってもよいでしょう。そもそも教養とは何か、という問題はしばらくおきます。これは今日のお話の中心テーマの一つとして、後で少し詳しく取り扱うことにいたしますが、その前に、なぜ多くの大学がむしろ喜んで「教養部」を廃止するのかを、これまでの私の経験を踏まえて考えてみたいと思います。

四年間の大学教育において、始めの二年間を「教養課程」、後の二年間を「専門課程」とし、そのそれぞれを教養部（あるいは教養学部）と専門学部とが受け持つという制度は、確かに長所もありましたが、困った問題をも含むものでした。その最大の問題は、整理すると二つに収斂されます。一つは、社会機構の複雑化と学術の進歩につれて教えるべき事項が増加し、専門課程が二年間では、専門家に必要な最低限の知識が学生に伝えきれなくなるということです。そうなりますと、専門学部の方では専門教育をもっと早くから始めたいと考えます。そうしなければ「専門教育」に責任が持てないと感じるからです。そして実際に、教養部からその持ち時間を取り上げて、すでに初年度から専門教育を開始するようにしようとして、これまでも教養部に圧力をかけ続けてきました。

これに対して教養部は、専門教育の充実が教養課程の存在を否定する形で行なわれるのに抵抗しました。専門教育の充実は必要でしょうが、一般教養も必要である以上、一方が他方に犠牲を要求するのは理屈に合わないというわけです。こういう議論が長い間続きまして、要するに両方で主張と妥協とを繰り返しながら、今まで何とか折り合いをつけてきたのでした。

さてもう一つの問題は何かと言いますと、それは教官の所属と専門性の矛盾であります。ある研究者が教職に就きます時に、専門学部に所属して専門科目の教育にたずさわることになるか、それとも教養部に所属して自分の専門を一般教養の観点から教えることになるかは、必ずしも自分の本当の意志によって決定できるわけではありません。むしろそれはポストがあるかないかという、ほとんど偶然に近い条件によって左右されます。教官の中には心から教養課程の重要性を信じる人もありますが、専門学部にポストの空きがなかったので、仕方なく教養部に来た人もあります。このような人たちは当然、何とかして専門科目を担当する方法を見つけたいと考えるに違いありません。つまり教養部の教官も専門科目を担当し、専門家を養成することのできるような制度を求める気運が、教養部の内部から生まれてくるのも、いわば必然であったのです。

しかしながらこれらの諸問題は、教養課程の存在を否定するところにまではなかなか達しませんでした。なぜなら、教養課程という制度には容易に捨て難い長所があり、教官にも学生にもそれが支持されている限り、問題の解決を「教養部廃止」という形ではかろうとする発想には力を得る機会がなかったからなのです。

その長所とは何かと言いますと、それは、大学に入学した学生が、自分の将来において専門とするものを、十分に時間をかけて考えながら選ぶことができることでした。大学の中には入学の際にすでに進学先を決めてしまうところもありますが、教養課程を終える時点で最終的に決めることの許されているところもあります。また始めに将来の専門を決めておいても、専門課程に進む時に修正できるようにしているところもあります。いずれにせよ、「まだ専門ではない」期間があることによって、学生には視野の拡大と判断の修正あるいは深化の機会が与えられるわけです。この期間を制度的に保証することが、その他の面でのあらゆる問題性を越えて、教官ばかりでなく学生の側からの支持をも得ていたからこそ、教養課程という制度が保たれてきたのでした。

私は学生時代にも、またその後教師となってからも、この制度の中で自分の進路を選び直すことのできた人の実例を、いくつも見てまいりました。入学する時の選択が概ね正しくて、そのまま矛盾なく自分を伸ばすことのできる人もたくさんありますが、さまざまな理由から、自分を本当に生かすためにはどうしても進路を変更する必要があると思いつめる人もあります。そして文化系から理科系へ、また理科系から文化系へと専門を変更して、自分の天職を見いだした人も、決して少なくないのです。教養課程の終わりにこのような転科をした人の方が、のちに優れた専門的な業績をあげるものだとさえ言われているくらいです。

これが何を意味するかと申しますと、一人一人の人間の内部には多くの資質や可能性が備わっているにもかかわらず、進路を選択する時点までにそのすべてが目覚めているわけではないということなのでしょう。また一般に、早くに目覚めた能力を自分の「個性」だと思い込みやすいものですが、その思い込みが全く別の資質の目覚めによって揺すぶられる時と、進路選択の時期とが重なることが、以前にはかなり頻繁にあり、その現象を教師も学生もよく知っていた、ということかもしれません。

進路の変更は自分だけの考えで決められない場合もあり、周囲や家族との関係も絡みますから、こういう現象に直面した時の学生の悩みは、言葉を絶するほど深刻なものでした。そのために自殺をした人もあります。ところがいつの頃からか、このような種類の悩みは次第に、いわば「古典的な煩悶」とでも言うべきものとなり、学生の悩みに質的な変化が生まれてきました。それは例えば教養課程の成績が悪くて、志望の専門学科に進めないとか、高等学校の時の詰め込み教育から急に自主的自己教育の世界に放たれて、どうしたらよいか分からないとかという種類のもので、とにかく早く専門の知識を詰め込まれる身分になりたいと望む傾向が、学生の主流になってまいりました。そして、教養課程が将来の役に立たない無駄な科目をたくさん学ばせる、無駄な期間であると考える学生の数がどんどん増えていったのです。今でも自分の進路について思い悩む学生はいるでしょう。しかしそれは本当に少数派となりました。

学生たちは一刻も早く専門学科に行きたがっている、教官の多くが専門課程の教育にたずさわりたいと望んでいるという、この二つの願望を満たす形で、文部省は大学の教育カリキュラムの決定を各大学の手にゆだねました。いわゆる「大綱化」であります。世の中が「無駄な教養」などよりは、すぐに企業などで使える専門知識を持った人材の養成を期待していると、その筋の権力者が考えた結果かもしれません。そしてその判断は、残念ながら本当に時勢にぴったりと一致したものであると言ってよいようです。

多くの学生が教養課程が無駄な期間だと思い始めた頃から、学生の表情に変化が生まれてきました。少なくとも私の目にはそのように見えました。教室に入った時に、学生の顔がみな同じに見え、しかもみんな目鼻立ちのはっきりしない「のっぺら坊」に見えるのです。のっぺら坊な顔の学生からなるのっぺら坊のクラス。最初に一般的な導入の話をしてから「何か質問はありますか」と言いますと、みんなおし黙っていて、「では今日はこれで終わります」と言いますと、突然「先生、試験はどのようにするのですか」と聞きます。「授業を進めながら皆さんと一緒に考えましょう」と答えますと、「出席点も加算してください」と言う学生が必ず出てきます。大体そんなクラスが多くなりました。

こういう学生たちを前にした時、私はよく、斎藤喜博先生の書かれた『君の可能性』という本を思い出しました。斎藤先生といいますのは、今から四十年程前に、群馬県の「島小学校」という学校の校長として優れた教育実践を生み出され、のちに「教授学研究の会」という研究会を組織されて、日本全国から集まる大学から幼稚園までのあらゆる教育機関の先生たちに、教育の精神と実践の神髄を示された方です。

先生の書かれた『君の可能性』という本の中には、例えば次のような言葉があります。

> 学校へ行ってみても、びっくりするほど子どもたちが同じ顔をしている。生き生きと一人ひとりの子どもが浮き出してくるようなことがない。呼びかけ、話しかけてくるような子どもの顔がない。こちらからも話しかけたくなるような顔がない。（中略）おとながそうなっているのは、また子どもまでがそうなっているのは、やはりいまの世のなかに、すべての人間が、自分の持っている可能性をゆたかに引き出すことを尊ばない強い力があるからである。個人の自主性とか創造性などは必要としないという考え方があるからである。

これは四十年も前の、しかも小学校や中学校での話なのですが、このままで現在の大学の実情に当てはまります。ただ当てはまるだけではなく、もっと事態は深刻になってきていると言ってもよいでしょう。なぜなら自分の持つ豊かな可能性を次第に開きながら大学の課程にまで進んできたのではなく、テストの点数によって自分の値打ちが決められ、選び分けられてきた学生がほとんどであり、彼らの多くが固定的で自分を持たない、非人間的な人間になりかかっているからです。その上にさらにご丁寧にも、「個性化」とか「多様性」というようなキャッチ・フレーズの追い打ちを受け、それに目を眩まされて、他人と違うものをたった一つだけ大事にしていれば、それが自分の個性であると信じる、極めて浅薄であるばかりか根本から間違った考えに汚染されている者も多いのです。

確かに一つの分野において優れた技能を持っていたり、専門的な知識が豊かだったりすることは、本当にすばらしいことです。しかしもしも事実そうであっても、自分の技術や学問やあるいは趣味などが、人間の生活にとってどのような意味と価値を持つのかを認識していなければ、自分の行動が正しいのか、このまま進んでよいのかを、全く判断できないでしょう。自分の行動を人間文化の中に位置づけることができるのも一種の感覚、あるいは感性でありますが、この感性が養われていなければ、本当に創造的な行為は生まれません。

そのような感性の大切なことを抜きにして、「個性化」がよい、「多様化」がすばらしいと宣伝するのは、人間文化の中のたった一つの要素しか目に入らない人間の生き方を褒めたたえ、そういう生き方をするのを誇りに思う人間を生み出そうというたくらみだとしか言うことができません。こういう意味での「個性化」や「多様化」の宣伝は、人間の内面の豊かさや創造性の豊かさから目をそらさせ、それによって人間の心を貧しくし、判断力をなくさせて、一部の人間の利益に奉仕させる目的を持っております。

すなわち、こうして「個性化」され、多様に「固定化」された人間は、人間の生き方を総合的に判断することなく、ただ一つの分野だけの「玄人」として判断し、行動し、それに満足するようにしむけられています。このような玄人たちは、多様化されたたった一つの狭い分野しか視野に入れませんから、自分が知らず知らず消費経済政策の餌食になっていても、あるいは地球の環境破壊に加担させられていても、そういうことにはほとんど関心を持たなくなります。そんな愚かな人間はいないとお思いになるでしょうが、本当にそう楽観できるでしょうか。

例えば、少し前に「オタク」という言葉が作られ、すでに普通に使われています。この言葉が何を意味するのかは厳密に定義し難いのですが、おおよそは「特定の玄人的作業にふけって、その他のことに興味を持たない人間」を言い表わす時に用いられるようです。すなわちそれは、孤独でひとりよがりな営みという意味でもあります。そういうタイプの人間が確かに増えているというのは、世にいう「個別化」「多様化」の動きと連動する現象ではないでしょうか。

この現象と、「教養は無駄、早く専門を」という学生の増加とは、やはり同じところから発しているように思います。世界と自分との関係を自分の判断によって生み出そうとする意志が目覚めるのは、発達心理学などの教えるところによりますと、大学に入る時期とほぼ重なります。つまり十八歳から二十歳くらいの頃であります。したがってこの頃は、先にも述べましたように、自分の進路の選択をめぐっての悩みが深い時期なのです。この時期にそのような悩みが芽生えないで、ひたすら思い込んだ「専門」の道にしか関心を持たない学生が増加しているということは、いわゆる「合理的な人間管理」をするのに大変都合の良い傾向でありまして、管理責任を持つ人たちにとって、これ以上に歓迎すべきことはないでしょう。

私はこの現象を見て、悲しみ、憤る前に、恐ろしくなります。今から三十年前の一九六八年から六九年にかけて、私たち大学教師は学生たちから「専門馬鹿」と呼ばれ罵られましたが、その時に私は学生たちの精神の未熟なのを悲しみました。しかし現時点では、この時とちょうど正反対の現象を学生だけでなく、多くの社会人の上に見て、同じように「育つべきようには育っていない」精神の未熟を感じます。再び先ほどの斎藤先生の著作に戻りますと、また次のような箇所があります。

人間の素質とか能力とかは、固定しているものではない。なかには固定していて変わらないものもあるかもしれないが、素質を動かないものとしたり、能力を素質的なものであり、変えることのできないものだとする考え方はまちがいである。

そうではなく、素質的なものも、学習とか経験とか、環境とかによって、あたらしくつくり出されると考えなくてはならない。能力も同じである。学習とか経験とか、条件とか練習とかによって、あたらしくつくり出されていくと考えなくてはならない。そう考えないのは人間の社会の怠慢であると考え、あらゆる努力をし経験をして、さまざまの事実をつくり出し検討してみなければならないのである。

そう考えないかぎり、人間は努力することなどできなくなってしまう。他人が素質や能力をつくり出すのをみてはげまされ、自分の素質や能力をつくり出すなどということもできなくなってしまう。また、人間はだれでも可能性を持っているとうとい存在だなどという考え方も生まれなくなってしまう。

ところがいまの世のなかは、そう考えようとしない。人間の素質や能力は固定しているのだと考えているものが多い。

もし人間の能力を固定しているものだと考えるならば、ある能力を自分の中に発見した時には、どうしてもそれにしがみつき、それに頼ろうとするに違いありません。これは能力社会の突きつける脅迫におびえて、本当の自分を見失うことにつながります。自分の内部に潜むさまざまな資質は決して一度に目覚めるものではなく、比較的に早くに目覚める才能もあれば、ずっと後になってから開いてくる資質もあるのです。そしてこれらの資質が自然に、健康に開き育つ過程があって初めて、自分と世界との関係を正しく見定めて生きる人格が誕生するのです。

このような人間は、もう他人から管理されることはありません。勝手に管理されることを自分に許さない人間が自立した人間であり、自立した人間たちによってのみ、本当の意味での秩序が生み出されます。孤独に、固定した興味だけに生きている人間には、連帯もなく秩序もなく、人間文化への自覚的な参与もありません。もしそんな人間が多くなったら、おそらくは私たちの社会は、管理機構をにぎる一部の人間たちの思うままに動かされる世界となってしまうでしょう。しかも当然その場合には、管理という専門分野にしか興味を持たない固定的な人間に支配を許すわけですから、結果がどうなるかは改めて申すまでもなく、悲惨なことになりましょう。現在の政治や、官僚機構の実情を見ておりますと、これが単なる悲観的予想に過ぎないとは言い切れないように思いますが、いかがでしょうか。

では人間はどのようにして自分の豊かな可能性に目覚め、それを開いてゆくものなのでしょうか。先ほどの斎藤先生の本には、次のように書かれています。

ある心理学者はこういうことをいっている。人間はだれでも生まれてくるときに、あらゆる要素を持って生まれてきている。数学的な能力も、文学的な能力も、勤勉な要素も、怠惰な要素も、ものおしみする性質も、むだづかいする性質も、乱暴な要素も、おとなしい要素も、すべてを持って生まれてきている。ところがそのなかの、一つのよい要素が表に引き出されると、他のよい要素がいもづる式に引き出され、悪い要素はかくされてしまう。逆に、始め悪い要素が引き出されると、他の悪い要素だけがいもづる式に引き出されて、その人間の持っているよいものはかくされてみえなくなってしまうというのである。

私もほんとうにそうだと思う。

私も本当にそうだと思います。私たちは自分の中にある良い要素に気づきますと、喜びを感じ、それを使って外界に向かい、外界の価値あるものと自分とを結びつけようとします。世界の意味の認識がそこから始まり、自分の存在の意味の実感が生まれます。これが創造的な生活の第一歩でありまして、第一歩が成功すると、さらに次のステップに進む積極的な意志が心に満ちあふれてきます。この喜びに満ちた若者の顔が「のっぺら坊」であるはずがありません。呼びかければ活発に反応し、疑問がわけば元気に問いかけてくる、知的好奇心にあふれた顔と姿がそこに見られるはずです。それが本当の人間の姿なのです。

こうして自分の資質を次々に発見し、その資質によって未知の世界の謎を解く可能性の無限に広がるのを知る喜びは、これこそ創造的な人生活動とは何かを悟る時の喜びに他なりません。そして、その多くの可能性の中から、本当に自分が一生をかけて追求しても悔いのないものとの出会いが生まれ、それを選び取ることが専門の決定でありますから、いわば多くの異性の中から一人を選んで人生の伴侶にするのと同じようなものなのです。

それではそのような生涯の伴侶としての専門と出会う前に、親密に心をこめて関係を結んだ多くの文化領域での体験は、いったいどのような意味を持つのでしょうか。専門を選んだ後に、それらはすべて無意味になり、忘れ去られてゆくものなのでしょうか。決してそうではありません。それらと結んだ関係が真剣なものであり愛情に満ちたものであった場合には、専門の道に入ったのちにも関心が薄れるということはありません。それどころかそれらへの関心は、専門的な分野での創造活動を支え、ある時には専門性が必然的に伴う視野の狭さを補い、場合によっては専門家としての自分の行動を、広い視野から監視する機能すら果たします。つまり、それらは専門家が人間として生きることを保証する役割を担うのでありまして、これを私たちは「教養」と呼んでいるのであります。

「教養」の本質をこのように理解いたしますと、「教養」が単なる常識でもなく、また「多量の知識」でもないことが分かります。「教養がある」ということを「たくさんのことを知っている」ということだと思い込み、教養主義は博識主義だと言って嫌う人がありますが、それは誤りです。教養は知識そのものではなく、知識が豊かでも、教養があることにはなりません。自分が人生と真剣に関わってゆく時に自分の判断や決意を支える機能は、ため込んだ知識の量とは、実は何の関係もなく、知識の量が多ければ多いだけ正しく積極的な人生が生み出せるというものではないのです。多くの知識を持っていても人生と真剣に関わり合う姿勢がなく、だらしのない生活をしている人間の少なくないのは、いまさら言うまでもありません。

では、なぜ教養と知識とが混同されるのかと言いますと、私たちが内発的な興味につき動かされて未知の領域に入ってゆきますと、その領域の事実が次第に明らかになってきます。それらの事実は自分の知的経験として、つまり「知識」として自分の中に残り、蓄えられるのは当然です。すなわち、豊かな教養の支えを持って生きている人には、生きる過程で自然に蓄積された知識が豊かに備わっているのが普通です。その意味で、教養と知識とは関係がないわけではありません。しかし知識ばかり追求しても、決して創造的な人生の支えとなる教養が身に備わるものではないのです。物知りであるのに、非生産的で非創造的な俗物に過ぎない人物のいることは、別に不思議とするに足りないでしょう。

このことをちょうど反対の方向から見て、人間に精神の創造性の生まれる不思議を語った箇所が、先の斎藤先生の本にあります。島秋人という死刑囚の話です。少しまた引用をします。

島秋人は、小学校のときも中学校のときも、成績はいつもクラスでいちばん下だった。だから、友だちからも教師からも「低能児」だといわれ「劣等生」だといわれて、ばかにされていた。自分でも「知能指数のひくい、精神病院に入院し、のうまく炎もやって」と、おとなになってから書いているような人間だった。小学校の五年のときには、国語の試験に零点をとったので、先生に足でけとばされたり、棒でなぐられたりした。そのため恐ろしくなり、苦しまぎれのうそをいって学校から逃げ出し、神社の裏の草やぶや川口の岩のかげにかくれて逃げまわっていたなどということもあった。

そういう学校でのことだけが原因ではもちろんなかったであろう。家庭その他にも原因があったのであろうが、島秋人は性格がひねくれ、あらあらしくなり、人にもいやがられて、とうとう少年院に入れられてしまった。そのあげく一九五九年、二十四歳のときに、農家へどろぼうにはいり二千円とったが、みつけられて争いとなった。そしてその家の人を殺して死刑囚となってしまったのである。

島秋人はそういう人であった。

死刑囚になった島秋人は、ほめられたことなどほとんどなかった小学校、中学校時代の記憶のなかから、ただ一回だけほめられたことを、ひじょうになつかしいと思った。それは中学校一年のときのクラス担任であり、美術の先生であった吉田先生が、「絵はへたくそだけれど構図がよい」といって、美術の時間にみんなの前でほめてくれたことである。

島秋人は、ただ一度ほめられた、そのときのことが忘れられなかった。それで吉田先生のところへ手紙を出した。

すると吉田先生が返事をくれたばかりでなく、吉田先生の奥さんの手紙もいっしょにはいっており、奥さんの手紙には短歌が三首書いてあった。それを読んだ島秋人は、短歌とはなんとよいものだろうかと思い、それから短歌をつくり出したというのである。

そのときのことを島秋人は、『遺愛集』という歌集の「あとがき」でつぎのように書いている。

「その返事は、親身なもので、自分に対するおどろきと反省をよびおこす優しさで満ちていた。同封されて奥様の手紙があり、その中に少年期を過ごした家の前の香積寺とそのお住職様を詠んだ短歌が三首添えてあった。これが私の短歌に接した初めであって、過ぎし日のなつかしさもあり歌は何とよいものであろうかと思った。これがきっかけとなり、また刺激ともなって、自身にふさわしいものとし得て、時折に詠みはじめ詠んで今日に至っている」

そのようにして短歌をつくり出した島秋人は、毎日歌壇賞をもらったりした。そして一九六七年十一月二日に三十三歳で処刑された翌年の十二月には、『遺愛集』という歌集が出版されたのである。

その歌集の序文を、窪田空穂さんが書いている。そのなかで窪田さんはつぎのようにいっているのである。

「秋人君の思念は、時に幼童に立ちかえり、少年に立ちかえることがあり、その当時の記憶を刺激として詠んでいる歌がある。夙に死別した母を憶い、故郷の何ということもない風物を憶った歌などには、純良で、無垢の気分がにじみ出ていて、微笑をさそわれるものがある。また、自身の身世を大観し、現在の心胸を披瀝した大きな歌がある。そうした歌を読むと、頭脳の明晰さ、感性の鋭敏さを思わずにはいられない感がする。」(中略)

また窪田さんは同じ序文のなかで、島秋人から歌集の序文を書いてほしいという手紙をもらったとき、その手紙が、「まことに筋のとおった、行き届いた文章だったので、私は感心して承諾したのであった」とも書いているのである。

これを読みますと、短歌の世界に自分の生きる道を見いだした時に、島秋人にとっては過去に経験した一切のものがすべて、その道を進む土台となり支えとなった、その経緯がよく分かります。彼が最初に知識として持っていたものは、普通の人にくらべればおそらく極めて少なかったに違いありませんが、いったん自分の可能性に目覚めると、そのわずかな知識でも頼りになることが分かります。そしてそれらが価値のあるものであると自覚されれば、知識自体もどんどん増えてゆきます。これまでは「低能児」に過ぎなかった人間が、こうして「頭脳明晰」になり、「鋭敏な感性」の持ち主になるのです。もうこの時点での島秋人を「無教養な人間」と呼ぶ人はいないでしょう。なぜならば、彼の持つすべての知識、すべての経験、すべての思いが、残り少ない生の期間を歌人として生きようと決心した彼の創造活動の中に生かされているからです。もちろんこれは極端な例でありまして、そこには死を宣告されたという、人間の極限状態においてのみ現われ得る、特殊な精神的体験が働いているであろうことは否定できません。しかし斎藤先生はこう言っています。

島秋人が、もし家庭のなかで、もしくは小学校、中学校のときに、「頭脳が明晰」で、「感性が鋭敏」で、「筋の通った、行き届いた」面を引き出し拡大することができたら、おそらくああいう悲劇は起こらなかったにちがいない。それどころか、島秋人のよい面だけがみんなに認められ、島秋人もそれをどんどん拡大し、すぐれた人間だといわれるようになっていたかもしれないのである。

斎藤先生はこのことを教育のあり方という観点から捉えて、このように言っておられるのですが、同じことを「教養」という観点から捉え直し、さらに教養と専門の関係を考える立場に置き換えてみますと、本来は自己教育の場である大学において、皆さんがどんな精神で人間文化に対し、自分と人間文化との関係を構築し、個人的な専門を選び取ってゆかなければならないかが、判然とするように思います。「幸せにも大学で学んでいる皆さんは、ぜひとも本当の意味で自分を生かすことのできる専門を見つけることがどんなに大切かを知り、そして専門分野での創造活動の中にこそ、本当の意味でその人間の教養が息づいていることを認識して欲しい」、島秋人の事例はそのように語りかけているように、私は思うのです。

このように考えますと、大学の教養部が消滅しても学生から教養が消え失せるわけでもなく、大学からは教養のない人間しか育たないというわけでもないことが、大変はっきりしてきます。ですから教養部という制度がなくなるということ自体には、何も心配するほどのことはありません。もしも高等学校の時期に十分に試行錯誤する余裕があり、またそうできるほど若者の精神的な成熟が早いなら、大学受験の時点で本当の意味での「専門の選択」が可能でありましょう。あるいは大学で専門課程に入って勉強する間に、専門性を支え充実させるだけの内容のある精神生活を獲得してゆくことも、十分できるわけであります。この点においては、何一つ懸念する必要はなく、また疑いもいたしません。きっと教養部が消滅しても、現状より悪くなるものはないと思います。

私が大きな問題だと考えますのは、教養部を消滅させたのが学生の「個別化」志向であり、「オタク」化であり、そして好みの「多様化」であることであります。そして、これまでは偏狭で病的な、つまり「モノマニア」という精神障害を暗示するものであった「こだわり」という言葉が、現在ではあたかも何かすばらしい生活姿勢の表現であるかのごとき顔をして、大手を振って歩くようになっていることに、人間生活の精神的な面の衰退を覚えます。こんな空々しいジャーナリズムの言語操作に操られて、自分の内部に備わる豊かな可能性を見失うのは、何という寂しいことではありませんか。

「こだわる」という言葉は、少し固い言葉に言い換えますと「固執する」というのと同じです。固執するとは、その人の心がある特定の事象に必要以上にとらえられて、自由な判断ができなくなっている状態のことであります。これを極端なところまで突き詰めると、頑なにたった一つの対象だけに心を向けて、他のことは目にも入らず、また入れようとしない生き方ということになります。こうなれば精神疾患の「モノマニア」ですから普通はそこまではゆかないでしょうが、少なくとも自分の関心の持ち方やその対象についての反省を欠いた、平衡感覚のない、バランスを失った心の姿勢だと言えましょう。

言うまでもなく、ある問題の解決や真理の発見、あるいは作品の完成のために自分の持つすべての力を注ぐことは大切であり、必要であり、また尊いことであります。しかしこのような本当に創造的な行為には、その行為の意義を自分に確信させるものとして、自分の行為と人間文化の総合体との関係を把握する感性が必要です。この感性のことを「教養」というのです。この感性を育てるにはある意味で辛く苦しい自己教育の道程が要求されますが、そういう努力の過程を一切省略し、一足飛びに「その道の達人」になれそうな幻想を抱かせて人々を誘惑するのが、「こだわり」という言葉の、最近の用法であろうと思います。こういう流行語にだまされて、何かに「こだわって」、それでおぞましい優越感に身を任せるのは、悲惨なことではないでしょうか。そして安易に無反省に早期専門化に走ろうとする風潮が、「こだわり」の新しい使い方に踊らされるのと同じ心の持ち方から来ているのは、疑いないところでありましょう。

こうして見てまいりますと、「教養」が知識人やいわゆる文化人などの専有物ではないことが分かります。また高度に専門技術化した「職人技」と矛盾するものでもあり得ないことが、明らかになります。例えばある陶工が自分の焼く茶碗で、ある特殊な色を出すことに専念している場合、彼はその色が自分の作品になぜ必要なのかということも、その色によって陶芸にどんな新しい価値と可能性がもたらされるかも、たとえ理論的にではなくても、感性的ないしは予感的に把握しているはずです。そうでなくては専門家とは言えません。一方この陶工がその色を目指すようになるには、彼がこれまでに興味を持って学び身につけたすべてのものが、例えば文芸や音楽や日常の趣味趣向や、あるいは美術史とか工芸史とか植物学とか天文学とかいうような学術的な知識や、その他のすべてが、彼の判断と行動とを支え、育ててきたことも疑い得ません。これが彼の教養の中身でありまして、彼の判断や行動を決める際に、専門家としての技能を支え、それを人間文化にとって意味あらしめるのであります。この陶工はこれらのすべてを、自分の人生の形成に使いこなし、使い切っているからこそ、優れた芸術家となり得たとも言えるのです。教養とはそういう性格のものでありますから、教養を人生の中で生かせるかどうかで、その人の人生の充実感が決まるとも言えるでしょう。人生の充実に生かされないただの知識は、いくらたくさんあっても真の教養とは言えません。知識がたくさんあっても無教養な人間のいることは、誰でもよく知っているところです。知識人とはほど遠いところにいても、自分の教養を人生に生かし切っている人もあります。そういう人の生活には、本当の意味での文化があるのだと思います。

つまり生活文化とは、いうなれば「教養」が具体的な姿をとったものであります。生活文化のどのような分野におきましても、そこには担い手の教養が現われ出ています。担い手の教養が本物であれば、生活文化もまた質の高いものになるに違いありません。そして本物の教養が、自分の内部の豊かな可能性に気づき、それらを引き出し育てる努力の積み重ねによって獲得されるものであることは、すでに申し上げた通りであります。豊かなものや尊いものを得た時の喜びはたとえようもなく大きいと思いますが、そのためには喜びの大きさにふさわしいほど大きな努力が必要です。苦労なしに得られる宝など、どこにもないのです。

苦労と努力を重ねながらこのような意味での教養を追求する場は、したがって学校などの教育施設に限られているわけではありません。しかし人間には、ある時期に自分と社会との関わりの形を決めて、生活文化の中のどの分野を専門とするかを選択する必要が生まれます。大学で学ぶ人の場合には、この時期が二年生から三年生になる頃に訪れますが、これは年齢で申しますとほぼ二十歳の頃であります。そして、先に述べましたように、人間の内部に眠っている可能性の多くが、この時期までにほぼ目覚めの時を迎えていると、発達心理学は教えております。一つ一つの資質が目覚めるたびに生じる試行錯誤と、それに伴う深刻な悩みは、多くの人においては大体この頃に一応の決着がつけられている訳です。

学生がこの時期までに自分の可能性を試し、納得して専門を選ぶことができれば、それは本当に幸福なことです。そういうことが制度の上でも保証できるとするならば、それは意義のあることだと言えるでしょう。教養部、教養学部、あるいは戦前の旧制高等学校などがそうであったといって懐かしむ人もいるでしょうが、問題は制度ではなく、学ぶ人の意識の問題であり、また教える立場の人間の、人間文化に対する姿勢の問題ではないでしょうか。

幸いにこの大学には「生活文化」を深く考える姿勢が息づいていることは、学科の名称からも推測されます。生活文化を考えることは、言い換えれば、人間における真の教養のあり方に思いをいたすことであります。また、教養は専門を通して生命を得るものでありますから、この大学にはその意味で専門を生かせる道も準備されているに違いありません。大学院とはそのような場ではないかと思います。

ひとたび専門が決まり、専門分野での仕事が始まりますと、それまでに真剣に取り組み、悩み苦しんだ後に専門として選ぶことを諦めた多くの分野での経験は、自分の専門家としての判断や行動のあり方を背後から支えるものとなります。これが「教養」の本当の姿であることは、もうこれ以上繰り返す必要はないでしょう。教養とは、人間の判断と行動を総合的にチェックする機能なのです。

ことによりますと、人間の生き方を決定するに際して、その全般にわたって点検し決意の正しさを保証してくれる機能ならば、例えば宗教的な信念ないしは信仰も同じではないかと言われる方もありましょう。まさしくその通りですが、ただ、宗教的な情熱には、ややもすると人間文化の全体を覆うだけの幅が不足することがあります。その結果、信仰から生まれた行動に、広い意味での人類文化を考察する余裕に欠け、のちの歴史によって厳しく批判されるような誤りを犯す例が数多くありました。このような誤りに陥らないためには、宗教的行動にも常に教養の支えが必要とされるのでありまして、それゆえに偉大な宗教家において教養の豊かさを感じさせないような人物は、決して見当らないのです。キリスト教におきましては神学の教養が信仰を支えているのは言うまでもありませんが、そもそも不立文字といって理論を否定する禅仏教におきましても、理論によって悟りが得られるものではないという認識とならんで、いわゆる野狐禅に陥らないためにはどれほどの研究と思索が必要かも十分に認識され、この面の研鑽もまた実践されております。

人間の内部にある豊かな可能性が引き出されてくると、人間は積極的にそれを追求するものです。その道程で生み出されてくるものが教養であって、教養の豊かな人たちのつながりの中から、人間の文化、生活の文化がいっそう豊かに育ってゆくことも、改めて申すまでもありません。それはあたかも良い植物の種を取り囲む豊かな土壌のようなものでありまして、豊かな土壌に守られ育てられながら、未来の植物の芽は発芽し、成長します。私たちの子どもや孫がどんな方向に向かって進もうとも、私たちが教養という土壌を豊かに耕していれば、そこで育つ幼きものたちの精神は健全に伸びてゆくでしょう。そうなれば、もはや「のっぺら坊」の顔をした子どもも学生もいなくなり、自分の内発的な興味に従って積極的に自分の可能性を開いてゆこうとする活発な精神が、家庭にも学校にも、そして社会生活のあるゆる場面においても、生き生きと満ちあふれることでしょう。これこそが「生活文化」の目標とするところであると強調して、拙い私の話を終わらせていただきたいと存じます。

（一九九八年七月四日　ノートルダム清心女子大学　生活文化講演会）

生活習慣と言語表現

（これは平成七年七月一日に山陽学園大学で行なった、公開講座第九講義の内容である。この講座の各講義は「異文化理解とコミュニケーション」という共通テーマを踏まえながら、その上で自由に話題を選んで話すという形式であったので、私も他の講演者の演題との関連を重視せず、これだけで完結した内容となるように話したつもりである。）

はじめに

今年の総合テーマは「異文化理解とコミュニケーション」と申しますので、このテーマと、ここに掲げました表題との関係から始めたいと思います。

私たち日本人にとりましての「異文化」とは、簡単に申しますと「日本文化」を除く世界各国の文化のことでありましょう。

これに対してコミュニケーションとは、まず自分の考えや感情や意志を何らかの手段、例えば顔の表情や身振りや音声言語などですが、それらを用いて相手に伝えると同時に、相手がこちらに伝えたいと思って表現していることの内容を理解することではないでしょうか。そして相手から受け取ったものをもとにして、自分の考え方や感じ方を修正しながら、お互いに共通する新しい考えや感じ方や判断を生み出してゆくことに成功すれば、コミュニケーションの目的が達成されたわけです。つまりコミュニケーションとは「相互理解」および「相互理解を成立させるための行動」のことだと言ってもよいでしょう。

私たちは日常生活の中で、日本人どうしの間でも絶えず「相互理解」のための努力をしていますが、今回ことさらに共通テーマとして「異文化理解とコミュニケーション」という標題を掲げたのは、言い換えれば「相互理解」の問題を「異文化理解」、つまり日本以外の国や民族の文化を理解すること、との関連で考えようという提案に他なりません。これをやさしく言いますと、「日本人である私が外国の文化を理解して、その国の人にもこちらの考えや感情や意志を正しく理解させ、そこから新しい人間関係を生み出してゆくには、どうしたらよいか」ということになるでしょう。

このように捉えますと、いろいろな視点からいろいろなことが言えますが、私はこの問題を文学研究にたずさわる者の立場から、「言葉」による表現を中心にして考えてみたいと思います。言葉による表現と申しましても、言葉にはその国や民族の生活習慣、言い換えればものの考え方感じ方の性質が深く関わっていますから、言葉による「相互理解」を問題にするには、どうしてもその背後にあるそれぞれの国や民族の「生活習慣」も、共に考えなければなりません。ですから言語による国際コミュニケーションの問題を考える時にも、言語表現と生活習慣の両者を一体のものとして扱う方が分かりやすいと思ったのです。生活習慣は言語表現を規定しています。この事実がしっかり認識されていませんと、国際的なコミュニケーションもうまく成り立たないということを、これからお話しようというわけなのです。

「はい」と「いいえ」その一――嘘と本当

私は長らくドイツの文化を学んできましたし、ドイツに滞在した年数もかなり多いのですが、ヨーロッパ以外の土地のことはほとんど知りません。ですから、アメリカ大陸やアジア・アフリカ諸国などのことまで含めて考える力はないのですが、それでも抽象的な一般論をするより、知っている範囲で具体的な事実をもとにお話した方がよいと思いますので、主に例をドイツにとることをお許しください。

ドイツ語で日本語の「はい」にあたるのは「ヤー」という言葉で、「いいえ」は「ナイン」です。返事の言葉にはもう一つ「ドッホ」というのがありまして、これは「もう食べないのですか」というような否定文で問いかけられた時、「そんなことはない、食べますよ」と逆否定する時に用います。

ドイツ語を学んだ人なら誰でもこのくらいのことは知っていますが、実際に日本人がドイツ人と会話する場合、この規則を正しく使っているのに相手を怒らせたり、自分が不快になったりすることがあります。例えばドイツ語を使っての会話で、日本人がドイツ人に「今晩レストランにご飯を食べに行きませんか」と聞きますね。もし相手が「いいえ、私は今晩は外では食べません」と答えたら、あまり良い気持ちがしないでしょう。そして心の中では「こんな人はもう二度と誘わない」と思うかもしれません。

ところが、もしもその日本人がそんなふうに感じたとすれば、それは完全な誤解なのです。ドイツ人は「外で食べる意志があるかないか」という問いに、「その意志がない」と答えただけです。あなたに意志があるのと同じく、私にも意志があり、二つの意志は同じ権利を持っていますから、二つの意志が一致した時にのみ、約束が成立するわけです。断る時には別に個人的な理由を振りかざす必要などなく、率直に自分の意志を言えばよいのです。問いに否定形の返事が返ってきたからといって、そこから「あなたと行くのは嫌だ」という意味まで汲み取るのは、日本人の陥りやすい「気の回しすぎ」に過ぎません。

つまり、日本人どうしの会話では、誘われた時の返事には「いいえ」は使いません。「はい、有り難う。でも……」と言って、本当はあなたと一緒に行きたいのだが、今晩はどうしても行けない理由があるのだということを、相手に話して理解してもらう必要があります。すなわち「はい」は相手の問いに対しての肯定だけではなく、相手の気持ちの尊重をも意味します。生活習慣を無視して「はい＝ヤー」、「いいえ＝ナイン」という直訳的な置き換えでは、コミュニケーションが成立しないのです。

日本人どうしの会話では、相手からの誘いを断る時には、相手が気を回さないように返事をする必要があるということから、問題はさらに複雑になります。日本の生活習慣の中では、親族の冠婚葬祭にはどんなことがあっても出なければならないという通念があります。ですから、他人からの誘いを断る理由に「親類に葬式があるから」とか「ちょうどその日に法事があるので」などと言えば、相手も気を悪くすることがありません。実は本当に親類の誰かが亡くなったのかどうかや、本当にご法事の日と重なったのかどうかはあまり問題ではなく、ことによると相手の誘いを断るための口実に過ぎないかもしれないのですが、こう言えば相手は納得しなければならないという、暗黙の了解があります。確かに嘘かもしれないのですが、この種の嘘は日本人の間では許されます。人間関係をスムーズにするために「必要な嘘」であり、人の心に怒りや憎しみを起こさせない技術でもあり、場合によっては気持ちを軽くし明るくする、いわば生きることをやさしくする知恵なのです。

日本には大昔から嘘をつきあって楽しむ娯楽がありました。ヨーロッパの宮廷にも道化がいて、とんでもないことを言って王様を笑わせるのが役目だったようですが、日本の宮廷にもびっくりするような法螺話をして天皇を笑わせる役目の人がいたらしく、万葉集巻第三に、持統天皇が『志斐《しひ》の嫗《おな》に下された御製』として

いなと言へど強ふる志斐のが誣語《しひ》り、此頃聞かずて、我恋ひにけり

という歌が載っています。そしてこれに答えて「志斐の嫗の返し奉つた歌」が次に続きます。

いなと言へど語れ語れと宣《の》らせこそ、志斐いは申せ。誣言《しひごと》と宣る

二首の意味をやさしく申しますと、「嫌だ、聞きたくないと言っても、志斐が無理やりに話して聞かせるとんでもないこじつけの大法螺話も、この頃聞いていないから、私はやっぱり恋しく思うよ」と女帝が申されるのに対して、志斐の嫗という人が「そればかりはお許しくださいと申し上げても、陛下が話せ話せとおっしゃいますからこそ、この志斐がお話し申し上げるのです。それを嘘だ法螺だとおっしゃるのでしたら、もうお話はいたしませんよ」と答えているわけです。この志斐の嫗は「語り部」という宮廷お抱えの噺家の集団に属する女性だったと言われていますが、現実にはあり得ない話や、ぎょっとするような大嘘や何かを聞かせて、天皇を始め宮廷の人々をびっくりさせたり面白がらせたりするのを仕事としていたらしく思われます。

こういう伝統から生まれたのが「嘘つきくらべ」の遊びで、一番おもしろい嘘をついた人が勝ちになるゲームでした。ゲームですから、かつがれても腹を立ててはいけません。そういう了解が皆の間にできているからこそ、ゲームが成立するのです。例えば次のような昔話があります。題は「奉行をだます話」といいまして、

「たいていの者が吉五という男にだまされてしまうということを聞いたお奉行様が村にやって来て、わざわざ吉五を呼び出し、『お前は嘘が上手だと聞くが、もしこの私をうまくだましたら、褒美に私のこの刀をやろう』と言います。そうしますと吉五は、『私には人をだます種がございます。例えば私の家の庭には真っ黒い花をつけている椿の木があるのですが、それを切ってきて嘘の種をご披露しましょう』と言って走りだします。しかしすぐに帰ってきて、『固い木でして、私のこの鋸では切れませんので、ちょっとお腰のものをお貸し下さりませ』と言いますので、お奉行様は『よしよし、すぐに帰ってこいよ』と言って刀を貸してやりますと、吉五はそれを抱えて走って行き、そのまま帰って来ませんでした」

という話です。

こういうゲームとしての嘘は、日常生活の中で上手に使われればなかなか楽しいものだと言ってよいでしょう。本来は嘘に近いほど極端な誇張だからこそ面白かったのが、単語やごく短い言いまわしにも、いつの間にかただの慣用表現になってしまっているものもたくさんあります。例えば「とんでもない」などという表現は、考えてみれば馬鹿馬鹿しい誇張ですが、今では相手から褒められたり、相手が謙遜したりする時に、「そんなことはありません」と否定するのに頻繁に使用されます。そして私たちは相手から「とんでもございません」と言われても、一通りの挨拶以上のものとは考えません。

話が大分横道に逸れてしまいましたが、このように日本人の心の中には、誰にも害を与えないで、むしろ人間関係を良くしたり人々を幸せにしたりする誇張や嘘なら、決して悪いものではないという共通の了解が、昔からありました。この感覚は物語や嘘つきゲームというような、娯楽の場の約束ごとにとどまらず、日常の社交の場におきましても、もし本当のことを言ったら困った事態が生じるに違いない時には、皆に嘘だと知れても嘘をつく方がむしろ正しい行動で、しかも礼儀にかなっているとされました。そして私たち日本人の生活感覚の中には、今でもこの種の嘘を認め、肯定するところがあります。

というよりはむしろ、この種の嘘をしばしば使いませんと、日常生活が平和に営めないのが私たちの生活の実態ではないでしょうか。ヨーロッパ系の人の中には、日本人のつく嘘に「本当の嘘」と「嘘の嘘」があることを知らない人がいて、そのために、本来はヨーロッパ人よりもよほど正直な日本民族を「嘘つき」だと非難するような、それこそとんでもない思い違いをしてしまうのです。

困ったことに、近代思想が日本に入ってきてからは、日本の中にも「事実でないことを言う人は嘘つきだ」と説く人が出てきました。これは法律の考え方が日常生活を強く規制する時代がやってきたこととも関連するに違いありません。もちろん法廷で嘘の証言などしてもらっては困りますが、昔からの生活の知恵である「人を幸せにする芸術」までも「嘘」として否定しますと、日常生活から明るい笑いを抹殺することになり、また嘘と知りながら言い訳を認めてやる寛容さをも乏しくしてしまいます。これは不幸なことです。

こう申しましても、私は決して嘘を奨励しているのだとは思わないでください。私はただ、日本の生活習慣も言語表現も何も知らないで日本の官僚や外交官と交渉している、ヨーロッパやアメリカの当事者に同情しているだけなのです。

もちろんヨーロッパにも、素敵な法螺話がたくさんあります。ドイツの詩人ビュルガーの書いた「ミュンヒハウゼンの愉快な冒険」つまり「法螺吹き男爵」の話などは、あまりにも有名です。でも一般の日常生活では、嘘を罪悪視する気持ちが日本人とは次元を異にするほどに強いのです。キリスト教という宗教のせいだとするむきもありますが、嘘つきは地獄で舌を抜かれるという教えが日本にもあるのですから、必ずしも宗教の違いのせいばかりではないでしょう。むしろヨーロッパでは、法廷で嘘の証言をしたら最後、もう絶対に市民社会に受け入れてもらえなくなり、自殺するより道がなくなるほど厳しいことから見て、おそらくは法感覚の違いから説明するのが適当なのではないかと考えられます。この傾向がプロテスタントの地方に強く、カトリックの地域である南欧には比較的弱いのは、市民精神とプロテスタント精神とが結合して近代資本主義的法秩序を育て上げたことに由来するのかもしれません。

いずれにしても近代になってからは、日本でも「嘘の効用」を否定して、何でもかでも本当のことを言うのが正しいという教育が定着してきました。大正から昭和にかけて柳田国男という学者がおられまして、ほとんど一人で「日本民俗学」という学問を生み出されたのですが、この柳田先生の書かれた「不幸なる芸術」という本に、今述べましたようなことが詳しく書かれており、このような嘘のことを柳田先生は「人を幸せにする芸術」と見ておられ、その芸術がだんだんと認められなくなってゆくのを嘆いておられます。そしてこれを、だんだん消えてゆく「不幸な芸術」だと呼ばれたのでした。

以上のことを裏がえしにいたしますと、私たちが別に悪いと思わないで自然に使う「嘘」がどんなにヨーロッパ人を不安にし、怒らせ、日本嫌いにしているかが分かります。例えば、今日のような講演の後で司会者が「大変ためになるお話でした。機会がありましたら、またいつかお話をお願いしたいと思います。」などと言って、聴衆も大喝采で講師を送り出したとします。この時その講師が日本人でしたら、司会者がお義理で自分を褒めたに過ぎないのか、それとも本当に聴衆が感動したのかを、司会者の挨拶の言葉から判断することは、まず絶対にありません。司会者は講演者の前では決して批判的なことは言わず、必ず褒めます。講演の出来が悪いと思っていても褒めるということは、「嘘」をついているわけです。日本人の講演者は司会者の言うことなど当てにならないことを知っていますから、別のところに聴衆の反応を探るでしょう。例えば聴衆の表情の変化とか、居眠りをしている人が何人いたとか、その他さまざまな点から自分の成功度を判断いたします。ところが講演者がヨーロッパ人であった場合、褒められた言葉をまともに取ります。この司会者は自分を高く評価したと思うのです。ですから、講演者が帰った後でこの司会者が仲間に漏らすであろう本音が、万一にでも講演者の耳に入るようなことがあったら、この外国人はもう二度と日本人の顔など見たくなくなるに違いありません。

ヨーロッパの講演会では聴衆の反応がはっきりしていますから、成功か失敗かは司会者の目にも明らかに分かります。それなのに礼儀だからといって心にもないことを言いますと、司会者自身の人格や識見が疑われる結果を招くでしょう。司会者は講演者の努力をねぎらうとともに、どこに問題点があったのかを的確に指摘して、聴衆の評価をある程度代弁しませんと、講演者の話を心をこめて聞いてはいなかったことになりまして、誠実さに欠けると言われても仕方がないのです。愛想がいいよりも、誠実である方が大切であり、評価されるわけです。

このようなことを考えますと、外国との交渉にあたることの多い外交官や官僚の皆さんは、もっともっと日本の生活習慣の伝統を深く学んで、私たちの言語表現をそのまま外国語に移しても、決してコミュニケーションに成功するものではないことを、胆に銘じていただきたいものです。「ノーと言える日本人」が立派な日本人だと主張するむきもあるようですが、自分の意見を元気よく言いさえすれば国際的に一人前になれるなどと考えているようでは、ますますコミュニケーションに失敗するでしょう。もっと相手のことを知るとともに、自分の国の生活習慣と言語生活の特殊性に対する認識を深めなければいけないと思います。

「はい」と「いいえ」その二——「訪れる神」と「侵入する敵」

対日貿易交渉の場でアメリカの代表がまず抱いた先入観の一つに、「日本人は『はい』と言っておきながら、後で『やっぱり駄目です』と断ってくる。だから信用がおけない」という不信の念があったようです。これは誠にもっともな感じ方で、アメリカのことを全く知らない私でも、ヨーロッパ系の生活習慣を多少なりとも見てきた経験から、どの辺に問題があるのか、おおよその見当がつきます。

ヨーロッパ的な感覚からいたしますと、何かが求められた時に、まだこちらにはどう答えたらよいのかの判断ができていなければ、とにかく「いいえ、それは駄目です」と断るのが普通です。そして、後でよく考えてみて、何とか相手の要求に応じられることが分かれば、「先ほどは『ノー』と言いましたが、何とかご希望にそえるようにやってみましょう」という形で訂正し、さらにうまくゆきそうでしたら、「ではお引き受けします」となります。こういう過程で交渉が進むのが定石です。

ところが、このことを知った日本の代表が、とにかく最初に「ノー」と言っておいて時をかせぎ、その間に十分に国内の体制を整えてから「そんなにおっしゃるのでしたら、それではお受けします」という返事をする「交渉技術」を覚えたのは、これも悲劇でした。日本人の「ノー」は信用できないということになり、したがって日本人を相手にする場合には「イエス」も「ノー」も信用できないという、完全な日本不信を生み出してしまったわけです。

では本当に日本人は「嘘」ばかり言うのでしょうか。むしろヨーロッパこそ、本当ではないことでも論理的に言いくるめることができれば通るところのある、屁理屈世界だと思っている日本人もいないわけではありません。いつぞやテレビを見ていましたら、「アメリカは広島と長崎に原爆を落とした。だから日本はあの時点で降伏した。戦争が続けばもっとたくさんの日本人が死んだのだから、アメリカは生き延びた日本人の命の恩人だ」と言い張っている若いアメリカ人がいました。その人は自分の主張が論理的に筋が通っていることに自信を持っている様子でしたが、このような理屈が立場を異にする人に対しては全く通用しないことに気づいていないようでした。この種の一方的立場からの論理は、民族間の戦いに明け暮れたヨーロッパの歴史の中で、征服者が常に用いた自己正当化の道具でありました。西欧の論理は一種の道具であって、それを使う目的は征服とその正当化にあると言ってもよいでしょう。論争とは相手を論理の力で屈伏させ、征服することに他なりません。

このような種類の論理は、私たち日本人には馴染みません。私たちは何よりもお隣と波風を立てないで、お互いに譲り合いながら生きてゆくことを大切にします。そして相手がどんなことを望んでいるかを推測し、どうすれば相手が満足するかを考えます。相手が何を思っているのかは、論理による説明を聞くまでもなく、ちょっとした表情からでも十分に読み取ることができますから、お互いに相手を立てながら自分の気持ちも汲み取ってもらい、万事が自然な形で解決してゆくように努力するのです。

どうしてこれほど違うのかということについては、いろいろの考え方があるでしょうが、私はここではまずごく粗っぽく、次のように説明してみたいと思います。

ヨーロッパには多くの民族が住み、それぞれに独立した国を作っています。川を隔てた向こう岸の村には違う民族が住み、自分たちとは言葉も違い習慣も異なる生活を営んでいるのです。昔は治めている王様も違いましたし、現在も国家が違うので、当然利害をめぐっての対立もあります。そういう状況のもとで各国は、自分の国をもっと大きく豊かにしたいと思って、すきがあれば隣の国を征服して土地を奪い、その国の住民から財産を取り上げるという歴史を繰り返してきました。すなわち常に戦争があり、上手に戦う能力のある国が他の国を支配するのがきまりでした。そして戦争に勝つためには、何よりも論理的にものを考え、軍備も戦略もぬかりなく、相手の考えをよく読んでその裏をかくことが大切でした。戦術、戦略を支える論理的思考はやがて自然を征服する方向にも用いられて、自然科学が発達していったことも、見落としてはならないと思います。

一方の日本的な協調主義は、おそらく次のような理由から育ったのでしょう。つまり日本という島国は四面を海に囲まれ、隣の国から侵略される恐れがほとんどありませんでした。そのため、非常に早くから民族の一体化が進み、生活の営み方ばかりでなく人間の体質もお互いに非常に似たものになりましたので、その結果感情生活が均質化して、お互いに相手の気持ちがすぐに分かり合えるようになっていました。また、かなり早い時代に農耕を主にした村落生活体制が成立したので、権利の論理的自己主張よりは、協調・共存の譲り合いの精神を持たないと、力を合わせて自然の脅威から身を守り、農業生産を発展させてゆくことができない状況でした。こうした、いわば以心伝心の日常生活の形態があって初めて、日本の言語表現の特質である「ほのめかし」の技術が発達したのでありまして、そこから、例えば目配せ一つで心が通じる「俳諧」のような芸術が生まれた理由も説明できるのです。

その他にも理由があるのでしょうが、このように考えてみただけでも、「はい」も「いいえ」もはっきり言う必要がなく、またうっかり言ったら収拾のつかない事態が生まれる恐れのあった日本の生活習慣と言語表現が、闘争と征服をこととしたヨーロッパの「イエス」「ノー」的論理性とはどんなに本質的に異質かが、見えてくるのではないかと思います。日本人が、目配せしてもちっとも通じないヨーロッパ人に困惑し、ヨーロッパ人が、論理的な説明をしてくれない日本人に腹を立てるのは、生活習慣からくる言葉の使い方に、こういう歴史的な違いがあるからに他なりません。

ヨーロッパ人にとっては、自分の領分に入り込んでくるものは、多くの場合侵略者でありました。ですから外から入ってくるものは常に危険で、まず国境でその侵入をくい止め、自分にとって敵ではないことが判明しなければ中に入れませんでした。外から入ってくるものが自分たちに幸福をもたらすかもしれないとは、極めて考えにくいことだったのです。

ですから新しいもの、珍しいもの、見知らぬものは拒否するのが安全だという考え方が、無意識の深い層にまでしみ込んでいます。

彼らにとっては、安全で心の許せるものは、自分たちがよく知っている世界の中にしかありませんでした。外から来るものは危険で、内にありよく知り抜いているものが安全だということになりますと、すなわち幸福は自分の領分の内にあるという結論になるでしょう。これがヨーロッパ的な発想であり、価値観の基本です。ですから、自分たちの持っている宗教や文化こそが絶対に良いものだと確信し、それを他の民族に押しつけ、それを受け入れるのがお前たちの幸福だと世界各国で主張してきたのです。これは十六世紀から二十世紀の前半までの世界歴史が証明している事実です。

一方日本という島国は、外から来るものといえば海岸に流れ着く椰子の実であったり、漂着する南の人たちが持ってきた稲作文化であったり、少し後の時代になると中国や朝鮮半島から渡ってきた仏教という有り難い教えであったり、漢字文化であったり、青銅器や鉄器や貨幣であったりで、とにかくすばらしいものがほとんどでありました。私たちの祖先は、外から来るものは良いものだ、有り難いものだと信じました。新しいもの、入ってくるものは良いものだという信仰は、日本人の心の底に定着している価値観であります。ですから新しいものを受け入れるのに抵抗がなく、古くは中国や朝鮮半島の産物を、安土桃山時代にはイスパニア・ポルトガルの文物を、江戸時代にはオランダから来たものを尊重しました。そして明治に入ってからはいわゆる文明開化で、ヨーロッパやアメリカの文化がほとんど無批判に受け入れられたのです。海の彼方からやって来るものは「良いもの、人を助けてくれるもの」であるという信仰は、実際に大昔からありました。海の彼方から訪れる神、遙かな空から山に降り下って農民を祝福し、豊作をもたらす神などについては、日本の神話の中に多くの物語がありますし、今でもなお農村の神事にその痕跡を残しているのは、日本人なら誰でも知っていることです。

このような歴史的な習性を持つ日本人は、新しいものに向かうと「ノー」とは言わず、「イエス」と言うか、あるいは黙って、とにかく良いものだと信じて、有り難く受け入れてきました。後でそれがそのままではよく使えないと分かったら、受け入れたものに手を入れて、自分たちに合った形に直して使いました。そういうやり方が良いとか悪いとか言うのではなく、ただ事実としてそうだったのです。

このような生活習慣を持つ日本人が、「受け入れる技術」を発達させ、「改造・改作・改良」の能力を伸ばしたのは当然でした。しかしこちらから外に向かって出てゆき、他の国や民族を征服するということはほとんどありませんでしたから、明治時代にヨーロッパ式の論理を学んで文明開化に成功し、産業を盛んにすることに成功した時、それに自信を得て、直ちに侵略と征服のベテランであるヨーロッパ各国の植民地獲得競争に自分も加わろうとしたのは、あまりにも自分の本質を知らない愚かな試みでした。それがどれほど手痛い失敗を招き、長い年月をかけてその償いをしなければならない結果を招いたかは、改めて申すまでもありません。

アメリカとの戦いが始まった年、私は小学校の二年生でした。六年生の夏に終戦を迎えましたが、この恐ろしく苦しかった四年間、私たちは「アメリカ人やイギリス人は鬼や獣のように残虐な人種で、これまで平和な暮らしをしてきた民族を武力で征服して、ダイアモンドや金や香料などを産出する土地を取り上げてきた。そんな略奪者の作った米英の文化は粗っぽく血の匂いがする」と教え続けられました。新聞にも映画にも「鬼畜米英」の言葉が繰り返され、天皇陛下の軍隊の正しさと強さが強調されていました。ところが、一九四五年八月十五日に日本が敗戦を認め、アメリカ軍が進駐してきますと、多くの大人たちは一度に「民主主義者」に早変わりし、チューインガムを嚙み、東京を始めとする全国の都会はほとんどアメリカ文化一色に染め上げられてしまいました。

同じようにアメリカ軍が駐留したドイツでは、文化的な面でアメリカからの影響を受けるということはほとんど考えられないばかりでなく、多くの都市では爆撃で壊された昔の町並みを、数十年かけて昔の通りに作り直したくらいですから、古い伝統を持つことで知られた日本のこのあっけない「アメリカナイズ」を、ヨーロッパ人は全く理解できず、今でも非常に不思議がっています。彼らには「外から入ってきたものは良いもの」とする日本民族の習性は通じないのです。

第二次世界大戦の後の日本は、経済的に立ち直り、「改造・改作・改良」の能力を十分に発揮して、とにかくある面においてー人前の国だと見なされる程度のところまでまいりました。しかし蓄えた力が、もしもまた歴史的に見て不得手な「侵略・征服」の方向に向けられたら、おそらくはもう一度、手痛い失敗を繰り返すことになるでしょう。ヨーロッパ諸国は現在でも「国連」の名において、何かにつけて武力制圧を試みようとする傾向を残しています。しかしその方向をとることが、すでにすっかり狭くなってしまった現在の世界ではもう通用しないという認識は、全人類に共通のものとなっておりますから、ヨーロッパ的な戦闘的論理性も次第に侵略的な性格をなくしてゆくに違いありません。それに対応してまた日本も、これまでの無批判的同化性から次第に脱皮して、摂取と貢献のバランスのとれた、言い換えれば、経済の面だけでなく文化的な面でも、赤字も黒字もない健全な状態になってゆかねばなりません。

このような目的を達成するためには「コミュニケーション」の果たす役割が大変大きいのです。その中でも特に、「言葉」を通しての相互理解の占める比率が高いのは明らかです。ところが、言葉を通してのコミュニケーションの入口のところにある「はい」と「いいえ」について見ただけで、事柄がそう簡単ではないことが分かります。

それではどうしたら言語を通してのコミュニケーションが深まるかと言えば、それは一面では外国語学習の課題だと捉えることもできるでしょう。つまり単なる言い回し練習やテキスト翻訳練習ばかりでなく、その国の歴史と文化を併せて研究することによって、言葉を生み出してくる生活感情そのものを理解する努力が欠かせないのです。外国語による会話とは「こんにちは、今日はいい天気ですね」がその国の言葉で言えるだけではなく、例えば夫を失った妻に対した時、その人の心が本当に慰められるように、こちらの心を表現できることでもあります。その際には単なる決まり文句では、相手がかえって傷つきます。ではどのような言葉で何を言ってあげれば相手の心を慰めることができるのか、それが分からなくては「言語表現」ができたことにはなりません。こう考えただけで、外国語を学ぶ時に私たちがあらかじめ抱いている先入観や常識に、さまざまな問題のあることが分かってまいります。次にこの問題を、また別の視点からお話してみたいと思います。

共感と反感

私はドイツで生活する間に、かなり多くの日本人留学生や若い研修医、およびその奥様がたとお知り合いになりました。いろいろな方がいらっしゃいましたが、大きく分けますと、ドイツ人やドイツ文化に対する態度に二通りあることが分かりました。その一つは、これまで知らなかった生活習慣や文化のあり方に強い興味を持ち、とにかく見るもの聞くものが楽しく喜ばしく、また感心させられるという態度です。そしてその国の人たちを愛し尊敬して、心を開いてお付き合いをし、学べるものは何でも学んで受け入れようとします。

こういう姿勢でドイツ人にのぞみますと、彼らの方もすっかり心をゆるし、「きっとあなたの国にもすばらしいものがたくさんあるからこそ、こんなによくこの国の良いところが分かってくれるのでしょう」ということになって、こちらからも学びたいという態度をとるようになりますから、本当に自然で対等のコミュニケーションが生まれてきます。たとえその日本人が初めのうちはあまりドイツ語が上手でなくても、言いたいことはよく通じますし、言葉の方もみるみる上手になってゆきます。

もう一つのタイプの人は、まずドイツ人の気の利かないこと、荒っぽいこと、理屈っぽいことに腹をたてます。そして、ドイツのドライバーが優先権を示す交通標識だけを見て突っ走るのを見て、その融通のきかなさを嘲り、晩御飯によばれると、大抵は黒パンのカナッペしか出てこないのを知って、その芸のなさを軽蔑します。

こういうタイプの人はややもすると、留学している間ずっと日本の良さばかりを思い出して生活し、ドイツの悪いところばかりを探り出して過ごすことになります。そういう目でドイツ人とドイツ文化を見ている日本人にも、ドイツ文化の本質が見えないわけではありませんから、ドイツで学んだことを日本に帰ってから大いに生かして、よい仕事をするかもしれないのですが、前のタイプの人と比べてその「ドイツ体験」の質が大きく異なっていることだけは確かです。ヨーロッパに留学してそこで生活し、だんだんと生活習慣に慣れてくるに従って、これまでまるで意識しなかった日本の文化、芸術の良さに気づき、日本文化のどこが、なぜ優れているのかについての目が開かれるということはあります。また反面、日本にいた時には分からなかったヨーロッパ文化の欠点が、その地に行ってみて初めて身体で感じ取られるということもあるでしょう。しかしヨーロッパ文化にも欠点とともに長所があり、日本文化にも同じように良い面と足りない面があるのですから、この二つの態度の相違点は、他の存在の長所にひきつけられるか、それとも短所に敏感であるかというところにあると言えるでしょう。

このことは、入っていった世界が好きになれるかなれないか、あるいは今いる場所の生活環境の持つ文化を、抵抗感なく受け入れて愛することができるかできないかの違いだ、とも言い換えられると思います。この違いは「異文化理解」に際して、その深さや正しさの違いを意味するものではありませんが、しかし温かさと優しさにおいて異なります。仮に一方を「共感的」であるとすれば、他方は「反感的」ということになりましょうが、しかし必ずしも「反感的」な方が「批判的」であり、「共感的」な方が「無批判的」だということにはなりません。共に批判的にもなり得るし、無批判的にもなれます。ただそこにどのくらい、温かな感情が働いているかが問題なのです。

この問題をもっと分かりやすい形にして考えるために、反対にヨーロッパから日本に来て長く住み、日本文化をよく知るにいたった、二人の人物を取り上げてみましょう。

明治の初めに日本に来て、当時としては最も深く日本を理解したイギリス人にバジル・ホール・チェンバレンという学者と、ラフカディオ・ハーンという文学者がいます。この二人は親しく交際しており、お互いに相手を高く評価していましたが、しかし日本文化に対する姿勢は、おおよそ正反対と言ってよいほど、全く異なっておりました。

チェンバレンは明治六年に日本に来てから日本語を完全にマスターしたばかりでなく、ヨーロッパの言語学の方法を初めて日本語の研究に用いて、日本語日本文学の近代的な意味での研究の基盤を作り上げました。東京大学の教授となり、日本文法学、音韻学、言語学、方言学などの分野で、文字通り草分けとして、偉大な足跡を残しています。古事記や万葉集、古今集、謡曲などの翻訳も多く、『日本事物誌』など日本紹介の著作も有名です。明治の国文学者や国語学者のほとんどすべてが彼の弟子でありますから、イギリス人でありながら日本語研究の第一人者でした。もちろん世界のどこを見ても、当時彼を凌ぐ日本通はいませんでした。

ハーンの方は彼より遙かに遅れて、明治二十三年に日本にやって来ました。アメリカでジャーナリストとして生活していましたが、英米の文学ばかりでなくフランス文学にもよく通じていた文学者で、日本に来てからは松江中学の英語の先生を振り出しに、熊本の高等学校をへて、のちに東京大学の英文科の先生になりました。教師としても優れていましたが、日本を題材にした文学作品をたくさん書いた世界的な作家として、皆さんは彼の名を記憶されているに違いありません。また、日本人女性を妻にして日本に帰化し、小泉八雲と名乗ったこともご存じの通りです。

この二人は共に東京大学の先生になり、学生から大変尊敬されたのですから、学識も人格もきわだって優れていたに違いありません。そのうえ共に日本の文化や生活習慣を非常によく理解していました。しかしそれでいて、ものの感じ方や考え方の傾向が全く反対でした。チェンバレンは日本の文化にも言語にも生活習慣にも、ヨーロッパに比べて劣っている面のあることに気づき、日本を知ることによって逆に、いかにヨーロッパの文化が優れているかを意識化してゆきました。例えば彼は日本語について、次のような解説をしています。

「日本語の名詞には性（ジェンダー）もなければ数（ナンバー）もない。日本語の形容詞には比較法（コンパリスン）がなく、日本語の動詞には人称（パースン）がない。……（中略）……日本語のもう一つの消極的な性質は、擬人法を習慣的に避けることである。これは深く根ざした特徴で、あらゆるものに浸透しているから、他動詞と結びつけて中性名詞を用いることすら避けるようになる。だから日本語では『暑さがわたしをだるく感じさせる』とか、『絶望が彼を自殺に追いやった』……『喧嘩は、やる人の品性を落とす』などの表現を嫌う。このような場合には、『暑くて私はだるい』『望みを失って彼は自殺した』などと言わなければならない。もちろん、これによって思想は充分によく表現されるが、文章の生き生きとした美しさは失われる。だれでも、極東の単調な言葉を一つ身につけて親しまないかぎりは、わがヨーロッパの言語がいかに絵のように美しいか、いかに隠喩（メタフォー）にあふれ、空想できらびやかになっているか、充分に理解できるものではあるまい。当然なことであるが、日本語のこの欠陥によって、散文よりも詩歌の受ける損失は大きい。……（中略）……事実たいていの隠喩や寓話（アレゴリー）は、極東の人々のこころにわかるように説明することは不可能である。」

（『日本事物誌』2、高梨健吉訳、平凡社東洋文庫一四七、一八〜二〇頁）

チェンバレンの指摘が当たっているか間違っているかは、ここでは問題にいたしません。私が問題にしたいのは、彼の目のつけどころであり、批評する姿勢です。ヨーロッパ語で可能な表現が日本語では不可能だから、日本語がヨーロッパ語に劣るというのでしたら、日本語に可能な表現はすべてヨーロッパ語にも可能であるという証拠が要ります。そのような証拠は、もちろん誰にも持ち出すことができないものです。むしろ、そうおっしゃるのなら、と言って反対の例を見つけ出す方がやさしいでしょう。ヨーロッパ語の豊富さと日本語の豊富さは同じ基準で語ることは難しく、また欠点の性質も、同じ観点で論じることは極めて危険であると思います。

もう一つ気づくのは、日本語の欠点を知るとヨーロッパ語の長所が意識されると言っているところです。彼の日本研究が、心理の深いところでヨーロッパ文化の優秀性の証明につながっているのが、私には大変興味深く思われます。この意識（または無意識）がある限り、彼には日本文化から何かを「学び取る」ことはできません。研究して事実を明らかにすることはできますが、それによって自分を豊かにすることはできません。またそれを望んでもいなかったと思われます。

ラフカディオ・ハーンは、日本の風土を愛し、生活習慣を好み、日本人を妻にして、彼女とその家族と生涯を共にしました。そしてのちに自分自身も日本人になってしまったのでした。彼の日本研究は、すべて「愛情」から発しています。それは自分の必要とするものを日本の中に見つけたということであり、見つけたものを愛し、肯定し、受け入れることにつながってゆきます。日本語に対する姿勢もチェンバレンのように批判的・研究的ではなく、直観的であり情緒的でありました。言語として未発達な点があるとか、詩的表現力に乏しいとかと議論するひまに、彼は妻が語ってくれる日本の物語に聞き入り、これを再話する形で「怪談」を始めとする多くの作品を生み出しました。また童唄の世界の豊かさに感動して、その言葉とメロディーを覚え、『日本わらべ唄』の編纂にもたずさわりました。チェンバレンが日本の音楽について

「日本の音楽の効果というものは、ヨーロッパ人の胸の中を和らげるどころか我慢しきれないほど憤激させるのである。……（中略）……日本の音楽は普通拍子（四分の四拍子）だけしか用いない。それには和声法（ハーモニー）というものがない。日本音楽の旋法（モード）では、われわれのような区別を知らないから、長調の力強さと荘厳さも欠けているし、短調の物悲しい柔らかい響きもない。また、この二つを交錯させることによって生ずる明暗のすばらしい効果もない」


と書いた（『日本事物誌』2、一〇三頁）のに対しまして、

「御高著の次の版では『日本の音楽』に関するあの論説記事を書き改めて下さいますよう、心より懇望いたします。私は日本の音楽に、言葉に言い表わしがたいほど魅せられているのです。……日本の音楽には極めて繊細微妙な芸術

的感じがただよっています」（チェンバレン宛書簡）

という強い抗議を行なっているのも、ハーンの姿勢をよく示しております。

ハーンの存在は日本人である私たちにとりましては、大変気持ち良く、有り難く、また満足を与えてくれるものです。それと同時に、私たち自身の姿勢を反省させるものでもありまして、自分たちが異文化に対してどのような態度で臨むべきであるかを示唆していると言えましょう。

ハーンから直接に学んだ人は必ずしも多くはないかもしれませんが、しかし「異文化理解」の問題に直面した時、彼は深くものを考える日本人にとって思い出される理想像でありました。その一つの例を最後にお話しておきたいと思います。

一九一〇（明治四十三）年に、お隣の国韓国が日本に併合されました。日本の統治に反対して一九一九年三月一日にデモが起こり、二百万人もの人がこれに参加したと言われています。日本政府は陸軍と海軍を動員してその運動を弾圧し、死者の数は十万を越えたそうです。

この事件について反応した文化人の数は多くはなかったらしいのですが、しかしこの事件を境に自分の態度を明確にし、朝鮮半島の住民とその文化に対する日本政府の認識の誤りを激しく批判した人があります。それは一般には「民芸運動の父」として知られている柳宗悦《やなぎむねよし》なのですが、彼は以前から朝鮮の文化と芸術を深く愛し、尊敬していました。そして朝鮮民族が昔から多くのものを日本にもたらしてくれたことを忘れ、この民族の文化と芸術と、言語すらも抹殺しようとする日本の政府に、強い憤りを抱いていたのでした。

この時に柳が発表した文章は「朝鮮人を想ふ」という題で、読売新聞に掲載されましたが、直ちに英語と韓国語に翻訳され、世界中に大きな反響を呼び起こします。この文の中に次のように言っている所があります。

「私はしばしば想ふのであるが、ある国の者が他国を理解する最も深い道は、科学や政治上の知識ではなく、宗教や芸術的な内面の理解であると想ふ。言い換へれば経済や法律の知識が我々を他の国の心へ導くのではなくして、純な情愛に基づく理解が最も深くその国を内より味はしめるのであると考へてゐる。私は日本においての小泉八雲の場合の如きをその適例であると思ってゐる。恐らく今までハーンほど日本を内面から味ひ得た人は無いであらう。外国人の書いた日本に関する本が何百あるか知らないが、ハーンの著作ほどの美しさと鋭さと温かさとに充ちたものはないであらう。」（『朝鮮人を想ふ』一九一九年五月）

その後一九四五年に日本が敗戦し韓国が独立するまで、柳は朝鮮文化を朝鮮人の心をもって守ることに努力し、「朝鮮民族美術展覧会」を催したり、「朝鮮民族美術館」の設立を計画したりしましたが、中でも大きな功績として歴史に残るのは「失はれんとする一朝鮮建築のために」という論文を書き、朝鮮民族の優れた文化財である光化門を取り壊すという日本政府の方針を撤回させたことでしょう。光化門の前に西洋建築様式で総監府を建てようとする暴挙は、残念なことに阻止できませんでしたが、少なくとも門だけは救われ、のちに一度消失するのですが、再建されて今に残りました。総監府の建物がもうじき取り壊されることは、最近の新聞テレビなどで、皆さんもご承知のことでしょう。この柳宗悦の胸の中にラフカディオ・ハーンが生きていたということを、私はもう一度思い返してみたいのです。

自分の国の文化に愛情を持つのは自然なことですし、理解も、その気になりさえすれば、深いところまで届いてゆくものです。そして、外国の文化を知ることによって、自分の国の文化の特徴がよく分かるようになるのも事実です。しかし「異文化」に対する時、また「異文化を理解」しようとする時、そこに愛情が働いているかどうか、科学的な批判精神だけでなく、芸術的な感性と、何よりも心からの感動と共感がその原動力になっているかどうかが、本当の意味での「コミュニケーション」の質と高さを決める最大の要素となると思うのです。それは言語などによって表現されているものの表面をかい撫でるのではなく、その国や民族の生活習慣を深いところから理解することから、初めて可能になるものだと思うのです。私は「異文化理解とコミュニケーション」の問題を、このように考えている次第でございます。

（一九九五年七月一日　山陽学園大学公開講座）

美意識と知性

（伊豆の伊東市は詩人木下杢太郎、すなわち太田正雄医学博士の生地で、毎年杢太郎祭が催される。これは一九九〇年度の講演記録で、本来は第五章に入れるべきものだが、芸術性と知性の両面に恵まれた代表的教養人の例としてあえてこの章に入れ、第五章の先ぶれとする。）

ただいまご紹介にあずかりました新田でございます。今からちょうど一ヵ月ほど前に、太田哲二様からご連絡があり、今年の木下杢太郎祭で何か話すようにということでありましたので、とりあえず題として、「（杢太郎芸術における）美意識と知性」ではどうでしょうかと申し上げましたところ、それはそれでよいとして、内容が専門的になりすぎないようにしてくださいというご返事でした。なるほど見れば見るほど生硬な題で、これではどなたもお聴きになる前からもううんざりなさるに違いありません。でもこれは内容の乏しさを題名でごまかすという、幼稚な作戦以外の何ものでもありませんので、どうぞお許しを願いたく存じます。そして私なりにできるだけ肩の張らないお話をさせていただこうと努めるつもりでございます。

杢太郎祭においてこの前お話をさせていただきましたのは、一九八五年の、杢太郎生誕百年記念の際でした。その時は「太田先生の多面性とその本質」という題で、木下杢太郎こと太田正雄先生が実に多面的才能に恵まれ、多くの分野で優れたお仕事をされながら、人間として一個のバランスのとれた統一性を保持された、いわゆる「ユマニテ」の人であったことを、私なりの視点から申し上げたのでした。そこで今日はこの時の話の結論であった「多面性の統一」ないしは「統一性に包みこまれた多面性」という見方を改めて出発点として、もっと具体的に、事実に則して、私の考えを述べてみようと思います。

太田先生の全体像を知るために今私たちの手に入る最も標準的な資料は、岩波書店から出た『木下杢太郎日記』五巻ならびに、全二十五巻の新版『木下杢太郎全集』と、用美社刊行の『木下杢太郎画集』全四巻でありましょう。杢太郎の多面性や人間的統一性などという考え方も、またその他のいかなる杢太郎観も、すべてこれらの資料が自ら語るところと一致するものでなければ意味がありません。杢太郎について考え、杢太郎から学ぶということは、杢太郎の残した作品自身を、直接自分の目で読むことから出発する営みであるとともに、その営みから得た解釈を、原典の光によって常に照らし直し、妥当性を検証する営みでもあるのです。そこで私は先に述べました結論を、もう一度『木下杢太郎全集』全二十五巻と照らし合わせて、検証してみようと思うのです。

まず、「多面性」と申しますけれども、杢太郎の作品には、どんな種類ないしはジャンルに属するものがあるのでしょうか。全集の第一巻と第二巻は「詩集」でありますが、この二巻の中には「食後の歌」と「木下杢太郎詩集」に重複している作品がそのまま重複して収められておりますから、その分を除きますと、おそらく一巻か一・五巻に収め切れる程度の数が、彼の詩作品の全量であろうかと思われます。第三巻と第四巻が戯曲、第五巻と第六巻が小説ですから、これに詩集二巻を加えて、全二十五巻中に純粋に文学上の創作というジャンルに分類されるものは六巻であり、全体の四分の一ほどであります。皆様もご存じのように、これらの純文学的創作の主なものは、一九〇七年から一九一六年にかけて、つまり杢太郎が二十三歳から三十一歳にかけての時期に生み出されたものであります。これに対して第七巻から第十八巻までの十二冊は、「評論・紀行・随筆」であって、全量の半分、五十パーセント近くを占めます。第十九巻から第二十一巻までの三冊は翻訳ですが、その内容は文学・歴史・評論に入れるべきものがほとんどです。第二十二巻は医学関係ですが、比較的素人にも分かりやすい随筆風のものが多くて、専門的な医学論文は除かれております。このことにつきましては、いろいろと論議のあるところですが、今は触れないでおきます。第二十三巻から第二十五巻までは書簡や座談会筆録や未定稿などですので、今日の話からは一応はずしておきましょう。

次に、この全集の半量を占める「評論・紀行・随筆」の部門をもう少し詳しく見てみますと、まず「評論」に入れるべきものには各種の美術展覧会の批評、美術作品批評、劇評があります。いわゆる文芸評論は美術評論と演劇評論に比べると、極めてその数が少ないようです。評論の中で断然多いのは絵画・彫刻を論じたものです。また、展覧会評と劇評の大部分は一九〇八年（二十三歳）から一九一六年（三十一歳）にかけて書かれております。「紀行」は有名な『大同石佛寺』『支那南北記』『えすぱにや・ぽるつがる記』『其国其俗記』などの単行本に収められたものが大半で、一九一六年（三十一歳）から一九二〇年（三十五歳）までの中国滞在、一九二一年（三十六歳）から一九二四年（三十九歳）までのヨーロッパ滞在中に書かれたか、その時に得た体験をもとに後年まとめられたものであります。その後に日本各地や南方・中国に旅行された時のものもありますが、量的にはそれほどではありません。

ごく大まかな整理の仕方ではありますが、このようにまとめますと、詩や小説や劇などの創作と美術展覧会評や演劇評論は杢太郎の二十歳代、つまり二十三、四歳から三十歳にかけて書かれたものであり、紀行はその大切なものについて言えばほとんどが三十歳から四十歳に至る十年間の産物であることが分かります。そして四十歳を過ぎる頃から次第に多くなってまいりますのが、キリスト教伝来の頃を中心とする歴史的考証と、いわゆる随感随想の文章です。文学作品や文学者を論じた文章も四十歳を越えてから書かれたものは「文芸評論」よりも「作家研究」の性格を強めてきており、特に森鷗外を論じた一連の論文などは内容も分量も実に豊かなもので、その後の森鷗外研究のために確かな礎石をすえたものと、今でも高く証価されております。実証性を重んじる姿勢は、自由に筆にまかせて書く随筆にも次第に強く現われるようになり、美への主観的な耽溺が創作動機となっている作品は見当りません。

このように見てまいりますと、いっぱしの文学研究者でしたらたちまち「木下杢太郎の生涯」を三期ないし四期に分かち、耽美主義時代、視界拡大の時期、歴史感覚を深める円熟期、晩年の完成期とでも銘うって、手の内の見え透いた評伝をまとめ上げることができるだろうとお考えになる方が多いかもしれません。そして杢太郎の多面性は、彼が多才であって、多くの分野の対象を多くの方法で扱い得たことにある。そしてその対象は彼の年齢の推移と共に変化した——と、そのようにお考えになるかもしれません。私が今分類しておみせした作品群と制作年代との関係も、この事実を立証しているように見えます。そしてこのような多面性をとどこおりなく生き抜いて、ついに中国古典を愛するという深い知恵を獲得するに至る、いわば教養人としての生涯に、杢太郎の人間としての発展の首尾一貫性を見ることができ、「多面性の統一」という解釈の要求も満足されるわけです。

実はこのような杢太郎理解のあり方を、私は決して否定するつもりはありません。杢太郎が愛したオーストリアの詩人フーゴー・フォン・ホフマンスタールも、ほとんど少年といってよいくらい若い頃に、多くの優れた抒情詩と詩劇を書き、後年はエッセイにのみ彼の資質の証しを求めました。萩原朔太郎にも中期以降にはほとんど詩が生まれていません。大部分が評論的な考察なのです。杢太郎もことによると、そういうタイプの生涯を辿ったと見るのが分かりやすい理解の仕方なのかもしれません。一度そのように整理してみるのも、確かに意味のあることであろうと私も思うのです。

だが、本当にそうなのだろうか——、若い頃の杢太郎が抱いていた詩魂は、晩年には史的実証の精神に成熟してしまい、あのみずみずしい感性は衰退し、万華鏡のように変幻自在だった空想は、随筆や紀行の中で単なる連想の妙という程度の羽ばたきしか示し得なくなってしまったのか——またこれを逆の方向から見て言うならば、彼のキリシタン史研究に見られるような綿密精細な実証精神は、中年になって初めて芽生えたものであり、若き日の美的耽溺は結局のところ知性とは遠い営みであったのだと言ってもよいのだろうか——。

そうなのです。このように問い直してみるだけで、耽美主義から実証精神へという「教養小説」的な精神発展史の見方による理解が極めて図式的なものであり、事実に一方向からしか光を当てていないものであることが分かるのです。杢太郎の詩人としての出発点となった例の新詩社の友人たちとの天草旅行にしても、まだ二十二歳であった杢太郎は、旅行に出る前に東大図書館で古い文献を調べ、天草周辺の歴史と言語とを丹念に勉強してノートを作っております。のちに例えば織田信長の事蹟を調査して『安土城記』を書いた時と、取り組み方の態度の上で何の違いもありません。このノートは横浜にある神奈川近代文学館の杢太郎文庫に保管されていますので、ご覧になることができます。杢太郎はごく若い頃から、つまり耽美的傾向の著しい頃からすでに、極めて実証的な精神を持っていたのです。

また反対に、若い頃に豊かであった耽美的な要素が、考証を目的とした晩年の文章の中では乏しくなっているのかというと、私には決してそうは思われません。例えば最晩年の植物随筆に「すかんぽ」というのがあり、これは以前に、正確に申しますと昭和四十四年十月十五日に、木下杢太郎記念館から自筆原稿の復刻版が出ておりますので、伊東の皆様は特によくご存じかと思います。これを読みますと、実にみずみずしい感性と、過去と現在の間を自由に往き来する創造力《ファンタジー》の豊かさに打たれます。決して二十代の詩や詩劇を読んだ時の芸術的感動に劣らない、深い美的な印象を受けるのであります。

確かに青年の頃の創作と、中年以降の随筆とでは、執筆の動機が違います。テーマも違います。作品の構造も文体も同じではありません。しかし、その違いには美意識の違いや知性の占める割合の違いという解釈では説明し切れないものがあります。つまり、杢太郎においては、どの時期の作品をとってみても必ず美意識と知性とが共存しており、バランスを保っているように、私には思われてなりません。しかし、そうであるのに、若い頃の作品と晩年の作品の間には、はっきりと違うところがあります。それがいったい何であるのか——これを私は考えてみたい、明らかにしてみたいと思うのです。あらかじめお断わりしておきますが、現在のところ私には、この問いに対しての答えがありません。もし皆さんが私とともに、この問いについて考えて下さいましたら、そして得られた答えをお教え下さいましたら、私は大変嬉しく思います。これは皆で考えてゆくべき問題であり、そしてまた、一人一人によってそれぞれ異なる結論が出るのが当然な問題であろうかとも思います。ですから、私がこれから申し上げるのは、考えぬいた上での結論なのではなく、例えばこんな風に考えてみることもできるのではなかろうかという程度の、単なる試論に過ぎないものとしてお受け取りいただけましたら幸いに存じます。

私がこの考察のための手がかりとして選びたいと思うのは「古都のまぼろし」という作品であります。この作品を取り上げます理由はいろいろありますが、それはのちに自ずから明らかになってまいりましょうから、しばらくおあずけにいたしておきます。ただ、この作品は「残響」「雪」「安土城記」などとともに、李太郎の諸作品の中でも私の最も好むものの一つであり、その意味で、選択に私の個人的な好みが強く働いていることはあらかじめお許しを願っておきたく存じます。

さて、この「古都のまぼろし」でありますが、この作品は全集におきましては「小説」の中に入れられております。この作品と性格のよく似ている「安土城記」や「雪」を李太郎自身が自選の『木下李太郎選集』の中で「小説」のうちに数えておりますので、「古都のまぼろし」も小説とみてさしつかえないのですが、同じ選集の中で「残響」が随筆の中に入れられておりますのを見ますと、「古都のまぼろし」も「随筆」に入れてもよろしいかと考えられます。つまり、これは小説と随筆のどちらにも入れることのできる、二つのジャンルの境にあるものです。また、もし散文詩を「詩」のジャンルに入れるのなら、「古都のまぼろし」は同時に「詩」でもあろうかと思います。

この作品はまず薄暗い図書館の中の光景で始まります。スペインはセビリアの町の文科大学附属図書館で、作者は十六世紀の写本を調べています。宣教師ルイス・フロイスが日本から書き送った手紙の手写本で、当時まだ未刊行のものでした。その中には織田信長の子息信雄に関する記述がありました。極めて読みにくい装飾過多の文字を読み解いているうちに、作者の頭、というよりは心の中に、次第に空想の世界が広がってきます。

「突然、隙間から穴倉の中に迷い込んで来た光のやうに、自分の頭に入った一思想の為めに、空想の群が乱舞を始め、もはやどうしてもそれを鎮静することが出来なくなった。それで、如何にも本を読んでゐるやうに紙の上に顔を向けながら実はしばらく、頭の中の翼の生えた空想たちに、勝手な飛翔を許してゐたのである。

これらの有翅の小動物たちは、ちゃうど夏の夕かたの透明な蒼穹を矢のやうに駆り廻る蜻蛉《せいれい》と同じく、不規則な軌道を作って縦横に走り廻ってゐたが、やがて無数のばらばらのものが、一つの流らしいものを形造《かたちづく》り、そしておのづから或る方向を定めて進んでゆくらしく思はれてきた。」

何と美しく見事な叙述ではありませんか。芸術家の心の中にいずこからか光がさし、それがイメージを生み、形象と化してゆく過程を、これほどありありと描き出してくれた詩人が他に誰かあるでしょうか。生み出された形象を描き出してくれた人はあっても、イメージの誕生するまでの過程を詩人自らが描き出すということは、おそらく珍しいのではないかと思います。そして、世にも美しい詩劇のプロローグがこれに続いて聞こえてまいります。

「時も知らず
處も知らず
それは春の日の山に沈んで
沖の島にまだ残照の紅く燃ゆる夕がた……」

これはまさに木下杢太郎の詩以外の何物でもありません。杢太郎が海の入日を好み、沖の島の残照を見て感傷にふけったことは皆様よくご存じだと思いますし、特にそれが杢太郎の心象の世界の原風景であるこの地伊東と無関係ではないことも、改めて申すまでもないことでしょう。

この序歌《プロローグ》を歌うのは「女にも似合《にっか》わしい服装をし且つ帯刀してゐる」貴《あで》やかな青年ですが、彼こそはちょうど今作者が精魂を傾けて読み解いていたルイス・フロイスの手簡に述べられている、あの織田信雄その人に他なりません。彼は――これがこの作品において大切なところなのですが――「その賢さうな眼差に、従来日本の人に見ることのなかった輝きを示して」おり「則ち人生といふものに対する懐疑及び哲学的不安の表情」を見せております。この青年はキリスト教の宣教師によって魂の覚醒に導かれ、「愛すること」の意味を考えるようになり、そこから激しい悩みを抱くようになったのです。杢太郎はここで、日本に初めて「倫理感情」を伴った男女間の愛のあり方としての一夫一婦制がキリスト教によってもたらされ、それによって日本人の心の生活に新しい波紋が生じ、さまざまな葛藤を経て近代的自我が育ってゆく過程を描こうと試みます。詩劇になるはずですが、まだ作品としての完成までには至っておらず、ほんのスケッチといったところです。

空想にふけっているうちに時間が過ぎ、作者は図書館を出ます。そしてセビリヤの町のここかしこを眺め、さまざまな建築物に昔をしのびながら歩いているうちにグワダルキヴィル河の河畔に出ますが、このあたりの叙述は若き日の杢太郎の詩的散文を思わしめます。そして実際にその情調が作家その人の心の中に、昔の夢を呼び醒ましてゆきます。

河畔のレストランの椅子に座って町の建物を眺め、思いにふけっていると、一人の女が現われます。作者はこの女性を実は心の眼で見ているのですが、自分自身は夢想と現実の区別がつかず、最初は本当にフランス人かスペイン人かといぶかしがり、フランス語で話しかけると、ちゃんとフランス語で返事をするのですが、しかしその正体は作者が若かった頃から時たま心の中に立ち現われることのあった、詩人自身の分身でありました。この女性は詩人杢太郎の本質を知っており、彼の学者的な研究のすべてが、本当のところは詩人の夢と美意識とが追い求めるものを発見しようとする営みに過ぎないことを指摘します。そして自分自身の夢を歴史上の実在人物たちの上にかぶせ、自分自身の夢を歴史上の人物において実現させたいがゆえに、苦労して古文書などを漁っているのだということを、遠慮会釈なく暴露します。二人の会話はさらに進み、その会話の中で、学者として知的な作業に入ってゆかざるを得ない必然と、そういう一切の知的行為のはかなさとを共に自分の内部に感じ取っている杢太郎の、彼自身の芸術と学問の本質が、アイロニーをこめて語られます。しかしそのアイロニーには、何とも言えない悲哀と嘆きの調子がこめられており、余韻となって読者の胸に残ります。

「自分は、プェンテ・デル・イザベルの橋を渡り、今しも人波の裡に消えてゆく彼の女の後姿を眺めた。
　そして何かしらぬが、『つまらないなあ』と言う気分になった。」

　彼女が去っていったということは、決して詩人の心が作者から消えていったことを意味していません。もう「胸の中のサンチマン」だけで美とあこがれを純粋に追求することができなくなったということではありましょうが、そしてそれが詩人自身にとっては淋しく悲しいことではあるかもしれませんが、そういう悲哀の感がこれほど確かに、深く私たちの心を打つということこそ、この作品の持つ芸術性の深みであり素晴しさであると言うべきなのです。
　もし杢太郎にして若い時代の作品にはまだ稀薄であり、晩年に近づくにつれて深みを増したものがあるとすれば、それは、この作品で私が今捉えることに成功したかもしれない何か、すなわち、現に今真剣に自分の一切をそそぎ込んで何かを明らかにしようと努力している時、その努力する心のすき間からしのび込んできた何者か（つまり杢太郎の言う「夜」の女）が、現在の営みの奥底にやはり昔のままのあこがれが住みついているのだということをささやき告げるのを聞く時の、一種言いようのないなつかしさと悲哀感――この悲哀感であろうかと思うのです。例えば杢太郎の若い頃の、色彩にあふれ音楽に満ちた抒情詩に同感できない人でも、現在の自分の心の中に若き日の夢が生き続けながら、しかもそれが

「……それにこんな白髪《しらが》。
　——もうあんまり遅過ぎます——」

という嘆きをつぶやくのを聴くという所で、何の感動もおぼえないということがあるでしょうか。この悲哀感はヨーロッパに滞在している間に次第に李太郎の心の中で自覚的になっていったもののように思われますが、作品の中に芸術的に定着するのは「古都のまぼろし」の成立する大正十四年、すなわち作者四十歳の頃からであろうかと考えます。そして、この悲哀感が、というよりはこの悲哀感を生ましめている李太郎の心のはたらき、難しく言えば、彼の世界認識のあり方が、その後に書き続けられてゆく多くの随筆の中に常に息づいていて、それが私の心を打つのです。

　この李太郎の、私にとっての魅力の源泉を、もっと詳しく分析し説明してみようと思っておりましたが、それは今のところまだ私の手にあまるようであります。かつて私は同じことを「もう遅すぎる」という言葉から入っていって、ヨーロッパ文化をその古典にまで遡ってゆくことが、今の自分にとっては年齢的にもう無理であるという嘆きであろうと解釈したことがあります。この解釈はそれなりに正しいと今でも思っておりますけれども、おそらくはそれだけにはとどまらない、もっと深いものがあることも間違いありません。なぜなら、この「もうあんまり遅過ぎます」という嘆きは、人間の生の構造そのものに由来するように思われるからです。かつて「もうあんまり遅過ぎる」という嘆きを心に持たずに死んだ人が、一体どれだけあったでしょうか。「人間には未来の生がある、もう一度生まれ直して、今の生で達せられなかったものを取り返そう」というような、またそれに似た考え方をする宗教なり人生観なりが多いのも、いかにこの嘆きが人間にとっての普遍的な嘆きであるかをよく示しています。そのことを詩人として、芸術家として、そして学者として実感していたところが、李太郎の後期の随筆の尽きざる魅力の一つではないだろうかと私は思うのです。つまり、美意識と知性とが平衡を保ち、人間の持つ多くの側面に光をあてることのできた人が、どんなつまらない人間でもおそらく心に抱くであろう深い実存的な恐れと嘆きを、まことに淡々とした調子で語っているという、李太郎芸術の一つの特性を申し上げることだけで、私の本日の拙い話を終わらせていただきたく存じます。

（一九九〇年十月七日　伊東市観光会館）

第二章　異文化の体験

漢方から蘭方へ

（北九州市の産業医科大学で、医者の倫理について医史学の立場から論じたものである。）

わが国の医学思想

皆さんは『解体新書』という本のことをご存じですね。この本は安永三（一七七四）年八月に五分冊の形で刊行されましたが、申すまでもなくオランダ語で書かれた解剖図譜で、当時蘭学者の間で『ターフェル・アナトミア』と呼ばれていたものの翻訳です。オランダ語で書かれた本と申しましても、実は原著者はドイツ人（Johann Adam Kulmus, 1687－1745）で、一七三二年にドイツ語で刊行され、その二年後の一七三四年にオランダ語に訳されたものが底本に使われたということも、おそらく皆さんはご存じでしょう。

原著者クルムスは当時ダンツィヒの医学校の教授で、王立自然科学アカデミーの代表会員だったということですから、一応名前の通った人だったに違いありません。ドイツ語版（詳しく言えば、その増補第三版）の出版社はオランダのアムステルダムにあるヤンソーンス・ファン・ワスベルへ社で、前述のように一七三二年のことであり、その二年後にオランダ語に訳されたものが、この同じ出版社から刊行されたのでした。

この事実からも推測されますように、当時のオランダはドイツ医学の後を追っていたのですが、日本ではまだその辺の事情が分かるはずもなく、ただひたすら漢方医学と西洋医学の違いが、このオランダ語医学書を見た人々の目を驚かせたのです。そして、明和八（一七七一）年三月四日に骨ケ原（小塚原）で行なわれた刑屍体解剖に立ち会った杉田玄白と前野良沢とが、思いもかけず別々にクルムスの同じオランダ語訳を所持していたことがこの本の翻訳のきっかけとなり、そこからいわゆる「蘭学」が誕生したことは、杉田玄白がのちに（八十三歳の時）書き著した『蘭学事始』（文化十二・一八一六年）に詳しく述べられているのはご承知の通りです。

『解体新書』は周知のように、杉田玄白・中川淳庵校、石川玄常参、桂川甫周閲となっています。実際は、前野良沢の指導のもとに杉田玄白が主軸となり、中川淳庵、桂川甫周らが協力し、秋田の蘭画家・小野田直武（一七四九～一七八〇）が挿絵を描いているのですが、最年長者であり事実上の指導者だった前野良沢は功を玄白に譲り、自分の名を出すことを辞退しました。というのは、翻訳ができ上がってからこれを推敲して、十一回も原稿を作り直して文章を練ったのが玄白だったからです。

玄白は、前野良沢がいなかったらこの仕事ができなかったことをよく知っておりましたので、良沢にせめて序文でも書いて下さいと申し出たのですが、良沢は「私はかつて九州の菅原道真の廟にお参りし、『私がオランダの学問を勉強いたしますのは、真理を探求し、人々の生命を救うためであります。もしこの真の目的から外れて、有名になったり出世したりするための手段とするようなことになりましたら、どうぞ私をとがめて罰をお与えください』と誓いました。もし今、自分の名前で序文なぞを書いたなら、神様は何とおっしゃることでしょうか」と答えて、断りました。自分の個人的な名誉欲や金銭欲のために勉強したり仕事をしたりするのではなく、人のため世のために役立つことだけを純粋に志していたことが、よく分かります。自分自身は何もしないで、弟子の仕事にやたらに自分の名を共著者、校閲者、監修者などの名目で入れたがる人もあるようですが、心すべきことだと思います。

前野良沢は若い頃からオランダ語を学んだわけではなく、もちろん初めは漢方医でした。四十五歳を過ぎてから、ある時オランダの本を見せられ、これが読めるかと問われました。ＡＢＣも習ったことはないのですから、一語も読めるわけはありません。同じ人間である西洋人の言葉が読めないわけがない、何とか読めるようになりたいと思って、当時江戸でオランダ語の読めるたった二人の学者のうちの一人、青木昆陽に教えを乞いました。

昆陽は将軍吉宗の命で長崎に行き、通訳官からオランダ語を習ってきたのですが、わずかに五百語ほどの単語を覚えた程度で、文法などは全く知りませんでした。良沢は昆陽の知識をすっかり学んでしまうと、みずから長崎に行き、吉雄耕牛という優れた通辞（通訳）のもとで一年足らず学び、さらに二百ほどの単語を覚え、マーリンという人の作ったフランス語対オランダ語の辞書を買って帰りました。『解体新書』の翻訳の際には、良沢の他は誰もオランダ語を知りませんでしたから、実にこの七百ばかりの単語の知識だけを基礎として仕事が始められました。

ところが、その仕事の中で若い人たちは急速に力をつけてゆきました。特に中川淳庵と桂川甫周の二人が優れていたようです。と申しますのは、『解体新書』刊行の二年後（一七七六）にスウェーデンの植物学者トゥンベリー（C.P.Thunberg, 1743－1822）が江戸に来て何人かの蘭学者に会ったのですが、彼は『日本紀行』の中に次のように書いているのです。

「一番若い医者は桂川甫周という人で、将軍の侍医なので衣服に将軍の紋を付けていた。この若者は愛想がよく陽気な性質の人で、よく私のもとにその友達の中川淳庵を連れて来た。この人は彼より少し年長で、この国の公子つきの医者である。二人とも、ことに後者は和蘭語をかなりよく話した。（Beyde, insonderheit der letztere, sprachen das Holländische ziemlich gut.）」

これは『解体新書』の翻訳をたった七百の語彙をもって開始してからわずか六年後のことであり、実に驚くべき進歩と申せましょう。そしてさらに十数年後の寛政十（一七九八）年には前野良沢、杉田玄白から教えを受けた大槻玄沢（磐水、一七五七〜一八二七）が日本初のオランダ語文法書である『蘭学楷梯』二巻を著し、ここに蘭学の基礎が固まったのでした。玄沢はその後、さらに二十余年を費やして『解体新書』を改訂し、誤訳を正し、新しい研究成果を加えて十四巻からなる『重訂解体新書』を刊行しました。こうした努力のすべては、医学にたずさわる人間として真実を追求し、日本の医学を少しでも進歩させたいという念願から出たものであって、決して自己の名誉のためではなく、利欲のためでもなかったのです。

このようなオランダ医学を吸収する際に見られた倫理的な精神は、本来日本の医学者たちが昔から大切にしていたものです。日本の医学思想はもともと中国から学んだものであり、それを日本流に発展させたものですが、医者たちは医学を病気治しのための単なる技術とは考えず、もっと根本的に、病気の本質や治療の意義を哲学的に思索し、人間の存在の意味との関連の中で捉える学問であると考えていました。ですから、医者にとっては、未知の学説や技術を学ぶことは、すなわち自分の人間としての誠実な生き方そのものと結びついていたのです。いわば医学は人間として正しく生きる道の一つであり、その道のあり方を知るための哲学の上に成立していたのでした。古来、実に個性的な生き方をした医者が多いのも、彼らが独自の哲学を持っていたことによります。医者にまつわる伝承が多いのもそのためです。例えば、次のような話があります。

医者の理想像——義斎

明和、安永の頃といいますから、ちょうど前野良沢や杉田玄白らが『解体新書』の翻訳に取り組んでいた時期に当たりますが、摂津の国（今の大阪府）麻田という地に園井東庵という医者がおり、号を義斎といいました。久しく京都で勉強したのちに諸国を遍歴し、年をとってから麻田一万石の殿様・青木美濃守に仕えることになって、この地に住むようになったのです。この人は分け隔てなく病者を助け、どんなに遠くの、どんなに貧乏な家にも直ちに出掛けて病人を診、良い薬を与えて救い、治ってからお礼をしようとしても貧者からは受け取らず、反対に、病気をしたために家計が困るようになった人には、米や薪などを贈ってやりました。また、財産をなくした者には資本《もとで》を与えて、仕事を始めさせたこともたびたびでした。ですから麻田の付近一帯で義斎の恩を受けない者はほとんどいなかったそうです。

ある時、殿様が病気にかかったので義斎を呼びましたが、義斎があまりに垢の付いた汚い着物を着ていたので、殿様は自分の紋の付いた衣服を与えました。義斎はもちろんこれを有り難く頂戴して帰ったのですが、家に帰る途中で一人の病気の乞食に出会いました。見ると大変寒そうにして震えているので、もらってきた服を着せてやり、薬まで飲ませて「大事にしなさい」と優しくいたわって立ち去りました。ところが次の日、何気なく同じ場所を通りかかりますと、二、三人の侍が例の乞食を取り巻いて折檻しております。いったいどうしたのかと聞きますと、この乞食はもったいなくも殿様の紋の付いた着物を着ている、きっとどこかで盗んだに違いない、どこから盗んだのか問い質しているのだ、と言うのです。そこで、この服は実は自分が与えたものだと言って弁明してやり、大勢の人がわいわいたかって見ている前で素裸になり、自分の着ていたものをすっかり乞食にやってしまいました。そして乞食が着ていた殿様の紋服を平気で身に着けて去って行きました。

こういう人ですから四、五年も殿様に仕えているうちに「宮仕え」に息が詰まり、侍医を辞めさせてもらいたいと申し出たのですが、殿様は許しません。そこで、病気になったと称して四、五日家にこもったのち、急に死亡したという知らせを殿様のところに送りました。検死の役人が来てみると、どうも本当に死んでいるらしいので、棺に入れて寺に運び、葬式を済ませて焼場に持って行き、火をつけようとしました。するとその瞬間に義斎は棺の中から躍り出て、

「我未だ命数尽きず、閻魔大王の許しを受けて、ただいま蘇りたり」

と大声で叫んで、驚き呆れる人たちを押しのけて、どことも知れず駆け去ったということです。

こうして麻田を逃げ出した義斎は、少し離れた岡という村に行き、そこで知人に迎えられて住みつきました。もちろん、

ここでも貧困の者たちの病気を進んで治し、金を取るどころか彼らの生活の援助をすることを止めませんでしたが、以前のように殿様からの俸祿という資源がありませんので、たちまち生活に困り、だんだんと借金ができました。

ちょうどその頃、近くの村に六右衛門という大変豊かな農家があり、その家の主人が大病にかかって長い間苦しんでおりました。これまで幾人もの医者にかかったのですが、どうしても治らず、義斎に来診を求めてきました。義斎は診察して、きっと治してあげると約束し、薬を与えました。この薬はものすごい悪臭でしたが、六右衛門がこれを我慢して飲んだところ、翌日真っ黒な便がたくさん出て、気分が良くなり、二十日ばかりこの薬を服用し続けるうちに、すっかり治癒いたしました。そこで六右衛門は早速当時としては大金の金一両を使いに持たせて、謝礼にしようとしましたが、義斎はこれを見るやいなや顔色を変えて、

「六ゑもんが一命をたった一両ばかりで買おうと言うのか。何という安い命だろう。そんな安い命なら自分もたくさん買いだめをして置きたいものだ」

とどなりつけて、使いを追い返しました。六右衛門はびっくりして自分自身で義斎のところに駆けつけ、どのようにしてお礼を申し上げたらよろしいでしょうか、と問いました。すると義斎は六右衛門に命じて、米屋、薪屋、薬屋などの借金を全部払わせました。これらを合計すると五、六十両にも達したそうですが、支払いを終わってから六右衛門が報告に参りますと、義斎は大変喜びまして、

「これは皆、数十軒の貧家に施しをしたための借金の残りである。あなたがこうして貧者に施しをされた徳はきっとあなたに酬われて、これから二十年は永生きなさることでしょう」

と言ったそうです。この話はすぐに麻田の殿様の耳に入り、もっと給料を増やすから帰って欲しいと申され、使いを出されましたが、義斎はその使いを待たせておいて、裏口からこっそり逃げ出し、そのまま行方をくらませました。

岡村の人々は捜し回った末、義斎が少し離れた刀禰山村に隠れていることが分かりました。しかしいくら勧めても義斎

は、もう岡村には帰ろうとはしません。そこで仕方なく彼の住んでいた家を売り、その金を持って刀禰山村に行きますと、義斎は自分が棄てた家の代金など受け取る理由はないと言って拒絶します。岡村の人たちはそこで相談して、その金で田畑を買い入れ、人を雇って耕作させることにしました。翌年は豊作でしたから、ここから相当の収益が上がりました。その金を持って刀禰山村に行きますと、義斎は今度もやはり受け取りません。そこで村人たちは相談して、「酒肴を沢山買い求め、村の老若男女皆集まって酒をのみ歌をうたい、二日ばかり舞い騒ぎて、ようよう金を遣い果たした」そうです。ところが、その次の年もまた大金が入ったので、村の人々が相談した結果、「義斎はまことに神の如き老人なり。今この徳によって生まれたお金で神社を建て、義斎を神に祀るべし」ということになり、義斎明神という社ができたということです。

古来優れた人格の医者は少なくありませんが、生きている間に神として祀られた人はこの義斎ただ一人だそうです。そして面白いことに、この地方ではこれが習俗として最近まで残っており、明治中期までは三月十八日に、それ以降は四月十八日に、村中の各家に米を配ることになっておりました。もちろん義斎の家を売って購入した田畑から生じる収益をこれに充てるわけで、数人が世話人となってことにあたり、「花見料」という名目で配るのですが、この日を村人たちは「東庵さん（つまり義斎）の日」と呼んでおりました。残念なことに義斎明神の社はもう跡かたもなく、どこにあったのかもはっきりしないそうです。

この話は「日本医学史」の草分けである富士川游先生の著書（『富士川游著作集』思文閣出版、一九八〇年、第二巻三三八頁）に出ておりますが、これなどは「医」または「医者」というものの理想を私たちの先祖がどこに求めていたかを物語る良い例ではないかと思います。よく味わってみると、そこには世界観があり、人間観があり、哲学があり、そして宗教が感じられます。医術は同胞への愛から発した営みであり、言わば祈りの行動化したものであります。その行動が学問、技術という形をとり、その限りで自然科学的方法論を駆使する必然を持つのですが、江戸時代中期になって日本の医学者たちがこの面での西洋医学の優秀性に気づき、オランダ医学を経てドイツ医学に近づいていった時も、彼らの精神の本質は、今お話した義斎、本名園井東庵の精神と同じものだったのです。

フーフェラントと蘭方医

この事実を示す例をもう一つ申しますと、それはフーフェラントに対する蘭方医たちの尊敬の念の篤さでしょう。クリストフ・ヴィルヘルム・フーフェラント（Christoph Wilhelm Hufeland, 1762－1836）はドイツのヴァイマール公国の医者で、医業を父から受け継ぎ、その辺りの農村一帯を早朝七時半から夜遅くまで回診して病者を救い、貴族から貧者に至るすべての人々から敬愛されておりました。ゲーテが彼の面影をファウスト第一部の冒頭に描いているのは人の知るところですが、この人は臨床医としてばかりでなく、研究者としても、また著述家としても、若い頃からいろいろの仕事をしました。三十一歳でイエナ大学の教授となり、七年後にはベルリンに呼ばれてベルリン大学医学部の創設に力を貸し、初代の学部長になりました。彼の書いた本は各国語に訳されましたが、特に有名なのは『長生術』（Makrobiotik, 1796）と『経験遺訓』（Enchiridion Medicum, 1836）の二つで、日本には言うまでもなくオランダ語訳で入りました。後者は実際に種々の内科的疾病について具体的に論じた、当時としては大変権威のある医学書なのですが、巻頭に多くの箴言を掲げ、また巻末には医者としての行動指針となる医戒を載せております。

日本語に訳したのは緒方洪庵（一八一〇～一八六三）で、『扶氏経験遺訓』と題されて安政四（一八五七）年に刊行されました。この本は蘭医にとって言わばバイブルの如きものとなったのですが、彼らの心をひきつけたのは病気治癒の技術についての叙述もさることながら、そこに盛られた医学哲学の高さと深さでした。日本の医者たちはここに東西に共通する医学者の精神を読み取り、西洋医学の依って立つ哲学的倫理的根拠を学んだのでした。つまり、江戸時代の医者たちは西洋医学を、決して技術面に限定した偏った功利主義の見方で学んだのではなく、もっと根本的に、哲学的・倫理的な基礎を含めてそのすべてを学ぼうとしたのです。杉田玄白の孫にあたる杉田成卿（一八一七〜一八五九）が特にこの本の「医戒」の部分のみを取り出して訳出し、一冊の本としたことは（文久年間、一八六一〜一八六三に刊行）、先覚者たちの関心が技術面よりもむしろ哲学の面に強かったことの証明とさえ言えるかもしれません。医戒の部分は長文のものが多いので、ここでは彼が巻頭に列挙した箴言、つまり諺の中から、いくつかを採ってみることにしましょう。

Besser ist's, der Kranke stirbt,
als daß du ihn umbringst.
病人の死ぬ方が、医者が病人を殺すよりましである。

Kannst du nicht helfen,
so schade wenigstens nicht.
もし助けることができなければ、せめて加害者とはならないようにせよ。

Halte immer die Würde der Kunst aufrecht,
in dir und bei andern,
und erniedrige sie nie zum Handwerke
und zum Mittel niedriger Zwecke.
お前の心の中においても、また他の人に
治療を施すときにも、医術の尊厳を

正しく守り保てよ。そして医術を
ただの手先の仕事に堕落させてはならぬ。
また、下等な目的の手段としてはならぬ。

これらの諺は、読めば読むほど深みが分かってきます。医業は患者の信頼があって初めて成立するものですが、その「信頼」とはどんな意味のものなのかを深く考えようとする気持ちを江戸時代の医者たちは強く持っており、その気持ちを原動力として、蘭方医たちは新しい西洋医学の吸収に向かって進んでいったのでした。

「和魂」とは何か

このような医者の精神的な姿勢に変化が現われ始めるのは、明治の中頃のことです。その理由を考えてみますと、大きく分けて二つあるように思われます。その一つは「和魂洋才」という言葉で表現される日本的功利主義（プラグマチスム）の影響であり、もう一つは西洋医学自体の思想的変化です。

「和魂洋才」とは、言うまでもなく一昔前の「和魂漢才」のもじりで、言うならば日本人の主体性において西洋の学問・技術を学び取るということでしょう。明治の初期に、日本人は西洋の文化と技術の華やかさに圧倒され、伝統的な文化のすべてを捨てて西洋の文物を取り入れようとしました。そのような現象に対して、日本人としての自主性を回復し、日本人のための文化を発展させるのに役立つもののみを外国から学ぶという態度をとるべきだというのが、「和魂洋才」の思想でした。この思想はそれ自体決して間違ってはいないのですが、実際には一つの害を生みました。それは、ややもすると「和魂の方はすでに私たちに備わっていて、改めてこれを養う必要がない。不足しているのは洋才、つまり現実的な学問・技術だけである」という錯覚に人々を導いたからです。この錯覚が日本人を従来の劣等感から救いだしたばかりでなく、本来は真摯な精神的努力を重ねて初めて身につけることのできる哲学的倫理的認識能力の研鑽を怠らしめたのでした。

例を卑近な医学教育についてみますと、明治以降多くの医科大学・医学専門学校が作られましたが、その中でカリキュラムの中に医療哲学ないしは医学倫理を一学科として置いていたものは稀です。医学の成長発展を辿り、人間文化の中における医学の位置を確認する医学史を学生の必修科目としているところも多くありません。近年になって「医学史」ないしは「医史学」の講座を持つ大学も増えてはきましたが、すべての医学生に医者としての生き方についての深い認識を持つことを卒業の絶対的前提としている大学は、皆無と言ってよいでしょう。

なぜかと言いますと、人々は医者における「和魂」つまり医療哲学は、学ばずともすでに身についていると盲信しているからです。江戸時代の漢方医たちが儒学や漢方医学書を学び、一生を通して磨き上げていた哲学的考察力や倫理感覚の深みや高みが、現代の若者たちにも「学ばずして身についている」と盲信しているからです。これが日本的功利主義の落とし穴でした。その結果、技術系の学科の出身者たちにもしばしば見られるのと同様に、自分のたずさわっている仕事の意味を人間文化の総体との関連で把握することのできない恐るべき医者たちが、たくさん生み出される結果になったのでした。

医学の傾向に変化を生んだもう一つの原因は、西洋医学の根本思想の推移です。西洋医学の思想の系譜は、ご存じのようにギリシャのヒポクラテス、ローマのガレノスなどを祖とし、さらにアラビア流も加えて十六世紀頃から自然科学的な姿勢を次第に獲得して、十八世紀から十九世紀にかけての近代医学の確立に至るわけですが、日本に蘭方医学が入ってきた十八世紀の中頃は啓蒙思想的百科全書的な総合文化観の時代であり、人間を一個の全体として見て、疾病を癒すことは個としての人間の健康に調和をもたらすことだという、言わば自然的な医療観が支配的でした。このことは先に述べたフーフェラントの著作などに、その根本的な思想としてはっきり読み取れます。

ところが解剖学の進歩とともに、いわゆる器官病理学（0rganpathologie）が主流を占めるようになり、疾病を分析的に身体のある部位の機能障害であると見る観点が主流を占めるようになりました。この考え方はフィルヒョウ（Rudolf Virchow, 1821－1902）によって、顕微鏡を用いる細胞病理学にまで発展させられ、それが今日の病理学の主流となりました。この観点に従いますと、病気は人体のある部分、つまりある器官、さらに突き詰めればその細胞の機能が変調する結果であるから、その器官を治療するか、場合によっては病変した細胞を切除すると病気が治るというのです。そこで、それぞれの器官を専門的に研究するという専門分化が生じました。従来も内科・外科などの大まかな分科はありましたが、分化はさらに進んで、現在の博士論文のテーマを見れば明らかなように、特定器官ないしはその細胞の示す特定の現象についての特殊専門研究によって、医学生が医者・医学者としてのパスポートを手に入れる時代となったのです。

つまり、医者は自分の任務を人間の局部器官の破損の修理と心得るようになり、人間が一個の総合的存在として有する尊厳などは、医療の際に医者の念頭に上ることが少なくなりました。フィルヒョウ以後の西洋医学がこういう傾向を強め、倫理的哲学的な医学の基礎的考察から遠のいたことが、日本の現代医学に影響を及ぼさないわけはありませんでした。事実、「和魂洋才」のナショナリズム的な功利主義によってモラルの根底をないがしろにした日本医学は、さらにその上に西洋医学自身の物質主義化（マテリアリズム化）に引きずられて、西洋よりも遙かに極端な哲学離れの道を歩んでしまったのです。哲学的倫理的反省能力を持たない医療が、もしも名誉欲や金銭欲と結合したら、いったいどのような状況が生まれてくるでしょうか。営利のための過剰医療・医薬過剰投与などを恐れる一般的風潮が現在実際に生じてきていることは、この辺の事情を示すものと言えるでしょう。

これは政治や経済も絡んだ複雑な問題ではありますが、根本は医学がその哲学的基底を離れて精神性を喪失したところにあります。病気というものは決して固定した出来事ではありません。それは外的な原因と、病気の性質と、病人の肉体的および精神的状況などが複雑に織りなされて生まれたものです。そして同じ種類の疾病でも、それを病んでいる個人にとっての意味は、すべて異なっているのです。そこには個人の運命が作用しており、その点で、同一の病気が同一の医療価値を持つということはあり得ません。

江戸時代の漢方医たちは、そういう哲学的な考察において、決して現代の医者たちに劣るものではありませんでした。否、むしろ今よりはずっと深く、人間の本性にふさわしい医療のあり方について考えておりました。そして、蘭学が入ってきた時に漢方を捨てて西洋医学を採ろうとした人たちは、漢方によって培われた哲学的感性を基礎として蘭方に入ってゆきましたから、おのずから西洋医学の伝統の中に生きている哲学・倫理をも敏感に捉えることができました。つまり、西洋医学を偏りなく、全体として受け取ることができたのです。ここに蘭方医たちの偉大さが見られるのです。

現在西洋医学の限界が話題となり、漢方を見直そうという風潮があります。これは一見すると喜ばしい現象かもしれませんが、これまでお話したところからもすぐに分かるように、一つの問題性を呈しております。すなわち、私たちが一度捨てた漢方から、いったい何を拾うのかがはっきりしなければ、それは無反省な回顧趣味か安易な功利主義に過ぎないのです。

明治以降の医学は、漢方をその哲学とともに捨てました。そして西洋医学の歴史と哲学の部分に目をつむって、その疾病の治療技術の面のみを採用しました。今、改めて漢方から何かを再発見しようというにあたって、私たちはもう一度漢方の哲学と倫理の面を無視し、その治療法だけを取り上げようとしているのではないでしょうか。もしそうであるとするならば、私たちの表面的な功利主義はいよいよ病膏肓に入っているのであり、日本の医療は「和魂」も「洋魂」も持ち合わせていない、無理想・没倫理の営利事業に堕落していることになります。これから医者となる道を歩もうという皆さんは、ぜひとも哲学的な思索と判断において優れ、高い見識によって病者たちの信頼を自然に集めるような、そういう本当の意味での医者になっていただきたいと切望します。

昔、雨森芳洲（一六一八～一七〇五）という学者（儒家）がおりました。この人は若い頃医学を勉強しておりましたが、ある日ある高名な医者がその知人と話しているのを傍らで聞いておりましたところ、その医者は「学問をする者は紙を消費するが、医を学ぶ者は人を消費すると言われているけれども、実際その通りだ」と申しました。芳洲はこれを聞いて、「紙を消費するのはまだしも許されようが、人間の命を消費しなければ一人前になれないのなら、自分は医者にはならない」と決心し、医学を断念して哲学・歴史学に転向し、遂に大学者になりました。

もしも、雨森芳洲のような精神を持つ人が医者になっていたら、おそらくは本当の意味での大医となったことでしょう。脳死の判定を巡る問題や心臓移植の可否などを巡って、今や医学はまた一つの曲がり角にきております。一時日本の医学の中で見失われかけていた哲学的精神は、どうしてもここで再び取り戻されなければなりません。そして、医者と病人と健常者が一つになって、人間における生と死と病気と老化の諸問題についての思索を深め認識を高めてゆけるように、各自の立場で努力しようではありませんか。

（一九八八年五月十日　産業医科大学）

中国研究と比較文学

（二松学舎大学の中国学・国文学の学会に招かれて、中国学の分野で比較文学・比較文化の視点がどのように有効かを論じたものである。）

私は中国や日本の文学も、哲学も、歴史も、政治・経済やまた社会生活一般につきましても、特に専門的に研究したことのない、いわば全くの素人でありまして、したがって、中国学ないしは国文学を専門としておられるかたがたの前で何かをお話しする資格など、本来は全くない者であります。そのような私を今日ここにお招きくださいましたのは、私に比較文学・比較文化を専門とする者の立場から、何か中国学や国文学を専門とされるかたがたが聞かれても面白い話をさせよう、というお考えによるものであると拝察いたします。

そうであるといたしますと演題など何でもよろしいわけなのですが、私をご紹介くださいました竹下先生が中国学のご専門でいらっしゃいますので、先生への敬意から、一応このような表題を立てさせていただきました。ですから、中身のほどはあらかじめ保証できかねるのでありまして、ことによりますと話があちこちに飛び、焦点が定まらないことになるかもしれませんけれども、どうぞ悪しからずお許しください。

さて表題に示しました二つの概念のうち、中国研究とは何であるかは、皆様の方が私などよりもずっとよくご存じのはずでありますから、改めて申しません。しかし、比較文学という言葉ないしは概念につきましては、必ずしも正確に理解しておられるかどうかは、今のところ確認する手立てがありませんので、まずごく簡単に、比較文学的な視点とはどんなものなのかを述べるところから始めたいと思います。

一般に比較文学という名称は誤解を生みやすく、かなり多くの人々が、ただ単に李白とゲーテを比較したり、平家物語とアーサー王伝説を対比したりすることだと思っておられるようです。このような印象を持たれるには理由がないわけではなく、日本比較文学会の機関誌『比較文学』を見ますと、例えば「森鷗外とゲーテ」「ワーズワースと国木田独歩」「『禁色』と『ドリアン・グレイの肖像』」などのように、「何々と何々」という形の表題を持つものが大変多いので、一見するとただ誰かを誰かと、または何かを何かと、並べてみるということに過ぎないように思われるのは、むしろ当然かもしれません。

しかしよくこれらの論文を読んでみますと、実はこの「と」が決して本来無関係な二つの名前をつなぎ合わせるための「と」ではないことが分かってきます。例えば「森鷗外とゲーテ」という場合には、日本文学の世界に生きた森鷗外とドイツ文学を代表する詩人ゲーテとを並べて、どこが同じでどこが違うかを論じるのではなく、ドイツ語を能くした森鷗外がゲーテの作品から何を学び取り、それを自分の仕事の中でどのように生かしたのかを論じることを目的としております。すなわちこの論文は、「ゲーテはドイツの詩人」「鷗外は日本の文学者」という、いわゆる「各国文学史」の立場にとらわれずに、鷗外が漢籍や江戸文学などから多くのものを学びとるとともにドイツ文学からも豊富な栄養を吸収したからこそ、明治以降の近代日本文学にあれだけの貢献をすることができたことを、具体的に実証しようとしているのです。

また、国木田独歩はイギリスの詩人ワーズワースの作品を好み、それに倣って作品を書こうとしましたが、それらの作品を詳しく分析することにより、彼がワーズワースをどのように理解していたかを調べてみますと、国木田独歩自身のものの考え方や感じ方が明らかになります。そこには独歩の個性ばかりではなく、当時の日本の思想状況や社会情勢なども反映しているに違いありません。また彼の交友関係からの影響もあるでしょう。ワーズワースの世界をよく知っていれば独歩のワーズワース理解の特徴を客観的に把握することができ、ひいては日本近代文学の持つある面の解明に役立つ可能性もあります。

以上の例によって説明しようといたしましたのは、比較文学研究が、イギリス文学やドイツ文学あるいは日本文学というような枠組みにとらわれない立場をとっている、ということであります。このことは二十世紀の初頭に絶頂に達した「各国文学史」の方法が行き詰まった時、それを克服する新たな方法として構想された学問に、とりあえず「比較文学」の名称が与えられたという事情を知れば、いっそうよく理解できると思います。比較文学はその後発展と変容を続けましたから、現在ではもう、比較文学がすなわち国際文学史であるとすることはできませんが、それでも比較文学研究の基本として、言語の制約を超えて国際的な視野をとるという姿勢のあることを、確認しておく必要があります。

以上を比較文学的研究の第一段階といたしますと、この観点から見て中国研究と比較文学的研究とはどんな関わりを持つことができるでしょうか。まずそこから入ってまいります。

このような観点から申しますと、古い時代においては外国から学ぶという姿勢に比較的乏しかった中国におきましても、清朝の末期から辛亥革命を経て現代文学が成立してくる過程では、ヨーロッパやアメリカや、特に日本からの影響を受けざるを得なかったと思います。この点で明治以降の日本近代文学の成立と類似する現象が中国にも認められるはずですから、中国文学を研究する日本の専門家やまた中国人の学者の中に中国近代文学の成立過程を深く研究し、外国からの刺激・影響について多くのことを明らかにしておられる方が少なからずいらっしゃるに相違ありません。そのような研究者たちが、その際に中国と日本との間にどのような文化交渉があったかをも視野に入れておられるであろうことは、改めて申すまでもありません。もしも先ほど申しました「森鷗外とゲーテ」や「『禁色』と『ドリアン・グレイの肖像』」などの研究を「近代日本比較文学」というジャンルであると規定するならば、ここには「近代中国比較文学」が立派に成立しているわけであります。

私たちはこういう「近代中国比較文学」がますます盛んになり、その成果が中国学の壁を越えて、他の分野の専門家の目にも触れる機会が増えることを期待しております。なぜならば、私たちは信頼のできる中国学専門家の手になる確実なる成果をもとにして、その上に自分の研究を安心して構築したいと望むからです。

例えばここに日本近代比較文学の専門家がおり、明治期に多くの日本の詩人がドイツの詩人ハイネの作品を好み、自分の世界を開いていったことを知っているとします。彼はしかし、日本人のハイネ理解とハイネ誤解についてかなりのことを知り得たと信じたとしても、それは日本という土壌の上での受容の形態を実際に即して把握したというにとどまり、別の土壌ではどのような現象が生じるのかは、彼の研究から予測することはできません。つまり、彼の研究から分かることは日本近代文学の成立の特質までであって、まだ日本的な理解の、あるいは誤解のあり方を、民族的特性との関連にまで及んで論じきれているとは言えないのです。もしここで彼が「近代中国比較文学」の成果を目にすることができ、近代中国文学におけるハイネの運命を知ることができますと、それを日本の場合と比べてみることにより、きっと何かが明らかになってくるに違いありません。ここで初めて彼はハイネ受容において、いったい何が日本的であったのかが、本当に理解できるようになるでしょう。

この問題をさらに広げてゆきまして、近代文学の成立の過程において日本には矛盾なく受け入れられたが中国には根づかなかったもの、またその反対のもの、日本人の理解と中国人の理解の間に本質的な相違の認められるもの、中国人に好まれる外国文学作品と日本人に受け入れられやすい外国文学作品の相違点、外国文学の影響の現われ方の特性などを、一つ一つ明らかにしてゆけば、その時に新たに中国文化と日本文化の本質のある部分が明らかになってまいります。ここから開けてくるのが、実は私たちの考える「比較文化」という学問なのです。

ただひたすら中国文学を読み、その世界の偉大さに打たれて、自分をその世界に同化することを悲願とする研究法も、それ自体大変大切であり、また尊いものであります。その姿勢なくしては決して到達できない深い世界があります。しかし一方で、それとはまた異なった地平で、中国の偉大さが見えてくる方法論もあるということが、中国学の専門家の認識の中にどれほどの比重を占めているものか、それを問いかける意味で、次にもう一つ別の面での例をご紹介してみたいと思います。

それは、あるいはすでによくご存じの方もあるかと思いますが、後藤末雄博士の『中国思想のフランス西漸』というお仕事であります。

後藤博士は明治十九（一八八六）年に東京に生まれ、東京大学でフランス語フランス文学を修めた後、慶應義塾大学のフランス文学科教授となり、文学の講義を行なうかたわら、詩や散文作品を創作したりフランス文学の翻訳をしたりする、いわば典型的な外国文学者としての歩みを始めました。

ある時彼は大学の講義においてフランス十八世紀の文学を取り扱うことになりましたが、これに関連する資料を調べてゆくうちに、全く予想しなかった事実に出会います。それは、当時のフランス文学界ばかりでなくフランス思想界全体を代表すると言ってもよいモンテスキューやヴォルテールの作品の中に、中国の政治思想や社会制度を紹介したり、これを批判したりしているものがあるということでした。彼はこの事実に興味を持ち、いわゆるフランス古典派や百科全書派と呼ばれる人々が、いったいこれらの知識をどこから手に入れたのかを、丹念に調べていったのです。

その結果次第に明らかになってきたのは、一六〇一年にマテオ・リッチが北京に入って以来、その後継者である多くのジェスイット派の宣教師たちが清朝に仕え、ヴァチカンおよび自分の出身の国の布教組織の本部に宛てて克明な報告を書き送っており、それらの内のかなり多くのものが出版されている事実でした。幸いなことにそれらの文献の少なからぬ量が、かつてのモリソン文庫、すなわち当時すでに東京大学の管理するところとなっていた「東洋文庫」に所蔵されておりましたので、彼はここに通いつめ、十六、七世紀の中国においてヨーロッパ人宣教師たちの誰が、何をし、何を見、何を学び、何をヨーロッパに伝えたかを調べました。その上でさらに、こうしてヨーロッパに伝えられたものを、ヨーロッパの誰がどのように受け取り、どのように解釈して摂取したかを考察しました。その頃の中国で最も活躍していたジェスイット会士の多くがフランス人であり、また後藤博士の興味の中心がフランス文化と中国文化の関係にあったので、彼の研究対象がフランス人宣教師たちの上に集中しているのは当然のことであります。

この仕事を行なうにはフランス語が読めなければなりませんが、それればかりではなく、フランスの歴史や文化についての広い知識が必要です。また一方で中国の古典が読みこなせ、十六、七世紀の中国の状況と言語にも精通していなければなりません。そのうえ当時のカトリックの公文書はラテン語で書かれましたから、ラテン語を読みこなす力も必要です。こうした前提条件をすべて満たした上でなされたこの研究から、これまでに知られていなかった驚くべき事実が数多く明らかにされてゆきました。

後藤末雄氏は一九二八（昭和三）年に彼の研究成果をフランス語でまとめ、その論文によって文学博士の学位を得ましたが、その後フランスにおいてさらに資料を集めて補充し、一九三三（昭和八）年にこれを『支那思想のフランス西漸』の題名で公刊しました。のちに題名を『中国思想のフランス西漸』に改め、現在では平凡社刊の東洋文庫の内に上下二巻の形で収められております。

博士の研究目的がフランスの文化に与えた中国の影響にありましたから、当然ながら主眼はフランス人の中国観にあります。しかしながら同時に、例えば康熙帝や乾隆帝が西洋文化の何に興味を持ち、何を好みまた学んだかも、フランス側の記録に併せて中国語の文献を駆使して、大変よく分かるように示されております。また孔子やその教えのどこがフランス人にとって問題とされたかが明らかにされてゆく過程で、儒教の普遍性と地域性がおのずから見えてまいります。それからまた、中国に極めて古い時代から存在した自然科学的思考が、なぜその後に停滞してしまったのかも、フランス人の側からの光を当てることによって明確にされました。

これらの成果は、おそらくは中国人の行なう中国研究の中からは、生まれてくるのが難しいものではないでしょうか。

しかし、日本人の独創性によって生み出す中国研究というものが本当にあり得るものだろうかという問いの前に立ち、そのあり方とは何かを反省する時に、後藤博士のお仕事は中国人ではない私たち日本人にとって、中国的価値観にとらわれていては発見できない価値を、かえって外国人である私たちが見いだす可能性もあることを示唆するものであります。後藤博士の業績は優れて比較文学的でありますが、博士の業績を皆さんにご紹介することによって、私の本日のテーマである「中国研究と比較文学」の意味の一部が、いささかでもご理解いただけましたら誠に幸いに思います。

それでは、このようにいわば外側から中国文化を見ることが、中国人にとっては全く意味のないことであるのかどうかを、次に考えてみたいと思います。

私が以前に勤めておりました比較文学科の大学院に、中国や韓国からも優れた学生が留学してきておりました。その中に張競という人がおりました。北京から来た人です。彼は中国の文学の中に見られる恋愛の形態について立派な論文を書き、それによって博士号を取得しましたし、またその通俗版である『恋の中国文明史』という本によって読売文学賞を得た才人でもあります。張さんはしかし日本の近代文学も相当によく勉強し、その過程で面白いことに気づきました。それは日本人の書いた作品が中国語に翻訳されて紹介されたとき、時代的状況というコンテキストの中で、作者自身が思いもかけなかったようなインパクトを中国文化に与えた事実であります。

それは具体的に申しますと、與謝野晶子の「貞操は道徳以上に尊貴である」という文学的な社会評論であります。これは大正五年に出版された『人及び女として』という評論集に入っているものですが、日本でも一部の読者に深い感銘を与えたことは否めないにしても、日本の思想界全体に衝撃を与えるというほどのことはありませんでした。その内容をごく簡単に紹介しておきますと、おおよそ次のようなことになりましょう。

「多くの人は、人間が貞操を守ることは道徳的義務だとして疑わない。しかしそれは本当だろうか。いったい貞操とは精神的なものなのか、それとも肉体的なものなのか。貞操をもしも精神的に守らなければならない道徳であるとするならば、恋人や配偶者以外の異性を見て情を動かしたら、すでに姦淫を犯すことになる。したがって、世の中に貞操を守ることのできる人の数など、まずほとんどないと言ってよい。逆に、もしも貞操が肉体的なものだとするならば、配偶者とだけ性交をすることにしていれば、愛情がなくても、場合によっては心の中で他の異性を愛していても、貞操は守られていることになる。しかし、この場合は明らかに精神的に貞操を破っているわけである。また、再婚や婚前に誰かと性的交渉がある人の場合、貞操はすでに破られていると言わなければなるまい。それでは貞操は精神と肉体の一致を守る道徳なのかというと、必ずしもそうではない。男女の精神的行動と肉体的行動が一致するのは恋愛結婚しかないが、人間の心は固定したものではないから、結婚したのちに精神の欲求のあり方が変化することがある。そこでまた問題は振り出しに戻ってしまう。恋愛結婚もまた、決して貞操道徳観の安住の場所ではないのである。つまり貞操をもって道徳なりとすること自体に、そもそもの誤りがあるのである。

さらに貞操が女性にのみ求められ、男性に対しては婚前であれ結婚後であれ、これを厳格に求めることはなされない。これも、貞操を一つの普遍的道徳とみなすわけにはゆかない理由である。こうして、貞操を守ることを道徳として掲げることは、多くの矛盾を生む原因となる。貞操を道徳として人を律することはできないのである。それでは貞操とはいったい何であろうか。それは自分にとって『趣味であり、信仰であり、潔癖である』に過ぎない。しかしその趣味や信仰は道徳以上に美しいから、自分はそれを尊重し、守るのである。」

これは簡単に言えば、貞操が個人の内発的な倫理感情、あるいは美意識によって守られるものであり、外から道徳や法律によって押しつけられるべき性質のものではないことを宣言したものですから、現代の皆様にとってはむしろ何の不思議もなく、ごく当たり前の主張だと思われるに違いありません。しかし明治の末から大正にかけての日本の社会では、この程度の認識でもすがすがしく新しい主張でありました。いわゆる大正デモクラシーと呼ばれる時代の到来のまじかなこの頃には、恋愛の自由を宣言し、それを実践する人々が、さまざまな恋愛論を展開しておりましたが、その中でも與謝野晶子の主張には自分自身のこれまでの生き方を踏まえた自信がみなぎっており、その意味でも説得力に富んでいたと言えるでしょう。

この文章に目をつけたのが、日本文学に精通していた周作人でした。彼は與謝野晶子のこの論文を中国語に翻訳して、一九一八年に中国の進歩主義的雑誌『新青年』に「貞操論」と改題して発表しました。

その反響は、おそらく周作人自身が予想していたよりも遙かに大きなものでした。直ちに胡適がこれを取り上げ、自らも「節操問題」という論文を『新青年』に書いて、與謝野晶子の主張をそのまま自分の論理と言葉で繰り返しましたし、魯迅も同じ雑誌の次の号に「私の節烈観」を発表し、当時の新聞や雑誌が社会風紀を正すために「節婦」や「烈婦」を称揚していることの誤りを指摘しつつ、辛亥革命の後に自由思想が後戻りしたことを嘆きました。

もちろん與謝野晶子の主張に反対する論者もありました。特に藍志先というジャーナリストが自由恋愛を否定し、貞操が趣味や信仰だけの問題とすると、人間の感情が不安定なものである以上、男女関係が放縦で無節操になるという議論を提出しましたので、周作人がこれを批判し、このあたりから「貞操問題」をめぐっての大論戦が展開されることになります。藍志先は当時『国民公報』の主筆であり、中国社会の近代化を唱える急先鋒である知識人でありましたから、この論戦がいかに中国の代表的文化人のほとんどを巻き込んだ大事件であったかが、お分かりいただけると思います。

日本においては多くの急進的議論の一つという以上のものではなかった與謝野晶子の論文が、なぜ中国に紹介されるとこれほどの大反響を呼ぶことになったのかには、いろいろな見方が可能でしょう。張競さんもいくつかの考え方を提出していますが、その中で私の興味を引いたのは、次の指摘でした。

中国にも当時古い体制を打破し、個人の自由を確立することを念願とした多くの自由恋愛論がありましたが、それらはみな、ヨーロッパやアメリカから学んだ自由思想を理論的支柱としていました。しかしヨーロッパ人やアメリカ人は中国の道徳や倫理の根本をなす儒教的な考え方や感じ方を、実際の生活感情としては理解していませんので、彼らの論理を借りたのでは儒教的倫理それ自体を内側から解体することが困難であったのです。その点で、同じ儒教的伝統を持ち、その矛盾を身をもって体験してきた日本人である與謝野晶子の議論には、儒教的論理を内側から破壊する力がありました。彼女の「これまで貞操とされてきたものは実は全く貞操ではない」という論理は、西洋流の個人主義や自由主義では破れない儒教倫理の壁を、やすやすと壊してしまう性質が備わっていたという訳なのです。

このような観点は中国研究の枠の中に閉じこもっていては、なかなか生まれません。もちろん日本近代文学の研究者にも、このような見方はできません。それでは中国を知り日本を知っていれば、自然にここまで目が届くかというと、そうはゆきません。そこには日本の近代化に果たした西欧思想の役割について、正しい認識がいりますし、また同じく、中国がその近代化の過程で、何を拠り所にして彼らの近代的革命思想を作ろうとし、その実情がどのようなものであったかを、とらわれなく見る目が必要です。張競博士は彼のこの小さな論文で、そういうことを私たちに教えてくれました。

私は今日、中国研究と比較文学研究とがどこで、どのような意味でつながってゆくものなのかを、後藤末雄博士の業績と張競博士の論文とを実例に使ってお話いたしました。皆様がそれぞれに続けておられますご研究にとりまして、今日お話いたしましたような視点が、何かの示唆を与えるものとしてお受け取りいただけましたら、大変嬉しく思います。後藤博士の扱ったのは十六、七世紀の中国ですし、張競博士の論文に取り上げられているのは二十世紀初頭の中国です。共に比較的新しい時代の研究でありますから、さらにずっと古い時代の研究にとっても比較文学的な思考法が有効であることを説明するには、また別の実例を示さなければなりません。それにはまた後日を期するしかありませんが、もしも先年私が書きました著作がお目にとまりましたら、そこには特に「易経」の理解を深める上で大きな功績のあった一人のヨーロッパ人の心のあり方が描かれておりますので、私としましては、これを最後の問いに答えるための実例として、すでに準備しているつもりでございます。『リヒアルト・ヴィルヘルム伝』と題しまして、筑摩書房から出たものでございます。興味をお持ちいただけるようでしたら、ご一読くだされば嬉しく存じます。

以上まことに焦点の定まらない話でございましたが、ご清聴くださいましたことを心からお礼申し上げます。

（一九九六年一月二十日　二松学舎大学）

フェミニズムと文化

（山陽学園大学短期大学部には「人間学」という総合テーマのもとに行なわれる講義があり、各時間を本学の教師が分担して受け持つことになっている。筆者もその内の一回を担当し、フェミニズムと文化の問題を、特に「精神生活の自由と平等」という点にしぼって講義した。その際に岡山にも縁のある女流歌人與謝野晶子を例にとり、彼女の作品を解釈する作業を通して、思考がイメージ化するように試みた。実はこの試みの骨子はすでに数年前にできあがっており、金沢女子短期大学に招かれて講演をした折に、初案を発表したものである。）

皆さんは「フェミニズム」という言葉を聞くと、どんな意味と内容をそこに感じ取られるでしょうか。この言葉は「女性」を意味するラテン語の「フェミナ」（femina）を語源としており、一般には、女性の法律的・社会的権利を高めて女性と男性の間に存在する差別をなくしようとする思想と、その運動のことを指します。「差別」とは人間が生きてゆく営みの上で本来あってはならない不平等のことで、現実の世の中にはまだまだ多くの種類の「差別」があるのはご存じの通りです。例えば同じ職場で同じ質と量の仕事をこなしていても、いわゆる健常者と障害者の間に賃金の差の見られるのは普通のことですし、学歴とか家柄とか人種とかと数え上げてゆけば、世の中が「差別」に満ちていることに嘆息の出る思いがいたします。こういう数多くの「差別」を並べ上げてみた時、最も手前にあり、最も根源的であり運命的であるのが「男女間の差別」であって、この差別を克服し解消しようとする意識とその努力のことを「フェミニズム」と名づけるのだと考えればよいでしょう。

ただフェミニズムの運動には歴史があって、そのためにこの言葉をめぐるいくつかの先入観が生じています。その一つはフェミニズムとは「女性崇拝」の意味だとするもので、また一つは「男性の女性化現象」だというものです。ところが正反対に「女性の男性化現象」だと思っている人もありますので、こういったさまざまな見方について、一応の整理をしておきましょう。なぜなら、こういった多くの先入観を根本のところで押さえておかないと、フェミニズムという思想ないしは生き方の持つ大切な意味——つまり真意——が、歪められてしまうからです。

近代に入ってからの女性解放運動は、いわゆる「目覚めた」女性たちによって始められました。彼女たちは男性が主導権を握っている社会生活の中で、女性が理由のない差別を受けていることを不当とし、男女間の法的権利の平等を実現する運動を始めたのです。運動の担い手はもちろん女性たちでした。運動の初期の頃、彼女たちは男性の支配する社会の不合理を批判するあまり、男性を女性の圧迫者とみなし、男性を敵視する傾向を強く持っておりました。特にドイツにおける婦人運動は、その規約の中にはっきりと「男性弾劾」の思想を盛り込んだため、フェミニズムは男性敵視の社会運動だという非難を浴びたのです。

女性の権利拡大運動に対して理解を示す男性も、もちろんいないわけではありませんでした。しかし男性の中には、この運動の持つ本当の意味を把握してそれに同意するにとどまらず、激しく運動する女性に個人としての魅力を感じ、そういうタイプの女性に自分を捧げて奉仕する人も出てきました。ここに女性が指導力を持ち、男性がそれに導かれて動くという現象もしばしば見られるようになったのですが、そういう人間関係を男女の役割の逆転だと思う人たちがありました。すなわち、「夫が唱え、婦が随う」という従来の常識にしばられている人の目には、女性にリードされて生きる男性は「女性化した男性」であり、男性をリードする女性は「男性化した女性」だということになります。本当は「女性の権利を正しく認める男性」という意味である「フェミニスト」という言葉に「女性を崇拝する男性」「女性の言いなりになる男」

というニュアンスがまといつくようになったのには、このような歴史的な理由があるのです。

しかし、男性と女性の間にある不当な差別を取り去ろうという精神は、決して女性が男性化することを望むものでもなければ、男性が女性化することを目指すものでもありません。差別をなくするということは、自然の本性を圧迫し歪める不条理を除くことであって、その目的は人間が本来持っている可能性を自由に実現してゆけるようにすることに他なりません。女だからといって教育を受ける権利を奪われたり、選挙権が与えられなかったり、職業を選択する上での制限をもうけられたりするのが「差別」なのであって、自然が女性だけに（または男性だけに）与えた能力というものがあれば、むしろそれを大切にし、自由に発現させることが、「フェミニズム」の精神にかなう道でありましょう。そのためには女性だけではなく男性も力も合わせて努力しなければなりませんし、またそうすることによって、男性にとってもいっそう大きな幸せが約束され、人間の文化全体に正しいバランスが保たれるようになるはずです。フェミニズムとは女性の側だけで努力すればそれですむ運動だと考えている限り、本当の意味での男女平等の世界は出現しないでしょう。

このことに対する明確な認識が生じたのは第二次大戦の後のことで、女性解放運動の内容も例えば一九六六年にベティー・フリーダン（Betty Friedan）の主唱によって結成されたＮＯＷ（National Organization of Woman）などの姿勢には、以前の女性解放運動には見られなかった包括的な視野の広がりが感じられます。すなわち、「解放」は女性にだけ必要なものではなく、男性にも同様に必要であり、差別の撤廃は男女間のみの問題ではなく、社会生活のあらゆる部分にわたって通用する基本的理念であることが、現在のフェミニズムの思想の中で確認されてきているのです。

このように見てまいりますと、フェミニズムもまた、その他のあらゆる社会運動や精神運動の場合と同様に、人類全体の問題であるとともに、同時に極めて密接に一人一人の人間の個人としての生き方に関わっている思想であることが分かります。具体的に言うならば、例えば男の先生が女の先生をどのように見ているか。女性社員が男性社員についてどう考えるか。父親が母親を、また母親が父親をどのように見て、どのように扱っているか。夫と妻の間で、どのような相互の理解と尊重とが成立しているか。つまりは一人の女性ないしは男性が、異性の相手と共にどのような世界を作り出そうと意志しているかということが、フェミニズムの出発点であるとともに終着点であると言うべきなのです。人間の世が女性と男性によって構成されているのですから、フェミニズムこそが人間文化の基本であるとさえ極言してよいのではないでしょうか。

さて、このような意味でのフェミニズムの先覚者を、私たちはこの日本に持っているでしょうか。日本は近代国家にふさわしい精神生活を営むようになってからもう久しいのですから、もちろん多くの先覚者を持っているに違いありません。それではそれらの人たちの中から、例えば誰が一番先に心に浮かんでくるでしょうか。平塚明子（雷鳥）でしょうか。山川菊栄でしょうか。市川房枝でしょうか。それともひょっとすると津田梅子でしょうか。

これらの優れた女性たちに対して私は等しく尊敬の念を持っていますが、先ほどから述べてきた意味でのフェミニズムを代表する人の名を言うとするならば、私ならばこの内から選ばず、おそらくはこの人たちとはかなりタイプを異にすると皆さんが思われるに違いない一人の女性と、一人の男性とを選ぶでしょう。その名は與謝野晶子、ならびに晶子の夫である與謝野寛なのです。

與謝野夫妻はいわゆる社会改革論者でもなく社会運動家でもありません。二人は共に歌人であり、詩人であり、芸術家でありました。しかしこの夫妻が明治時代後半期以後の日本文化に与えた影響は決して文芸の世界だけに限られるものではなく、もっと広く、そして深いものでありました。夫妻によって発行されていた『明星』という雑誌に直接・間接に関わりを持った青年男女の多くが二人の作品に同感し、二人の生き方に共鳴していたのですから、そういう男女がのちに自分たちの世界を築き、文化を創造してゆくにあたって、夫妻の精神が至るところに継承されたのは言うまでもありません。與謝野夫妻に同感する人たちの書いた小説や詩歌などの文学作品、また評論や論文などの中に、夫妻の精神がさまざまな衣をまとって現われ、それを読む後世の人たち、つまり私たちにも、その影響が及んでいると言っても、決して無理な主張ではないでしょう。

それでは與謝野夫妻の生き方は、どうして同時代の若者たちにそれほど深い感銘を与えたのでしょうか。今度はそのことに直接に焦点を合わせてみたいと思います。すなわち、私が本日のテーマとした「フェミニズム」について、その日本的実現形態の具体的な一例として、ないしは一つの典型として、與謝野夫妻の生涯をごく大略ながらなぞってみたいと思うのです。

與謝野晶子は結婚する前の本名を鳳志《ほうし》ょうといい、歌を作る時は鳳《おおとり》晶子という名を用いました。堺の名の知れた「駿河屋」というお菓子屋に生まれ、十二歳の頃から店の帳場をあずかって、さまざまな実生活上の苦労を味わいながら、一方では平安朝の文学を中心に古典を読み漁って過ごしました。十九歳の時に作ったと言われる次の一首などは、全く平安朝文学の亜流の模倣で、彼女の才能はまだ少しも現われていません。

きかせばや都の人に山里のしぐるる頃のいりあいのかね

與謝野寛は晶子より五歳年長で、当時はすでに歌人として一家をなしており、二十四歳になる明治二十九年の七月に最初の詩歌集『東西南北』を刊行して、若い読者層に大きな感銘を与えています。ただこの時期の彼の作品は世に「丈夫風《ますらおぶり》」と呼ばれたほどに大言壮語の感じを与えるものが多く、例えば次のような調子が目だちます。

韓《から》にして、いかでか死なむ。われ死なば、をの子の歌ぞ、また廃れなむ。
いたづらに、何をかいはむ、事はただ、此太刀にあり、ただ此太刀に。

どうしてこんな歌が当時好まれたのか不思議に思われる方も多いでしょうが、それには理由があります。その頃の若者たちは近代化してゆく日本の未来を背負うのだという気負いを持ち、その気持ちを自由に表現するため、従来の伝統に束縛されない芸術表現の可能性を求めていました。彼らは島崎藤村の『若菜集』に代表される新体詩の創造に自己表現の一つの可能性を見いだしていましたが、短歌の世界はまだ古い伝統的な表現法にかわるものを確立しておらず、いわば暗中模索の状態にあったのです。この時「鉄幹」というペンネームを用いて、随分荒っぽいけれども自由自在に自分の気持ちを歌いあげる勇敢な歌人が現われ、短歌の革命を叫んだのに対し、人々が拍手を送ったのは、決して不思議なことではありません。寛は未来に発展してゆくべき新しい短歌のあり方を創造し、これを世に示すことを自分の使命であると考え、その実現の一歩を踏み出したのでした。

このように寛は時代の求めるものを敏感に感じ取っていたのですが、しかし、表現形態の新しさに対応するだけの内容を盛るには、情感の密度が足りませんでした。いわば社会的な文化とのつながりはあっても、内面の文化の水準が十分に高められていなかったのでしょう。

晶子の方はこれとは反対に、内面には濃厚な情念を宿しながら、個人的内面生活と外界とのつながりがまだつけられず、それが具体的には表現形式の模索という姿をとっていました。二人の出会いが運命的なものとなった背景には、確かに個人の恋愛体験という要素を越えた、このような芸術上の必然があったことを見逃すわけにはゆきません。

晶子と寛とが初めて会ったのは明治三十三（一九〇〇）年八月四日のことでした。このとき以来二人の作品には大きな変化が生じます。寛においては外に向けられていた意欲が内に向かって充実し、晶子においては内に充満してはけ口の見つからなかったものが一気に外に向かって溢れ出す道を見いだしたのです。二人が出会ったその瞬間に、二人はそれぞれに自分を閉じ込めていた殻が相手によって打ち壊され、突き破られるのを感じました。この直後に二人が交換した歌が、次の月の『明星』に掲載されています。

おにあざみ摘みて前歯にかみくだきにくき東の空ながめやる　　晶子

晶子は自分の存在に決定的な衝撃を与えた男に、激しい呪いと思慕とをつきまぜた感情を隠さずに歌い送ります。鮮やかな色彩感覚とロマンチックな物語性とは持って生まれたものであり、また古典の教養によって培われたものでもありますが、これらのすべてが恋人を思う一点に集中した時に、晶子の自己解放が実現したのでした。これに対して寛は次の歌を返しました。

おそろしき夜叉のすがたになるものかあざみくはへてふりかへる時　　寛

彼は晶子によって、自分もこれまで気づかなかった自分の魂の真実を見透され、彼女の呪縛からもう逃れることのできない自分であることを悟りました。晶子に愛されたことによって寛には新しい世界が開け、歌集『紫』が誕生します。その内から数首を拾ってみましょう。

いだかれて見たる御国《みくに》の名は秘めむ星紅かりき百合白かりき
人ふたりましろきつばさ生《お》ふと見し百合の園生《そのふ》の夢なつかしき
もみじ葉を誰の血潮といひさして古井の水をうかがひし人

『紫』と全く時を同じくして晶子の方も、第一歌集『みだれ髪』を世に問いました。こちらの方はあまりにも有名ですから、代表的なものを数首あげれば思い出される方も多いと思います。

その子二十《はたち》櫛に流るる黒髪のおごりの春の美しきかな
歌に聞けな誰《たれ》野の花に紅き否むおもむきあるかな春罪もつ子
かたみぞと風なつかしむ小扇《こおうぎ》のかなめあやふくなりにけるかな

こうして並べてみますと、興味深いことに晶子の歌の方がオリジナルで、寛が晶子から強い影響を受けていることが分かります。二人が出会う前の作品と読み合わせてみますと、晶子の場合には内に溜まっていたものが堰を切って流れ出した感じがするのに対し、寛の方は作風が一変しているからです。かつては「虎の鉄幹」と呼ばれていたほどの丈夫風《ますらおぶり》はもう全く見あたりません。それどころか『紫』の中の歌の多くは『みだれ髪』の中に収められても何の違和感も生じない、いわば晶子調となってしまっているのです。晶子の歌は寛によって開かれ、開かれた晶子の歌は寛の作歌に逆に大きく影響を与えたのです。

もし二人の世界がここで先に進むことを止めていたら、寛は自分の点じた晶子という焔によって自分が焼き尽くされてしまったことになります。これならば「虎の鉄幹」のフェミニズムが彼を「猫の鉄幹」に女性化して終わったということであります。万一そうであったなら、これは晶子にとっても一大事であったに違いありません。男性が女性化することによって失なわれるものは、間違いなく女性の側の方に多いからです。

晶子と寛は『みだれ髪』刊行の直後、すなわち明治三十四年の秋に結婚しました。その翌年の十二月に寛は詩歌散文集『うもれ木』を出し、一カ月後すなわち明治三十五年一月に晶子が第二歌集『小扇』を発表します。それから五カ月後に夫妻の共著である『毒草』が出版されるのですが、このあたりまでの二人の歩みを作品から見る限り、晶子がまだ『みだれ髪』で開いた世界の豊かさの中で充足し、ほとんど内容的に進展のないままに同質の歌を詠み続けていたのに反し、寛の方は形式と内容の両面でさまざまな試みを行なって、『紫』に見られる晶子からの影響を克服し、これまでの彼からは想像のできないような高い境地に達しておりました。その中でもおそらく永遠に価値の消えることのないと思われる一連の「絶句」と名づけられた作品（五・七・七・七・七調）の一部を引いてみましょう。

花ぐさに鹿の音にほひ、古りし寺々、金泥ながす奈良の村雨。
閨《ねや》の戸の月夜こほろぎ、汝れは楽童、この寂寥《さびしみ》を美《い》しく奏《かな》づる。
山蓼《やまたで》や野菊や萩や、露の小径に、かしこと指《さし》し、黒谷の塔。
鴿《はと》のごと白きひかりや、ゆるせ少時《しばらく》、おもふは今よ君がまぼろし。
君を見し牧《まき》の通ひ路、さりやその日の、わかれに摘みしひるがほの花。
衣通《そとほ》りて地に曳く光り、君よあえかに、えこそ忘れね沁《し》みしおもかげ。

光と色彩とが鮮やかな印象を与える一方で、それらが決して主観の過剰によっていたずらに騒々しくも大仰にならないだけの抑制が利いていて、実に見事なできばえと言うほかありません。自分の感情のたかまりを静かに眺めながら、感動を余韻の中にこめるという手法が、ここに見事に確立されたのです。同じ『毒草』の中の晶子の歌をあげれば、二人の間のどこに違いが生じたのかが分かります。

この胸《むね》は潮《うしお》のたむろ火の家とあまりあらはに人恋ひ初めし
こしかたやわれおのづから額《ぬか》くだる謂《い》はばこの恋巨人のすがた

晶子はまだ恋のほむらに焼き尽くされた自分を客観視できず、したがって体験を昇華し普遍に高めるところにまで達していないのです。彼女の反省はまだ次のような所にとどまって、行きつもどりつしている様子です。

この君を思ひやしつる身や愛でし恋は驕りに添ひて燃えし火

芸術的境地の高さから見れば『毒草』に関する限り、晶子は寛の水準には及んでいないようです。しかしこのことは決して、晶子が知的な能力において寛より劣っていたということを意味するものではありません。この時点においてこれだけの差を生んだのは、むしろ二人の境遇の違いによるものでした。寛は晶子の持つ豊かで激しい情感のエネルギーに一時は圧倒され、その世界に取り込まれて新しい境地を開いたのでしたが、しかし社会のいろいろの層に知人を持ち、これまでに価値判断の視点の多様性にさらされながら歩んできただけに、自分の現在の状況を客観視できるだけの視野の広さを持っていました。彼は自分の歌の新しさを知っておりましたが、同時にその問題点をも認識していて、比較的容易に先に進むことができたのです。晶子はこれに反し、内部の情感の充溢に表現を与えることにより自己解放ができたばかりで、その状況を客観的に見つめ直す必然が、まだ全く感じられておりませんでした。また素質の違いもありました。寛には複数の価値基準を持つことに抵抗感がなく、それらの間の相互作用と矛盾葛藤の中から新しい次元の芸術世界を探り出してゆくという傾向がありましたが、晶子はあくまで自分の内部世界の豊かさを信じ、これを外に向かって解放するために芸術という手段を用いたのです。内部に莫大なエネルギーを持つ彼女は、今そのはけ口を見つけたばかりで、表現に抑制を加える余裕もなく、その必然も感じていなかったのです。

寛の持つ客観性は、言い換えれば価値観が多元的であり、相対的であるということを意味します。これが幸いして『毒草』の境地が開かれたのですが、晶子は夫のこの相対的価値観のために実生活の上で非常な苦労を嘗めさせられることになり、人間として鍛えられ、強くなっていきます。彼女にとっての第一の衝撃は、寛が自分と結婚した後もずっと、もう

一人別の女性をその死に至るまで愛し続けていたことを知らされた時でありました。晶子には後年

いにしへを忘れぬ悪を人なしぬ忘れやすかる男の中に

という歌がありますが、これだけの落ち着きを再び手に入れるまでに、彼女はどれほどの悲しみを味わったことでしょう。しかしながら、かつて

春みじかし何に不滅の命ぞとちからある乳《ち》を手にさぐらせぬ

と詠んで激しく迫り手に入れた恋人の姿を、後になってから

第一の獅子に乗りたる魔王をば捕虜《とりこ》としたるそののちのこと

という明瞭な認識によって捉え直すことができたのは、晶子がその後の人生に生じたさまざまな出来事を客観視するだけの知性を持ち、人間的な幅と深みを持っていたことを端的に物語っております。

晶子は寛によって人生の喜びと苦しみを味わいながら、生涯この夫を恋人とし、愛し続けました。寛も晶子を自分の生涯の最高の宝とし、彼女から愛される自分であることに誇りを持っておりました。ヨーロッパに留学した夫を慕って、すでに七人の子の母であった晶子が、シベリヤ鉄道を経由する苦しい旅ののちに寛のいるパリに着き、そして詠んだ

三千里わが恋人のかたはらに柳の絮《わた》の散る日に来る

という歌は、歌として優れているかどうかは別にして、何か非常に胸を打つ切実な響きを持っています。夫を生涯の恋人とすることのできた晶子は、それゆえに寛にとってもかけがえのない人生の伴侶であったに違いありません。お互いに相手によって初めて本当の自分であることができたのが、この與謝野夫妻の一生でありました。

もっとも晶子は、自分が天才であることを十分に自覚していたようです。

みづからは半人半馬《はんじんはんば》降るものは珊瑚の雨と碧瑠璃の雨

自分は存在自体が半ば神の世界に属しており、その世界から降る雨のように、宝石に等しい作品が生まれ出てくるのだというのです。しかし彼女はこの天から恵まれた宝を地上のものとするために、夫から学び、自分たち夫婦の周りに集まってきた多くの俊秀たちから学びました。與謝野夫妻をとり囲む人たちは、当時の日本の最高の知性と言ってよく、森鷗外、夏目漱石、上田敏を始め、詩人歌人はもとより、医学者、法律家、哲学者、宗教家、画家など実に多彩でした。寛も晶子も共にこのような人たちから多くの栄養を吸収したのですが、特に晶子は若い世代の俊秀たちから社会科学や人文科学の各方面の最新最高の知識を得ようと努めました。こうして晶子の内部に眠っていた知的能力は、次第に詩歌以外の表現の方法を獲得してゆきます。そして明治四十四（一九一一）年六月刊行の『一隅より』に始まり、昭和九（一九三四）年二月刊行の『優勝者となれ』に至る十五冊の随想集に、晶子のこの面の精進の成果が結集することになるのです。五万句といわれる短歌の創作と歌集の刊行、作歌指導、小説や童話の創作、源氏物語の現代語訳や日本古典全集の刊行など、文学の分野での多方面な文筆活動にたずさわりながら、ほとんど毎年欠かさずに一～二冊の社会評論集を発表し続けたのは、この世で生きる者の義務である社会的政治的生活への関与という面においても、十分にその責任を果たすだけの知性を、彼女が持っていたことを示しています。社会評論家としての晶子については、これまでに十分な評価がなされているとは思われませんが、論理が整然としており、あくまでも正論であって、当時の男性・女性の社会運動家や評論家たちの立てたどんな議論に比べても少しも遜色がないどころか、むしろそれらの中でも際だって強力な説得力を持つものだと言えます。晶子のこの面についてもっと詳しくお話する必要があるのですが、今日は時間の制約がありますので、残念ながら割愛いたします。岩波文庫に『與謝野晶子評論集』という本があり、たやすく手に入りますので、興味をお持ちの方は是非一度お読みくださるようにお勧めいたします。

さて晶子は前述のように、夫であり恋人である寛によって、女性として人間としての喜びと苦しみを味わいました。人生において喜びと苦しみとを経験するのは運命であり、そういう運命を生き抜くことによって、男性も女性も本当の意味での人間の一生を自分のものとするのでしょうが、その意味で寛は、晶子の人生を本当の意味での「人間の一生」にしたパートナーでありました。それでは、寛は逆に、晶子からどんなものを受け取ったのでしょうか。人間の世界に生きる者の運命として避けられないものに「苦悩」があるというのならば、寛は晶子からどのような苦しみを与えられることになったのでしょうか。

彼の苦しみは、おそらく当初誰にも予想できなかったところから芽生えました。というのは、外側の世界に向けての感覚において晶子よりずっと鋭敏であり、早くにジャーナリズムの世界で成功した寛が、晶子の歌人としての境地が次第に深まり、名声が上がるに従って、それと反比例してジャーナリズムから冷遇されるようになり、世間から忘れられてゆくようになったのです。與謝野夫妻のあり方を本当に知る人たちは夫妻を共に尊敬し、晶子あっての寛であると同時に寛あっての晶子であることを十分に認識しておりましたが、現実に原稿の注文の来るのは晶子の方であり、屏風や色紙などの揮毫もほとんど晶子だけに求められるようになってきますと、実生活の費用の稼ぎ手は専ら晶子であるという結果となります。晶子は明治三十五（一九〇二）年に第一子光を産んでから、毎年一人と言ってよいほどのテンポで子供を出産し、生まれてすぐに亡くなった娘も入れると十二人という子だくさんでした。また家庭では極めて保守的とさえ言えるほど夫を大切にし、家事をしっかり切り盛りしたということですから、その上に収入の大半が晶子の手によるとなれば、毎日の生活の上で、寛が次第に無力感にさいなまれるようになっていったのは、男性としてというよりも生活のパートナーとして、当然の成り行きでした。社会的な名声やジャーナリズムの評価などは、人間にとって取るに足りないことであって、気にする必要はないとはいうものの、文筆家である寛にとってはそれが実生活の収入源に結びついているので、夫婦で築く生活設計において、二人で荷うべき天秤の一方が自分には荷えていないということになります。これでは晶子自身がその社会評論の中で「最も望ましい家庭は一対の相愛の男女が、公平にその家庭の責任を分担しながら建設してゆく家庭です」と言っているその理想に、世間の男女とは逆の形で反するわけです。晶子が無名のままでいたならば、寛にも収入の道は見つけられたでしょう。しかし寛はどこに行っても晶子の夫ですから、かえって仕事を見つける道が狭められていました。自分の存在意義の証明である妻晶子のおかげで、寛は家族を支える一方の柱であるという充足感を次第に失なっていったのです。

美しき太陽七つ出づと言ふ預言は無きや我が明日のため
おほかたの目に見えざれば人知らじ心に祈り血を流せども

寛の歌はこのような悲哀の感を漂わせた、何となく思わせぶりな概念的表現を見せるようになり、『毒草』からその次の歌集『相聞《あいぎこえ》』に結集した絶頂期の充実からは次第に遠のいてゆきます。寛の創造力は、事実として衰えたのです。そして
この悲惨を生み出したのが晶子自身の存在であることを否定できないところに、寛の嘗めた苦しみがいかに大きかったか

が窺えます。これは寛が晶子に与えた苦しみに比べて決して劣るものではなく、愛する者のゆえに苦しむという人の世の運命を、寛も晶子も共々に、二人の世にも稀な相愛の一生によって味わったのでした。

男性と女性とは互いに相補い合って世界を構成している二つの要素でありながら、この世に生きる限り喜びと悲しみをお互いに与え合う宿命にあることを、私たちは與謝野夫妻の生涯を通して見ることができます。與謝野寛の抱いたフェミニズムは、彼に最高の宝である晶子という存在を与えてくれましたが、彼はこの宝によって自分の社会的成功だけでなく、創作力自体をも衰えさせる結果となりました。晶子の方は自らのフェミニズム精神によって寛を得、自分の才能を開花させましたが、その寛によって得たものは、愛の苦悩と生活の苦労でありました。しかしながら晶子は寛の存在によって初めて晶子となり得たのであり、寛は晶子によって初めて寛としての個性を全うし得たのでした。喜びと悲しみは地上の生の内容そのものですから、この人によって与えられる苦しみならばどんなものでも荷い抜いてゆこうと思うことのできる相手を見いだすことが、自分が自分であることを生涯を通して確認し実証してゆくために何よりも大切であると、與謝野夫妻の一生が語りかけてくるように思います。

筆硯煙草を子らは棺に入る名のりがたかり我を愛できと
冬の夜の星君なりき一つをば云ふにはあらずことごとく皆
あな不思議白き柩に居給ひぬ天稚彦と申す神の子

死してなおこのように恋慕われた寛は、自らのフェミニズムによって晶子の神となり、一度は魔王となりましたが、死んで再び神となったのです。

寛が亡くなったのは昭和十年のことですが、晶子はその五年後に脳溢血で倒れ、二年間の闘病ののちに夫の後を追いました。寛に先立たれてからのちの晶子には、以前からの仕事の続きである『新々訳源氏物語』の刊行があるばかりで、もうかつての創造力は、作歌の上にも評論の分野にも見られなくなりました。晶子が自分の死を予知して、墓碑歌として詠み置いた一首は、このすばらしい二人のフェミニストの生涯を、静かに、そして余韻を残して締めくくっています。

今日もまたすぎし昔となりたらば並びていねん西のむさし野

（一九九五年十一月十三日　山陽学園大学「人間学」特別講義）

第三章　変化と深化

社会の変化と日本語

（平成十年度の山陽学園大学の公開講座は、第一部の共通テーマに「急激な社会変化と心の形」をうたっており、筆者もその枠の中で六月十三日に、上記の題を掲げて講義を行なったが、その折の講義原稿である。）

皆さん、よくいらっしゃいました。

本日はこの公開講座の共通テーマである「心の形」を、私の専門との関係において、言語表現の面から考えてみたいと思います。

昔からあったことかもしれませんが、最近になって特にしばしば

「この頃の若い人の言葉使いは、なっていない」

という嘆きの声を耳にいたします。これはもちろん、主に中年以上のかたがたの嘆きには違いありませんが、正しく美しい言葉を使っていらっしゃるご家庭で育った方なら、お若くても、おそらく同じように感じておられるのではないでしょうか。実際例えば電車の中などで、中学生や高校生の会話が聞こえてくる時、彼らの使う言葉が私たちの言葉と、多くの点で非常に違ってきていることに気づき、不安になることがあります。まず驚くのは、全く意味の分からない単語が多いことです。新語、流行語のたぐいなのですが、多くの大人にはこれらが軽薄に聞こえて、それだけで反感を感じてしまうこともあるようです。

それからよく指摘されるのは、単語の数が少なくて表現が一つの型にはまり、類型的になっている現象です。強調する時にはいつでも「超〜」が使われ、「超おもしろい」「超かっこいい」などの言い方が耳につきます。また自分の感情を苛立たせる場合は常に「頭にくる」あるいは「むかつく」で、いわゆる「とか言葉」も、もう腹もたたないほど、言語生活の中に氾濫しています。「あの店とかのケーキ、超まずい、超むかつく、頭にくる」というようなわけです。

これらはほんの一端で、他にもたくさん私たち世代の気に入らない言語現象があるのは、言うまでもありません。敬語が正しく使えない、「てにをは」が間違っている、イントネーションが変に尻上がりだ……などなど、言い出せば切りがないでしょう。そしてこれらはみな、日本語の混乱、退廃、衰退につながるものだとして、心ある人たちは非常に心を痛めております。

この心配は確かに理由のあるものです。言語は申すまでもなく、人間の心を形にして示す手段のうちでも、最も大切なものであります。もしも言語表現の豊かさが失われつつあるというのならば、それは直接に「心の」貧困化が進行していることを意味します。「心の形」である言語を衰退から守らなければ、すなわち私たちの日本語の表現力を豊かに保たなければ、日本の精神文化の水準がどんどん低下してしまうのは、おそらく間違いのないところでしょう。

今日本語に変化が起こっているとするならば、その原因は何かを一度考えてみる必要があります。言葉が心の形だとすれば、この公開講座の共通テーマにそって言うならば、言葉の変化もまた「急激な社会変化」と関係があるのだということになります。確かに社会的に大きな変化のあった時期には、日本語の表現法も大きく変わりました。近いところでは、明治の初めに「標準語」が制定されたために、文語が衰える反面で口語の可能性が拡大し、また言語生活全般にいろいろな悲劇的喜劇的な変化が生まれました。第二次大戦ののちには、「仮名遣い」にも漢字の用法にも大きく手が加えられた上に、カタカナ英語が無制限に入り込むことによって、日本語の姿が大きく変わりました。漢字の表意性が後退し、漢字が次第に表音文字に変質し始めたのもその頃です。これらがみな、社会制度や文化環境の変化によって「心に」変化が生まれ、その結果として生じた言語現象だとすれば、急激な社会変化が言語現象に及ぼす影響は、極めて大きいと言えましょう。

それでは、現在の社会において激しく変化しているものと言えば、それはいったい何でしょうか。明治の初期においては、武士階級の支配という社会体制が崩壊したことが、最も大きな変動でしたし、第二次大戦後の社会変化は、帝国主義的体制の崩壊でした。もちろんこれらは共に、日本人の社会的生活の上での価値観を大きく変化させるものでした。これらに匹敵する現在の社会的変動とはいったい、どのようなものなのでしょうか。

このような問いには、答えが無数にありましょう。立場により、また考察の対象によりまして、答えは違ってくるのが当然です。私たちは今「言語」という現象を考察対象にしておりますので、その面で最も深刻な変動を指摘する必要があります。そのような前提のもとで、私はここでは「情報革命」を、最も深刻なものとみなしたいと思います。それはどういうことかと申しますと、情報化社会が機能するためには、情報内容ができるだけ「単純」で「簡潔」な形をとって表現されていることが必要となる、ということであります。なぜならば、すべての情報が万人に公開されて初めて、本当の意味での情報化社会が成立するのですが、そのためには公開される「場」の設定が必要とされ、提供される情報の一つ一つが「簡潔」であればあるほど、それだけ多くの情報が万人の共有となるという、奇妙な条件が存在するからです。この現象は「新聞」という情報伝達手段が生まれた時に、すでに原理的に発生しておりました。というのは、新聞がいつまでも娯楽読み物であることに満足せず、正しい情報を的確に速く大衆に伝える機関になろうと努力し始めますと、この目的を達成するには何よりもまず、簡潔で客観的な記述法を確立するのが先決だということが分かり、次第に新聞記事に特有の話題の選択法と、独特の文体とを発達させる必要が生じたからです。

皆さんもご存じの通り、新聞の紙面には例えば「ＸＸ君オリンピックのスピードスケート１５００メートルに優勝」という記事の下に「ＸＸ商事倒産」というような記事が来て、その隣に「アメリカの元駐日大使ＸＸ氏が昨夜自動車事故で死亡」といったような記事が並びます。これが情報伝達の客観性なのです。つまり発生した事件のすべてを網羅し、トピックス（話題）の種類や質や価値などは一切選択原理に入れないという前提のもとに、またそれらに対する判断も評価も示さないで、ひたすら「事実」のみを、できる限り「簡潔」に報道することが、新聞の客観性なのです。

しかし、新聞が記事にしようと思って事件を取り上げる際には、ある事件は取り上げ、別のある事件は取り上げないでおくという判断が働いています。この判断のあり方は、それこそ各新聞の性格を決定するものですから、そこには、編集者の思想的立場が反映します。ただそれにもかかわらず、情報伝達という宿命が決める、どの新聞にも共通なものもあるように思われます。それは何かと申しますと、「これは記事になる」「ならない」という判断パターンに従って事件を選択していること、その際に「この事件はプラス性」「この事件はマイナス性」というパターンで、その意味での価値判断を付していること、この二つであろうと思うのですがいかがでしょうか。読者が読んで何らかの好奇心を覚えることがなければ記事にはならず、また好奇心が満足されるには読者が事件内容に自分なりの判断をつけて納得することが必要です。すべての判断は何らかの意味で「好感」と「反感」を基盤としていますから、好感を「プラス」、反感を「マイナス」と言い換えれば、プラス性とマイナス性の二項選択の網にかかるものが情報となる資格を持つことになります。「プラス性」あるいは「マイナス性」が即座に感知されない事件は、情報として採用する必要がないものなのです。このように、万事を「プラス・マイナス」で割り切ること、これが、情報化社会を成り立たせる原理であると、私は思うのです。

少しこれとははずれるかもしれませんが、情報伝達の機械的な手段として極めて革新的であったのは、言うまでもなくモールスによる電信機の発明でありました。この通信法はすべての文字を「ツー」と「トン」の二音の組み合わせで表現する点に、その画期的な工夫が見られます。日本語の通信には例えば「ア」を表すには「ツー・ツー・トン・ツー・ツー」が、「イ」音を表すには「トン・ツー」が用いられました。こうして五十音がすべて、トンとツーという二つの要素に還元されるのです。戦時中に私たちもこのいわゆる「モールス信号」を、学校で覚えさせられました。

すべての表現をこのように二つの元素に還元する方法を、もっと徹底的に合理的に突き詰めたのが、いわゆる「デジタル」方式であるのは、改めて申すまでもないでしょう。また、現在の「情報世界」を支える機械であるコンピューターの機能が、デジタル方式によって成り立っていることも、皆さんご承知の通りです。デジタル方式、つまり二進法を基礎とする分析法は、「0」か「1」か、「ある」か「ない」か、「はい」か「いいえ」か、「良い」か「悪い」か、「賢い」か「愚か」か、というような二項対立の思考法を前提とするか、あるいは少なくとも容認、あるいは暗示するものです。コンピューターの使用法が人間の思考法に影響を及ぼしてくると、人間の思考は「簡潔」になり「客観的」になるのでしょうが、それが何を意味し、どのような結果を生み出すのかを考えますと、少し憂鬱になってまいります。大学入試センター試験は「マークシート」方式を採っていますが、これはある設問に対して一つの正解を用意し、それが一並びの丸印の何番目にあるかを判断させ、その場所を黒くぬりつぶすという方法のことです。例えば三番目の答えを選ぶならば三番目の丸を黒くします。その他の丸は白いままです。したがって答えの候補が六個（○○○○○○）あるとすれば、丸が「白白黒白白白」（○○●○○○）であれば正解です。これは一個の丸を、白か黒かのいずれかに決めるという意味です。採点者であるコンピューターは、白イエス、白イエス、黒イエス、白イエス、白イエス、白イエスと判断してゆき、六カ所の内の一カ所でもノーであればその列の成績が「0（ゼロ）」、ノーが一つもなければ「プラス1」とします。

これも二項対立（あるいは二進法）の利用なのですが、問題を作るに際しては、必ず黒か白に決まるようにしておかなければなりません。「三番目の丸は灰色」というわけには絶対にいかないのです。また回答者の立場からすれば、明らかな誤りを捨てていって残った二つの内から正解一つを選ぶという場合が、現実には圧倒的に多いわけですから、もしも判断ができなかったら、どちらかに黒丸をつけておけば、正解の確率が二分の一あることになります。判断ができない時には、みすみす印をつけないでおくよりは、でたらめにどこかに印をつけるのが「受験常識」でしょう。もし分からなかったら何番目に印をつけると当たる確率が高い、などと教える先生もいるそうです。しかし、このような常識を生み出す「二項対立システム」が若い世代の精神に、倫理的道徳的な意味をも含めて、いったい何をもたらすのか、それもよく考えてみる必要がありましょう。

さてここで話をもう一度戻して、現実に若い世代の言語生活がどんな意味で「混乱」あるいは「衰退」してきているかを考えてみたいと思います。

最初に申しましたように、若者の会話には多くの新語、流行語が入ります。これは私たちの世代には軽薄、奇矯に聞こえますが、しかし考えてみれば私たちの若かった頃も「トッポイ」だの「ケッサク」だの「トンデモハップン」だの「サダハッテル」だの、おかしな言葉がたくさんありました。それらの内のあるものは残りましたが、多くは消えてゆきました。今ではもう何ということもない「カマトトしてる」とか「ハッタル」とかいうような種類の言葉も、初めは変な流行語とみなされていたに違いありません。つまり単語あるいは語彙は、世代が生み出し、時間が篩にかけてゆくものです。ですから新語の発生自体には、あまり心配すべき要素はないと思います。この面での問題は、流行語が個人の言語表現にどう作用しているか、新語の乱用によって言語生活のバランスが乱されてはいないか、という点にあると思います。

むしろ私たちの世代にとって大変心配になるのは、「情報化」というような社会変化にさらされると、人々の使用する言語の質が根こそぎ変化するのではないか、ということであります。もしも私たちが「簡潔」と「客観性」を掲げる新聞記事的表現に影響され、新聞記事的文体の言語しか使えなくなったら、それは一大事です。個人の言語生活が単純な単層的構造であったならば、社会変動は言語生活をすっかり変えてしまうに違いありません。

ところが面白いことに、友達の間では最先端のしゃべり方をしている若者でも、私たち年配の者に向かいますと、全く普通にきちんと話せる人が少なくありません。むしろそうでない人の数よりも、ずっと多いように思います。そういう人たちは、その場に応じてもっとも適切な言葉使いができるのですから、全く心配はいりません。彼らの場合には、いわば言語の面で二重生活あるいは多重生活ができているわけで、私はそれはそれで見事だと思います。私たちがイギリスに行けば英語で、ドイツに行けばドイツ語で話すのに似ていて、しかもそれ以上にデリケートな感覚で日本語のさまざまな層の間を遊泳しているからです。このようなセンスがあれば、コンピューター言語の影響もさほど深刻ではないと思います。

つまり、もしも社会変動によって変化する部分を言語の表層と呼んでよいとするならば、この層の下には世代の違いに関係しない、日本の場合でしたら日本語を話す人たちのすべてに共有されている「永続的な」層が存在しているのです。その上、この層は単層ではなくて多層であります。どの層を用いるかは、相手により、また用いる時の「場」によって決められます。これは言い換えますと、今置かれている環境に対して自分がどのような姿勢をとるかを、その個人が選択することを意味します。個人の内部に、今置かれている環境に対応する言語層が十分に形成されていなかったら、その人は言語表現の上で十分に環境に対応できないことになります。言語表現つまり言語生活が貧弱だというのは、おそらくそういうことではないでしょうか。

このような理由から私は、もしも現在の若い世代の用いる日本語が貧弱で、軽薄で、奇妙なものになっているとしても、その原因は、必ずしも社会変動の激しさにばかりあるとは言えないと思います。むしろ今申しました、言語の表層がいかに変化してもその影響を受けない、あるいは少なくとも「選択的」にしか受けない基本的な層が、若い世代に属する個人の言語感覚の内部に十分に形成されていないことに、本当の問題があるのだと思うのです。この層が単一層ではなく複雑な重層構造をしていると先ほども申しましたが、ここでそれら多層の部分を、表層に対するものとしてまとめて、言語の「基底部分」と言うことにいたしましょう。この「基底部分」が豊かでないと、言語生活が社会や環境の変化によって「かき乱される」ことになってしまうのです。

それでは、この基底部分を豊かに育てるにはどうしたらよいのでしょうか。

この問いによって私たちの考察は、具体的な言語教育論の分野に入ってゆくことになりますが、もちろんここでは、そんな大問題を体系的に論じる余裕はございません。なぜなら、そのためには語彙の問題から始めて、文法、語法、文章語と話し言葉、リズム感覚など、さまざまな言語層の問題を扱わなければならないからです。本日はそれらを少しずつ含んだ話題を選んで取り上げ、あまり論理的な整合性を気にしないで、いわば話の赴くままに進んでいってみたいと思います。

社会変動にあまり影響されない言語層は、その性質上、言語の古くから現在に至るまで変化していない部分に深く関わっております。例えば文の始めに主語が置かれ、述語が文末に来るとか、修飾文が体言の前に置かれるとか、修飾語が被修飾語の前にくるのが原則だとかは、万葉集の時代から現在に至るまでほとんど変化がありません。使われる単語が時代によってどんなに変わっても、このような基本的な語法はあまり変化しないのです。

このような「変化しない」ものの一つに、日本語のリズムを支える「五と七」ないしは「七と五」の調子があります。今若い人たちの間で「現代流俳句」や、「現代流短歌、あるいは狂歌」が大変流行しておりまして、高校や大学でのクラブ活動も活発です。小学生や中学生も、盛んに「五・七・五」を楽しんでおります。例えば孫が「おじいちゃん、俳句を作ったよ」と言って持って来るのは、次のような種類のものでしょう。

めがさめて　おっぱいさがす　こいぬちゃん
ねむってる　こたつのねこは　ほかほかだ

幼い子どもでも何か詩的な感興がわきますと、まず例外なく五・七・五のリズムに乗せて歌いだしますが、これは、五と七の音律こそ日本語に内在する、すべての人に共通の感覚であることを示しているようです。しかし、今の二句がこれでポエジーになっているとは、いくら孫馬鹿のおじいさんでも言わないでしょう。ところが、使う言葉やリズムがこれらとそんなには違っていないように見えても

やせがえる　まけるな　いっさ　これにあり
すずめのこ　そこのけ　そこのけ　おうまがとおる

は、疑いもなくポエジーであり、しかも古今の名作であります。

また皆さんは、こんな短歌をどのように思われますか。


見たよ、今　片耳ピアスに黒ブーツの君が子犬に口笛吹くのを

これは「NHK歌壇」という短歌の雑誌に、入選歌として出ていたものですから、れっきとした「短歌」なのです。全く口語だけを使うのが新しい表現法だというのなら、ついでにリズムについても、何か新しい可能性を追求すればよいのに、リズムだけは五・七・五・七・七の音数律に乗りたいという心理が、よく出ていると思います。

短歌に新しい可能性を拓いたと言われる俵万智さんの『サラダ記念日』には、もっともっと思いきった表現があります。


「また電話しろよ」「待ってろ」いつもいつも命令形で愛を言う君

第一句から二句にかけてと、第二句から三句にかけての「句跨ぎ」が、さらに直接法の生々しさで倍増されて、口語であることを鮮烈に主張しています。これは新しい短歌表現として評価されている作品なのですが、ここまで来ても五・七ないし七・五の音数律からは離れたくないという点が、日本語の宿命なのでしょうか。

では、これはいかがでしょう。

私からあなたに申し込むべきかどうか、いまでもよくわからないからです。

これも五・七・五・七・七からなり、形の上からは「短歌ではない」と断定するわけにはゆきません。確かに第三句から第四句にかけて「べきかどうか」という「句跨ぎ」がありますが、それは見方によってはかえって、巧みな技法だとも言えるでしょう。しかしこの作を「短歌」と認める人は、まずいないと思われます。なぜなら、ポエジーが全く感じられないからです。

以上を要約してみますと、ポエジーを感じさせるリズムを日本語を使って生み出そうとすると、どうしても五と七の音数律が基調になるが、しかし五・七あるいは七・五の音型で並んでいるもののすべてがポエジーと感じられるわけではない、ということになりましょう。

五と七の音型が「快い」というところまでは、いわば後に成長して言語基底部となる「種子」で、日本語を話す限り、すでに幼児にも備わっている感覚です。ところが、この種子が発芽し、成長するにつれて、五と七の持つ可能性が広がり深まってゆきます。単なる快さから深い芸術的感動まで、その幅は広くなり、複雑になり、多層に分岐してゆくと言ってもよいでしょう。そこからやがては白秋や茂吉などを正しく味わう能力が発達し、一茶や蕪村や芭蕉の句を理解し、西行や定家を愛する心も育ってくるに違いありません。その上で現代短歌の世界に戻れば、そこにあるのがただの口語表現の五・七音型による言葉の羅列ではなく、新しい時代精神の詩的表現への試みであることが、本当に納得できるはずであります。ここで初めて、短歌あるいはその他の五・七表現に向かう時に、それに対応する言語基底部が多層に準備されたことになるというのが、私の言いたいことの前半部分なのです。

こう申しますと、それはいわゆる「教養主義」である、という批判をされるむきもあるかもしれません。しかし「教養主義」を「知識万能主義」と同じものとしてそのように言われるのなら、それは当たっておりません。私が申しておりますのは、知識ではなく感覚の豊かさを養うことの大切さであり、そのためにはどういう手立てがあるか、という問題なのです。これをこれから、私の主張の後半部としてお話し申し上げたいと思います。

皆様もご存じの通り、江戸時代までの日本の学問の主流は「漢学」でした。学問の基礎は中国の古典を学ぶことによって培われるとされ、そのために、これから学問を始める子どもに、いわゆる四書五経を漢文訓読の方法で読ませました。その内容が幼い子どもに理解されるわけのないことはもちろんですが、読み方自体もなかなか難しいので、初めは先生の読み聞かせるのをそっくりそのまま、口真似で繰り返して「覚え込む」ほかありませんでした。この勉強法を「素読《そどく》」と呼びますが、明治維新の後に漢学が洋学に取って代わられてからのちは、旧式の教育法として正式には用いられなくなりました。明治四年に日本に来て、日本の医学教育を西洋医学のシステムで整備するのに中心的な役割を果したのは、レオポルト・ミュラーというドイツ人でしたが、この人が帰国してからのちに、当時の東京大学医学部での講義風景を懐古して書いた、「東京、医学」と題するとても面白い記録があります。その中で彼は、日本の学生たちが火鉢を囲んで、講義の筆記を声を出して読み上げながら、ひたすら「暗記」している様子を描き、理解ではなく暗記が日本人の学習法だと嘆いています。ミュラーは漢文素読の歴史も役割も知らなかったでしょうから、理解と批判と討論をしないで「暗記」ばかりする日本人を軽蔑したのも、無理からぬことだったかもしれません。現在の受験制度の中でよく批判の対象とされる「暗記偏重」の傾向は、実は素読の伝統を源流としていて、なかなかに根が深いことが分かります。

ところが、最近日本でも有名になっているルドルフ・シュタイナーの創出した「ヴァルドルフ学校教育」におきましては、小学校の低学年からゲーテの詩を始めとして、いろいろな古典を暗唱させております。それらの内容や意味を解説したり分析したりしないで、そのまま覚え、口で唱えることを大切にし、毎日皆で朗唱しているうちに、誰もが無理なくその句を心に刻んでしまうのです。子どもたちはその句の意味をその時点で知的に理解していなくても、その後の人生のさまざまな局面で心に波が生じた時、記憶の底からそれらの言葉や詩や句が蘇ってきて、そこに含まれている深い意味の一つの層、二つの層が今の体験を通して理解されるようになります。これが体験自体をひとしお深いものにしてくれるのは、言うまでもありません。これを言語の持つ偉大な力であると、ヴァルドルフ教育では考えているのです。

先ほど申しました通り、私たちには五・七の音律が快いので、幼い子でも俳句なら抵抗なく自然に記憶します。そのような、いつ覚えたか分からない句が、私の記憶の中にもたくさん残っております。例えば

山里は万歳遅し梅のはな

という芭蕉の有名な句もその一つですが、幼かった頃の私はこの句の意味を「万歳が田舎の村までやって来るのは、お正月もだいぶ過ぎて、梅の花が咲く頃だ」というくらいに考えて、自分のいるのも山里だし、万歳も面白いし、梅の花も庭に咲いているしで、けっこう楽しんでいました。その上言葉の調子がよくて、イメージも春らしくて明るいので、とても好きでした。しかし後になってふと気づいたことがあります。「山里は万歳遅し」というのは、都会ならお正月に舞いに来るのに、田舎ではうんと遅れた頃にならないとやって来ないという意味なら、田舎暮らしはつまらない、ということになります。しかし、その感じは「梅の花」のほのぼのとしたイメージとは矛盾します。

私がそれに気づいたのは、「梅の花」という言葉によって呼び起こされる言語層が、私の内部にわずかながらにせよ育っていたからでした。梅は中国から渡来した関係もありまして、古くから漢詩にも和歌にもたくさん歌い込まれており、色よりも香を尊ぶべき花、繊細な感覚で鑑賞し愛すべき花という、伝統的に評価の決まったものなのです。「田舎に住んでいても、梅の花の咲くのを喜び楽しむセンスのある人たちがいる。そこへようやくお待ちかねの万歳がやって来る」というわけですが、この万歳は普通の、ごく平凡な楽しみです。しかし万歳というと、お正月のめでたさを運んでくるものですから、ここで「梅の花」を愛でるという伝統的優雅と、待ち焦がれた万歳を歓迎するという俗世界の喜びとが結びつ

けられて、何とも言えないアンバランスの滑稽さが生まれます。「日常社会に流通している俗語と、古典文学の中で固定化した雅語の間の、作用・反作用を呼び起こして、優雅だが優雅にこだわらない、俗だが俗にとどまらない」境地が、ここに生み出されたのだと、ある学者は批評しております。

これが「俳諧」の新しさなのだと分かった時、この句が私にとってまた一段と好きなものになったのは言うまでもありません。なぜなら、新しいものを生み出す時の呼吸のようなものが、この句を思い浮かべるたびに感じられるからです。同じ芭蕉の句でありましても、例えば次の句などは、少し様子が違っています。

象潟《きさかた》や雨に西施が合歓《ねぶ》の花

これは越王勾践が呉王夫差に送った美女である西施について、肺病であった彼女がしかめ面をするのさえ美しいというので、侍女たちまでその「顰《ひそ》み」にならったという故事を知りませんと、解釈ができません。さらに中国の詩人蘇東坡が「西施はお化粧が濃くても薄くても美しい。それと同じように、西湖は晴れても雨でも美しい」という意味の詩を書いたことも知らないと、合歓の花の咲く雨の多い頃の象潟と、泣いても微笑んでも美しい西施との取り合わせも、本当には分かりません。

（注、蘇東坡の作品は次の通りです。

飲湖上初晴後雨　湖上に飲す、初め晴れ後雨ふる
水光瀲艶晴方好　水光瀲艶《れんえん》晴方《まさ》に好し
山色空濛雨亦奇　山色空濛《くうもう》雨も亦奇なり

欲把西湖比西子　西湖を把《と》って西子に比せんと欲すれば
淡粧濃抹総相宜　淡粧濃抹総べて相宜《あい》し）

つまり、多くの文学的な知識を前提にして成り立っている作品ですから、この句の美しさへの理解を、年齢とともに、人生経験の深まりに応じて、少しずつ深めてゆくのは困難でしょう。むしろ知的理解力が十分に成長した後に、論理的に把握する機会に恵まれる方が、この句との出会いとしては、よほど幸福だと思われます。

このように見てまいりますと、社会変動に耐えつつ新しい可能性を拓くものを、もし私たち世代の人間にも準備することができるとするならば、それはどのような形で可能となるのかが、おおよそ明らかになるのではないでしょうか。私たちは、これから育ってゆく世代の一人一人に対して、個人の重層的な言語層の深いところにある万人共通の種子部分に働きかけ、その種子が育つのに栄養となるものを与えることから始めなければなりません。種子自体にはまだ、何が自分の栄養となるものを含んでいるのかを判断することができませんから、何を与えるかを選ぶのは大人の責任です。種子が本能的に好むというだけではなく、摂取された栄養がその人の言語人生の将来を豊かにするように、私たちは配慮しなければなりません。

多くの教育学者や心理学者などの見解を改めて引き合いに出すまでもなく、まだ学齢期に入る前の子どもたちは、ひたすら大人の行動を「模倣」することによって成長してゆきます。大雑把に言いまして、誕生してから小学校に入るまでは「模倣期」なのです。もちろん本能的な好き嫌いの感情はありますが、まだ善悪の判断を知らず、目に触れ接触するもののすべてを、そのままに覚え込み真似をします。この時期の子どもの受容と記憶の能力は、人生でただ一度だけこの時期にしか現われない現象で、実に驚くべきものであります。

国文学者であり民俗学者であるとともに歌人として有名な折口信夫《しのぶ》先生は、この時期にお祖父さんから、毎晩寝物語に芭蕉の俳句と百人一首を聞かされ、理解するはずもないのに全部覚えてしまいました。折口先生は大変に恵まれた人で、その後も幼児期の記憶能力がほとんど減退しないで続き、中学生の時に万葉集を読んで全巻をすっかり暗記し、その記憶が大人になってもそのまま残っていたそうですから、私たち凡人とは違うのかもしれません。でも自分の経験を振り返ってみましても、意味の理解と関係なくただ言葉のつながりとしてのみ記憶しているものは、ほとんどが幼児期に、特に祖父や祖母から教えられた言葉です。「いろはにほへと」もそうですし、「にしむくさむらい」のようなものもありますし、以前は「にーいちに、ににんがし、にさんがろく」といったものまで、わけが分からないままに歌っていました。その時に覚えたものは一生の間忘れないし、人生のいろいろな局面で威力を発揮します。後々の言語生活の基盤となるものを、この時期の子どもの心の中に豊かに養っておいてあげることは、その子どもに一生の宝を贈り物することだと、私は信じます。

しかしここに極めて危険な落し穴のあることも、見落としてはなりません。つまり、現代は能率万能主義の時代ですから、幼児期のこの能力を利用して、将来「役に立つ」ことを覚えさせようという考えを持つ教育関係者がいて、例えば、大人になったとき英語が上手に話せるように、幼児期から英語を教えようというような、一見もっともと思われかねない意見を言うかもしれないのです。

もしも子どもの周囲に、子どもが安心して模倣してよい、「英語生活の環境」があるのならば、この説は別に取り立てて言うまでもない、全く当然のことでありまして、日本語環境で日本語を覚えるべきだというのと同じです。また一つの家庭の中で日本語と英語とが同じ比重で使われているならば、その場合にもこの説は当てはまりましょう。なぜなら幼児期の子どもは主に母親の使う言葉に親しみますから、父親の言葉はかなり意識的に教えないと、母親の言葉と同じ水準で使えるようにならないからです。私の周囲には国際結婚をした同僚や教え子がかなりたくさんおりますので、実例はいくらでもあげられます。

今日本にいるある若いドイツ人の仏教学者は、奥さんが中国人で、彼女がドイツに留学中に知り合って結婚しました。子どもは双子で、しかも男の子と女の子なのです。この子たちはまだ学齢期に達していませんが、もう二ヵ国語を適当に使い分けています。しかしお母さんと話す時もふたりで遊ぶ時も中国語を使い、お父さんやお客さんと話す時には、ドイツ語を使うのです。当然ながら、中国語に比べますと、ドイツ語の方がぎこちないものですから、お父さんは間もなくドイツに帰って学校に入るのにこれではいけないと、毎晩ドイツ語で物語を読み聞かせています。母国語のことをドイツ語では「ムッター・シュプラーへ」、つまりお母さんの言葉、と言いますが、これは事実を言い表わしているようです。

このように環境が「バイリンガル」ならば、幼児期に「お母さんの言葉」以外のもう一つの言葉、つまり「お父さんの言葉」を意識的に教えることは、むしろ大切でしょう。しかし、そのような環境にいない子どもに、単に功利的な考え方から外国語を覚えさせようとするのは、私の申しますような「言語の基層」を養うこととは、全く考え方の根本が違うのです。

言語の基層に蓄えられるのは、決して道具として使うための、あるいは知識としての、単なる言語的材料であってはなりません。それだけで価値のある、無限の智恵と真理が含まれている、いつまでも心の中に住み続けて、言語生活と思考生活を潤す源泉となる、そういうものでなければなりません。それは一つの言語文化の、しかもそのエッセンスでありますが、また後々の言語生活の中で、常に周囲の言語環境によって磨き上げられてゆくものでもあります。「幼児期から英語を」という誘いに乗るには、自分の子どもに日常的にそれだけの英語文化に浸された言語環境を準備してやれるという自信と保証が前提となります。例えば英語圏で生活している場合は、家庭で日本語を使っていても、生活環境自体が英語文化に包まれていますから、その場合は子どもにも積極的に「バイリンガル」な言語生活をさせるべきであります。しかしながら、日常の言語生活に英語文化の存在しないところでむやみに英語の「幼児教育」などに走れば、かえって子どもの言語生活を浅薄にし、育つべきものを育てたいという本来の願いからはずれてゆくことになると思います。

もっと恐ろしいのは、マスコミで流される映像つきのコマーシャルソングや、幼児番組と称するもので不自然な作り声のキャラクターが、おかしな言い回しの言葉をしゃべるのを、毎日毎日幼児に見せ続けることです。子どもは驚くべき模倣力でたちまちにそれらを覚えてしまうのは、皆さんのよくご存じの通りです。意味も価値もないこれらのがらくたが、幼児の言語の基底部分に住みついて、そのまま一生の伴侶となることを、どうして世の教育心理学の先生がたが憂慮し、警告を発しないのでしょうか。また世のお母さん方が、批判の声を上げないのでしょうか。ここにも「情報化社会」の問題があるように思うのです。

このような社会変動の中で、未来の世代の言語生活を豊かにするために私たち中高年の世代にできる積極的な寄与は、結論的に申しますと、幼児期にある子どもに、今すぐには理解できないがきっと一生の宝になると思われるものを、常日頃語り聞かせ、歌い聞かせることであります。そしてそれはリズムがあって、イメージが豊かな、心の奥底に楽しくため込んでゆける、そしていつでも思い出すことのできるものであることが、もっとも望ましいのです。昔話、さまざまな説話、古今東西の童話、古事記や万葉集の中にある歌謡や短歌、和歌や俳句など、私たちの言語文化はそういった宝をたくさん持っております。幼いお子さんやお孫さんのおありになるかたがたは、ぜひとも折あるごとに、ご自分のお好きなお話や歌を、幼いお子さんやお孫さんに語り聞かせてあげてください。

私が美しい女性を見ますと、ふと口をついて出てくる歌があります。それは、

赤玉は　緒さへ光れど、白玉の　君が装し　貴くありけり

という、実は女性から男性にあてた恋歌なのですが、そんなことは全く知らないで、幼児期に心の奥に埋め込まれたものであります。これが豊玉姫からヒコホホデミノミコトに贈られたものであることは、のちに知識として学びましたが、別

にそんなことはどうでもよく、この歌には永遠に新しい美の観点が含まれていて、それが心に蘇ってくるのです。四、五歳の頃に鈴木三重吉の「古事記物語」を繰り返して読んでくれた母に、私は深く感謝せざるを得ません。

学齢期になりますと、子どもは先生を尊敬しながら、先生の指導のもとに記憶と理解と応用の学習に入ってゆきます。思春期くらいからは、さらに批判する力がつき始め、自主的に学ぶ精神が養われてきて、高等教育段階からのちは、生涯にわたる自己教育の時期につながってゆくことになります。これらの段階における言語教育の問題につきましては、今日は触れないでおきます。ただ、幼児期に両親やお祖父さんお祖母さんたちが、子どもの心の中に将来の言語生活の骨格となるものを養っておいてあげれば、その子の言語生活に豊かなものが約束されるに違いないことだけは疑いないと申し上げ、今日の話を締めくくらせていただきます。いくらかのご参考となりましたら、幸せに存じます。

（一九九八年六月十三日　山陽学園大学　公開講座）

直観、予感、創造的ファンタジー

（日本ペスタロッチ・フレーベル学会が山陽学園大学を会場として催された際に、記念講演として行なったものである。）

この学会におきまして皆様の前でお話するようにお招きを受けまして、大変光栄に存じておりますが、また大変に困惑しているところでもございます。何分私は皆さんの専門とされるペスタロッチやフレーベルについてほとんど何も勉強したことのない素人でありまして、その素人が専門家諸先生を前にして諸先生のご専門の内容にも関わることを話さねばならないのですから、例えて申しますと、歌舞伎役者たちを集めて歌舞伎の面白さを説明するようなもので、俗に申します「釈迦に説法」そのものだからでございます。ここにお集まりの「お釈迦さま」がたは、学会の研究発表や討論の場においておそらく密度の高い緊張の時間をたっぷりとお持ちのことと推察いたしますので、どうぞ私ののんびりとしてピントの外れた素人のたわごとで、専門的緊張から解き放されたひとときをお過ごしくださいましたら、大変嬉しく存じます。

さて、皆様のご研究になっておられるペスタロッチは、かなり早い時期に日本にもその名が知られ、伊沢修二、高嶺秀夫、さらには沢柳政太郎、長田新などの先駆的な研究と紹介から始まって、長尾十三二先生により極めて水準の高い多くの業績が生み出され、それらを基盤にして、教育学の分野ではほとんど他に類のない個人研究のための学会の結成にまで辿りつきました。フレーベル研究がペスタロッチ研究と一体のものとみなされている現状にも必然があり、この二人を常に一つの視野に収めて考察することによって初めて正確に理解できる問題がいかに多いかは、私などの論じるまでもないことであります。ただ日本の子どもたち、特に明治後期から大正・昭和初期にかけての少年少女に対しましては、実はペスタロッチよりもフレーベルの影響の方が、全く目には見えない形をとってではありますが、事実としてはいささか大きかったのではなかろうかと思われる節があります。日本の多くの教育史で見逃されがちなこの点にも、皆さんのお作りになった『ペスタロッチー・フレーベル事典』で触れられているのはさすがで、その三七五頁に載せられている「松野クララ」は、ベルリンのフレーベル保母養成所で学び、明治九（一八七六）年に二十三歳で来日し、その年のうちに日本最初の幼稚園である東京女子師範附属幼稚園の初代主任保母となり、日本の幼稚園教育の基礎を作った人であるばかりでなく、実は明治の児童文学の生みの親である巌谷小波の幼児期のドイツ語の先生でもありました。八歳の時から彼女に教えを受けた小波が生涯子どもを愛し、少年・少女のための文学の創造に一生を捧げたのは、おそらくはこの頃の彼女から受けた薫陶によるところが大きいものと思われます。彼はドイツ滞在中にも幼稚園や児童画展覧会などを丹念に訪れておりまして、はっきりとフレーベル教育の意味を認識していたのは明らかなのです。

このようにペスタロッチもフレーベルも、私たち日本人には明治時代からすでにかなり身近にあった理想の教育者であります。そして、多くの教育関係者がこの二人を意識して、日本の教育制度を整備しようとしたであろうことも、想像してよいように思われます。このことはまた皆さんが具体的に研究しておられるところでもありまして、その成果が教育関係の紀要や研究機関誌などに次々と発表されていることも、門外漢である私もいくらかは存じております。

しかし、ペスタロッチ主義者、フレーベル研究者たちのこれらの努力にふさわしいだけのものが、実際に日本の教育実践の中に吸収され消化され、育ちゆく人たちの心や身体の糧になっているのだろうかと考えますと、私にはこの二人の教育者の精神の神髄が、必ずしもすべての学校教師によって理解され、実践活動の中に生かされ尽くしているとは、断言できないように思われます。私は一人一人の現場教師の心の中に生きていないものは子どもたちの心の中に入ってゆくはずがないと思いますので、その意味で、「教育問題は教師問題である」という観点に立っております。その観点から、ペスタロッチもフレーベルも、大方の教師の精神的支柱になっているとは言えないように思うのです。

私はこれを教師各自の努力不足であるとも、また勉強不足の結果だとも思いません。また日本の教師養成のあり方を、この点から論じるつもりもありません。またこの現象を、その後に日本に流入してくる多くの教育思想との関連で考察する余裕も持っておりません。研究者たちがナトルプ、ヘルバルト、デューイ等々からマカレンコなど、ありとあらゆる知名の学者の教育思想を摂取し消化しても、それが実践現場で本当に血となり肉と化することの望めない状況の悲惨も、ここでは取り上げないことにいたします。そうではなくて、これらの諸問題の根底のところにある一つの問題を、ペスタロッチとフレーベルとを手がかりにして考えてみようと思うのであります。

先ほども申しましたように、私はペスタロッチ・フレーベル研究の分野では全くの素人でございます。それゆえ、尊敬する本学の浜田栄夫《はまだひでお》先生からこの学会で何か話すように勧められましたのちに、にわか勉強を始めて、この問題を考えました。浜田先生がすでに一九七九年に書かれた大変優れた学術論文である「フレーベルの教育思想と予感」を読ませていただいているうちに、長尾先生から、創価大学で昨年の十一月になさった講演「ペスタロッチと現代」の抜き刷りをお送りいただきまして、感謝して拝読し、感嘆しつつ多くを学ばせていただきました。まずこの二つの労作が出発点となり、ペスタロッチの「リーンハルトとゲルトルート」「ゲルトルート児童教育法」その他を邦訳で読み、フレーベルの著作のいくつかと「バーロプ宛の書簡」などを原文で読みました。参考文献はヴァルター・アスムス、ヘルマン・ノールなどほんの数篇を見たにとどまりますが、特に面白かったのはエドワルト・シュプランガーの「フリードリヒ・フレーベルの思考世界から」（一九五一）でありました。これらと、また皆さんの努力の結晶である『事典』を頼りにしていくらか考えてみましたが、その程度のつけ焼刃では何ほどの知恵も出るわけもなく、仕方がありませんので、この度はペスタロッチの「アンシャウウング」とフレーベルの「アーヌング」について感じたことをお話するだけでお許しをいただこうと、決心いたしました次第でございます。

さて、まず「アンシャウウング」という言葉でありますが、これは原語を知らないで「直観」という訳語だけ見ていたのでは、実に誤解しやすい言葉であります。アンシャウウングという名詞の動詞形は「アンシャウエン」ですが、アンは本来前綴りであり、「対象にぴったりとくっついて」「直接に」何かをする意味であり、シャウエンは言うまでもなく「目で見る」ことを意味します。ですから「アンシャウエン」とは「対象そのものを直接によく見る」という意味でありまして、その他の意味はすべて、この原義から派生してきたものであるということを忘れてはなりません。同じ「ちょっかん」でも感情の感を用いる「直感」、つまり「犯人は彼奴だとピンとくる」というような場合の「ピンとくる」という意味での「ちょっかん」のことではないのはもちろんです。

ペスタロッチはアンシャウウング（すなわち「直観」）を、人間の認識活動の原則とする必要を感じ、育ちゆく人間が「直観」によって対象認識が行なえるように教育の場において援助しようといたしました。長尾先生がご指摘になっておられるところによりますと、それは当時流行の「博識教育」の弊害から子どもの正しい成長を守ろうとする立場からでありましたが、また「リーンハルト」を読めば分かるように、世俗化したキリスト教会のドグマや、古い封建的道徳観や、非合理な生活習慣などから民衆を解放するための、新しい世界把握法の提唱でもあったのです。自分たちの周りの現実の状況を一つ一つ「直観」してゆくことによって、リーンハルトの住む村の住民たちは新しい世界を開く可能性を見つけ、村の生活基盤が、領主による絶対的支配の経済体制から初期資本主義時代の体制へと移行してゆきます。啓蒙君主がまだその存在意味を持ち、資本主義体制への移行がまだ明るい夢と希望をもって望まれていたこの時代については、例えばマックス・ヴェーバーの著書『プロテスタント倫理と資本主義の精神』などを読みますと、納得のゆくところがありましょう。ペスタロッチの人生は一八二七年で終わりますので、フランスの七月革命まで三年、ドイツの三月革命まではまだ二十年以上も間があります。資本主義の生み出す弊害が顕著になる以前の、まだまだある意味で牧歌的な時代だったのです。

ペスタロッチにとって「直観」とは、具体的に存在する事物や現象を直接に観察して、それらの本質をみずからの考察と判断によって把握する行為を意味しておりました。対象が観察と考察によって把握できるためには、少なくとも二つの前提があります。一つは、対象自体の中にすでに知的ないし感覚的あるいは情感的に把握できる法則性が内在していること、もう一つは、それらの法則性ないしは秩序を把握する能力が、人間の知性と感性に備わっていることであります。いかに対象が法則的な秩序を持っていても、それを感じ取る能力が人間に備わっていなければ、ペスタロッチの言う「直観」は成り立ちません。「直観」が可能であるという根拠と、「直観」によって把握されたものが「真実」ないし「真理」であり得るという根拠を、ペスタロッチはどこに求めたのでありましょうか。

彼は教会の教義や牧師たちの説教などを、「直観」を歪め曇らせるものだと考えていたようですが、しかし絶対的存在である「神」への純粋な信仰心は持っていました。迷いも疑惑もなく、彼は神の永遠性を信じ、世界が神に由来する法則性によって構成され、人間に法則性の認知能力があるのも、神の賜物であると確信しておりました。人間の生が有限であるのに、人間には永遠性に参与することが部分的に許されているのはなぜだろうか。それは人間が神の似姿であり、神の営みを自分の意志によってなぞることができるからだ。そのようにペスタロッチは理解して、事物の直観が事物に内在する法則性の把握につながるという意味において、法則性すなわち真理そのものもまた、直観の対象になるという考えに至りました。「直観」という言葉のこの意味での用法は、もちろんカントに由来するものですが、ペスタロッチにおいては、具体的事象の直接観察という本来の意味を離れては、その本当の意味内容を見失うと思います。

このような意味での「直観」は、長尾先生がご指摘になっておられる通り（講演抜き刷り十七頁）「明晰な概念を身につける」ための基本的作業であります。「概念」という言葉もまたドイツ語からの翻訳語であり、ドイツ語では「ベグリッフ」と申します。「把握する」という意味の動詞の過去分詞から生まれた名詞で「把握されたもの」という、いわば人間の知的認識活動を経て「すでに共通の知的所有になってしまった思考成果」を意味します。しかしペスタロッチの場合には、もっと感情的な認識による成果も含められているようなので、現在私たちが「表象」という言葉で言い表わそうとしているものも、これに加えてよいかもしれません。「表象」もまたドイツ語からの翻訳語で、原語は「フォアシュテルング」、つまり「心の目の前に像として立てる」という意味であります。

さてこの「直観」にしてもまた「表象」にしても、ある程度知的または感性的な認識能力が発達していないと行なえません。どの段階でどのような直観を子どもに課題として与えるかは、実に教育実践の本質的な問題であります。ペスタロッチばかりでなく、教育実践者として偉大であった人たちが彼らの理論を越えて私たちにあたえるインパクトは、実はこの面での偉大さにあるのではないでしょうか。

フレーベルが「直観」に先行するものとしての「予感」を提唱したのは、人間がまだ「直観」を実行するほどの段階に達していない場合にも、「どこに真理があるのか」を嗅ぎ分ける感覚があることに注目したからでした。この感覚のことを彼は「アーヌング」と呼び、私たちはこの言葉を「予感」と訳しているのです。

「アーヌング」とは、まだ知的・感性的認識活動を経て確実に把握していないのに、問題の本質のありかを感じ取るという意味ですから、年齢や認識能力の低い段階にある幼い子どもであっても、こちらの道を進めばきっと良いことがあるだろうという「予感」に導かれていることを認めたことになります。そして「予感」能力を認め育てることが、改めて教育の課題になってまいります。これは「直観」能力の発達には段階があることを前提にしているので、いわば人間の成長に「発達段階」の存在することを認めた教育思想だと見てよいわけです。

しかし「予感」は子どもだけのものではありません。人間の認識には限界がありますから、子どもだけではなく大人にも、自分の認識能力を上回るものはいくらでもあります。そして、認識によってはっきり把握することはできないが、何かがそこにあることだけは「予感」できるという現象を重視することによって、フレーベルは知的・感性的認識の可能な範囲を越えた世界と人間との関わりの可能性を認めたのでした。

ペスタロッチの「直観」は、認識対象を有限世界の範囲内に限定していると言えます。彼は有限性の内部に無限性の痕跡を見いだすことによって「神の秩序」に触れ、神の秩序に従って地上に生きるという生き方を、人間として当然のものとしていました。したがって人間の認識、つまり直観的把握の対象が、有限世界の中に存在する事物や法則性の範囲を越えることはありませんでした。しかしフレーベルに至りますと、「予感」という知性・感性以前の認識を認めることによって、認識対象が有限性の世界の限界を越えることになりました。これはいわば、人間の地上性を越えた認識領域にまで人間が入ってゆけるということでもありますから、人間は神の「ただの似姿」ではなく、人間の内部に神そのものと同じものが存在しているということを意味します。ペスタロッチにおいては神は人間の心の外側にあるものでしたが、フレーベルにおいては、人間の心の内部に神そのものが内在する、という理解が生まれざるを得ませんでした。長田新によって解明されたフレーベルの『児童神性論』思想は、このように見て初めて正しく評価されるものだと思います。

このように見てまいりますと、ペスタロッチの場合もフレーベルの場合も、共に「神による永遠の秩序」という世界観ないしは宇宙観が、思想の構造にも、また教育実践の形成にも、根底となっております。いかにキリスト教の教会的ドグマから自由であったにしても、彼らの存在も行動も「神に起源を持つ永遠の法則」を認識し、それに従って生きることを倫理性の基盤だとしていることには変わりがありません。ただフレーベルはペスタロッチよりも四十歳若いだけに、永遠性を神のみのものとするペスタロッチ的な感覚に納得できず、永遠性の一滴が人間自身の内部にも存在するからこそ、人間には永遠性に参与する資格があり、一人の人間が、みずからの内部にその一滴の永遠性を持つがゆえに、「個性」という絶対的な尊厳性を持つのであると考えざるを得なかったのです。そうであるからこそ、個人の持つ絶対的価値の根拠である「個性」を尊重することと、「児童の神性に奉仕すること」とは同じ意味となるのです。そして「神性」つまり永遠性が無限であるからこそ、「個性」の形態も可能性も無限なのだということが、ごく自然に理解されるのです。

わが国におきましては昨今の流行ばかりではなく、すでに大正新教育運動のころから、しきりに「個性尊重」の教育ということが叫ばれましたが、それはほとんどの場合、早くに顕著に現われた子どもの才能を大切にして伸ばすことが「個性尊重」であり「個性教育」なのだという考えから発しているようです。これはペスタロッチのような意味で児童の内部に「神に由来するもの」を見ているわけではなく、フレーベルのような意味で「児童に内在する神性」に畏敬の念を持っているわけでもないので、したがって児童の「個性」という言葉だけは同じでも、内容も違い、それに対する姿勢も全く異なるのです。このことにはっきり気づいていた個性尊重論者は、おそらく極めて少なかったと私には思われます。

絶対的世界創造者を唯一の「神」とするキリスト教的信念は、日本人の精神生活にとっては決して一般的なものではありません。もちろん何らかの倫理感覚を支柱としない教育はあり得ませんし、実際に明治・大正・昭和にかけての日本教育界では、平均的に言って「君に忠」の「皇国史観」、あるいは「親に孝」の儒教倫理に拠り所を求めておりましたから、したがってペスタロッチやフレーベルの教育法が日本に紹介されたのちにも、彼らの教育実践の根底にある倫理感覚が、日本の実践現場においてそのまますんなりと受け入れられなかったのは、むしろ当然でありましょう。しかしそうかと言って、ペスタロッチやフレーベルの教育の実践技術面のみを受け入れ、その精神的支柱には「君に忠」や「親に孝」などに代表される日本在来の倫理思想をもって代用しようといたしましても、それらは、ペスタロッチやフレーベルに触れて呼び醒まされた教育活動の精神的倫理的骨格とするには、本質的に馴染まないところがあります。ペスタロッチ主義者やフレーベル信奉者の一番の悩みは、おそらくは教育する方にも教育される方にも共通する倫理的感情があるという確信が持てないところにあり、またペスタロッチやフレーベルの持っていた倫理感覚が欠落しているところで、いかにしてペスタロッチやフレーベルの教育精神を生かすことができるかが明瞭ではない、という点にありましょう。

さて一方キリスト教世界におきましても、いわゆる近代精神が目覚めてくるにつれて、「絶対的な神の支配」に対する姿勢が変化してまいりました。それは人間の自我が膨張してくるに伴いまして、これまでは絶対的に神のみの属性であった「永遠性」に人間の自我が参与しようとし始めたからであります。参与の仕方にはいろいろありましょうが、その極端な形は「無神論」「唯物論」などの、徹底した否定的参与でありましょう。しかしまた一方には、一方的に神によって裁かれるのではなく、人間の存在そのものが「永遠性」に参与しているのだ、と考える思想も生まれてまいりました。先ほど、フレーベルにはすでに人間の心に神性が宿るという思想がある、と申しましたが、もしそうならば、神が神自身を裁くことはあり得ませんので、人間の存在の一部には神の意志によって左右されることのない、神の「永遠性」と同じ「永遠性」があるということになります。人間の内部には神が住むという思想は実は大変古くからあるのですが、キリスト教はこれらの思想をすべて異端として厳しく排除してきました。異端とされた思想の代表的なものは、言うまでもなく「グノーシス」の思想であります。しかし近代精神の目覚めと並行いたしまして、人間は、「裁かれ、赦され、救われる」存在であることに、もはや満足できなくなりました。そのような精神状況においてフレーベルは、人間の認識領域を、直観による感覚的地上的世界から「予感」による超感覚的世界にまで拡張しようとしたのでした。

しかしフレーベルの場合には、永遠性は「予感」によって捉えられるのみであり、個人がそこに自覚的に参与する可能性はありません。その意味で「倫理性」もまた個人の責任において確立されるものではなく、その本来の根拠は人間の手の届かないところにあります。これに対しまして、さらに一歩を進めて神のみに永遠性のあることを否定し、さらには「神は死んだ」と宣言するところまで近代的な意識が進んだ結果は、結局のところ倫理性の根拠がもはや神にはなく、人間にあると感じるところにまでゆきつきます。近代精神に生きようとする意志が生まれたところでは、たとえそれがかつてのキリスト教世界でありましても、もはやペスタロッチやフレーベルのような信念に基づく熱烈な情熱を教育実践に注ぐことはできなくなった、と言わざるを得ません。言い換えれば、キリスト教の神の信仰を体験していない地域における教育状況と同じ精神風土が、二十世紀のキリスト教圏にも生じたわけで、教育の革新が第一次大戦前後のヨーロッパで深刻な問題となってくるわけは、その辺りにもあるのではないかと思います。

人間の存在自体に倫理性の根拠を求めることは、それではいったいどのようにして可能となるのでしょうか。その一つの方法は、人間自身が直接に「永遠性」に参与するという人間観を打ち立て、それに強力な説得性を付与することでしょう。これはつまり、二千年にわたってキリスト教の正統派が押さえつけてきた「グノーシス」的人間観・宇宙観を、新しい形で蘇らせることに他なりません。一八六一年に生まれ一九二五年に死んだルドルフ・シュタイナーは、広い意味での神秘思想家であり、グノーシス的世界観の発展形態とも言える「人智学」という思想の創始者ですが、彼がさまざまな方面で社会改革運動を展開したうちでも、最も大きな遺産を現代に残しているのが教育改革運動であるのは、このような思想史的背景を視野に入れるとよく理解できることであります。

シュタイナーはご承知のように、一九一九年にシュトットガルトに「フライエ・ヴァルドルフシューレ」つまり「自由ヴァルドルフ学校」を創設しました。そしてこの学校で教育実践にあたる教師たちに、開校に先だって十五日間の講習を施しました。この講習を基礎として、いわゆる「ヴァルドルフ教育学」が生まれ、これが現在、ドイツだけでなく世界中に数百校の姉妹校を持つ「ヴァルドルフ学校」あるいは「ルドルフ・シュタイナー学校」の、教育実践の基盤となっているのです。

この教育運動の日に日に広がってゆく理由は何かと考える時、視点の取り方によってさまざまな答えを出すことができるでしょうが、私はここで他のすべてを切り捨て割愛して、今まで述べてまいりました「人間における永遠性への参与」の可能性をめぐる問題に、焦点を絞ってみようと思います。

先ほどから見てきた通り、フレーベルはペスタロッチの「直観」を一歩進めて「予感」という観点にまで辿り着き、そこから「児童神性論」を生み出しました。ここで彼が意識しているいないにかかわらず、グノーシス的な人間観に向かう方向が開けてきたわけです。しかしフレーベルの場合にはここで歩みが止まり、児童の持つ神性と人間の一生の持つ意味との関係の考察がなされないままに、のちに「幼稚園教育学」の名で知られる幼児教育の意義の解明をもって終わりました。彼はおそらく幼児期の意味を人間の一生との関連で考察し、その上で学齢期、青年期、成人期、老年期のすべてにわたっての教育論を展開したかったのではないかと推察するのですが、いわば彼の残したこれらの問題を一気に解決し、さらにその先まで考察する可能性を開く鍵が、シュタイナーによって見いだされたのです。

それがどうして可能になったかと申しますと、これまでもっぱら「神」の属性と認められてきた「永遠性」を人間の属性であると断定することによって、視点の展開を生み出したからなのです。彼は「人間の魂の中には永遠に死滅しない霊性という部分があり、この部分は肉体が滅びると霊性の国に戻ってゆき、そこで地上の生活で得た経験を整理し消化し尽くしてから、再び新しい肉体を見つけだして地上の生活に帰って来る」と考えました。これが有名な「霊性再受肉（レ・インカルナツィオーン）」の思想の骨子なのですが、この思想をもとにして考えれば、人間の霊性の長い長い発展の歴史において、個々の地上の生は、誕生と死の間に挟まれた一時期であり、したがって常に前の生の成果を踏まえつつ次の生を準備する期間だという位置づけを受けることになります。また誕生の前に住んでいたのは霊性の世界でありますから、誕生後のしばらくは霊界の存在様式の記憶をとどめているのは当然で、そこから次第に今回の地上の生を生きる準備に入り、ある期間の準備の後にようやく自立して生きる「成人期」に達し、さらに晩年に至っては次の世を準備しつつ死を迎えるという構図となります。

この構図が真実であるかどうかはもちろん議論の対象にすべきものではなく、イメージとして受け取ればよろしいものだと思いますが、しかしこの構図によって人生を解釈いたしますと、これまでにどうしても論理的に解決できなかった問題の多くが「イメージ」の上で解決されてゆくという体験が生じてまいります。例えばフレーベルとの関連で申しますと「なぜ児童には神性があるのか」という問いにも容易に答えられますし、「なぜ時として幼児が大人以上に深い知恵を示すことがあり得るのか」も、そんなに不思議ではなくなります。また教師がおそらくは自分よりも遥かに優れた知性や感性を持つ児童にも、どうしてその才能を開く手助けをしてやることが可能であり、かつまたそれが必要なのかという疑問も氷解します。児童心理学、青年心理学、発達心理学などの示すさまざまな実験データや研究成果の理解、解釈も、またそれらの応用も、このイメージの中で的確に行なうことができるようになります。

このような「イメージ思考」は、教育の実践の場で教師自身の姿勢を決めるのに大変役立ちます。今自分が相手にしている子どもたちが人生のどのような時期にあって、どのような能力をすでに目覚めさせているか、またどのような資質がまだまどろんでおり、まどろんでいる能力にはどのような道を通って働きを送るのが適当なのかなどを、教師がその場その場でイメージすることができるからです。

シュタイナーは、人間が自律的に知的思考のできるようになる時期を十八歳から二十歳にかけてであると言っており、その時期に至った若者が十分に自分の責任において判断し行動できるように準備することを「自由に向けての教育」と呼んでいます。そのような「自由」に辿り着く道程にはさまざまな段階があり、それらの発達段階に応じた教育方法を採らなければ、子どもの発達がかえって阻害され、このたびの地上の生を充実して展開してゆくことができなくなる恐れがあります。例えば知的論理的な能力が十分に育ち独り立ちできるようになる以前に、子どもに論理的考察や概念の記憶を強要いたしますと、自分自身の内部から湧き起こる興味と情熱によって未知の世界に向かってゆく力と能力が破壊されます。概念の暗記を早くから強制することのいかに恐ろしい誤りであるかを、シュタイナーは繰り返して説いています。しかしこれは、子どもを知的論理的思考から遠ざけておけということではありません。子どもの内部には知的に現象を把握する能力が存在しているのは言うまでもなく、これを養い育てて健全な状態にもたらすように働きかけることは、年齢を問わず常に大切なことでありましょう。

例えて申しますと、母親の胎内にいるまだ生まれる前の子どもにも、その身体を養うために十分な栄養を与えることが必要です。しかし胎児に対して直接食事を与えることはできませんから、胎児への栄養は母親の母体を通して送られます。この時点で最も大切なことは何でありましょうか。それは母親が健康な食事をし、健康な生活をすることでありましょう。

母親がアルコール類や薬品など有害な物質を摂取すれば、それが胎児の自然の成長にどれほどの害を与えるかは改めて言うまでもありません。このように、明らかに存在してはいるのに、いまだ生まれ出てきてはいないという存在に対しては、その段階に相応した働きかけをしなければならず、その時期に適した方法を誤ると、のちに取り返しのつかない結果をもたらします。そして胎児が母親の胎内で十分に成熟すると母体から外に向かって「誕生」するように、人間の成長のいろいろな段階におきまして、ある時期にある能力ないし力が「誕生」してきます。そこでどの時期にどのような力が、いわば「母胎から離れて」誕生してくるのかを正しく知らないと、子どもの成長に正しく対応した教育もできないわけです。シュタイナーはさまざまな具体的実践経験と発達心理学的研究と独自の考察とをもとにして、人間の誕生から死に至る各期間の特徴を視野に入れた上で、幼児期、学童期の子どもには、どのような教育的な働きかけが必要であるかを明確にしました。先ほどお話いたしました自由ヴァルドルフ学校発足に先立つ講習会で、シュタイナーはこのような彼の教育思想を「教育の基礎としての一般人間学」という題のもとに連続講義をしたのですが、もしご興味をお持ちの方がありましたら、邦訳も出ておりますので、何卒それをご覧ください。

ここでシュタイナーの教育論をこれ以上詳しくご紹介する余裕は私にはありませんし、またその場でもありません。私が考えておきたかったのは、ペスタロッチにおける「直観」、フレーベルにおける「予感」によって提示されたものが、精神史的に見てどこにゆき着いたのかという問題であります。そしてこれを「永遠性」への人間の関わりの強さという点で見てゆきますと、現代の神秘主義者であると言われるシュタイナーの教育的活動につながっている、と考えられるように思うのです。もしそうであるとするならば、ペスタロッチにおける「直観」、フレーベルにおける「予感」に相当する「キーワード」は、シュタイナーの場合には何でありましょうか。そのことに一言触れておくことが必要となります。私はそれを、今日の論題に掲げてありますように、「創造的ファンタジー」であろうと思っておりますが、最後にその理由をお話し申し上げて、今日の締めくくりといたしたく存じます。

皆さんもおそらくはよくご存じのように、シュタイナーは家庭および幼稚園、学校などの教育施設における教育の対象となる年齢期を、基本的には人生の最初の二十年においております。そしてこの二十年をさらに三期に分け、それぞれを、誕生してから歯の生え変わるまでの時期、歯が抜け替わってから性的成熟が始まるいわゆる思春期までの時期、思春期を経て、自分自身の判断によって自分の世界との関係を決定しようという意志が成熟する時期、といたします。

彼によりますと、人間は霊的な世界から出てきて肉体を身にまとったばかりの頃には、まだ霊の世界で生きていた時の心の姿勢を保持しています。すなわち、そこで培ってきた「世界は倫理的なものだ」という無意識の前提で生きているのです。この時期の子どもは世界は倫理的なものだということに少しの疑念も持っていません。そして世界は大人たちの行動をそのまま真似をして生きればよいものだと信じ切っているので、何の疑いもなく、周囲の人たちが生きている通りに「模倣」して生きております。ですから、この世が本当に生きるに値するような倫理的なものであるという、いわば人間の存在性の精神的核とでも言ってよい確信を子どもの内部に定着させるには、子どもがそのまま「模倣」してもよいような生き方を、周囲の大人たちが実際に日常に営んでいるより他はないのです。

歯が生え変わってから思春期に至るまでの子どもは、現在そこにある世界の中に住み、その世界に強い興味を抱きながら成長してゆきます。何をしても嬉しくて楽しくて、常に笑いに満たされている時期であります。「現在そこにある世界の中で生きる」というのは、動物的ではない人間的な方法によって、自分を取り巻く世界を楽しみ味わう生き方であります。ですからこの時期においては、授業も子どもにとって楽しみであり、味わいであるように配慮し、決して反感や嫌悪を呼び起こすことのないように、教育者は工夫をこらさなければなりません。

ここで注意しなければならないのは、授業を楽しいものにすることが、決して授業内容を低俗なものに堕落させることと取り違えられてはならないということです。それとは正反対に、教育者は授業を常に人間的な喜びで満たすように、質の高い感動に伴われた学習が生み出されるように、最善を尽くさなければなりません。そのためには自分の中にある低俗性、知ったかぶり、常識性を克服するように、絶えず自分をそれから脱却させるように、努めることが大切なのです。子どもは無意識にではあっても「世界は美しい」という信念に生きていますから、「授業もまた美しいはずだ」と確信しております。この期待に正しく対応する道は、教育者が自分の授業を「美しく、感動的なものに形成する」以外にはありません。これは言い換えれば、授業を芸術的感性で浸し切ることであります。知的概念的な内容の教科でありましても、単なる定理の暗記によってではなく、そこに現われている法則性の美しさへの感動を通して子どもの中に受け入れられるように工夫をこらすこと、それが授業を芸術的に形成するという意味であります。

もう一度繰り返しますと、「世界は倫理的なものである」という無意識の確信を持つ子どもたちを、この世の現実に向かって準備させ、「世界は美しい」という無意識の前提に生きる子どもたちに、この世のすべてが楽しく美しく探究する価値のあるものだと納得させること、これが幼児教育と初等教育の期間に教育者に課せられた課題であります。しかし「倫理」や「道徳」の本当の意味内容は、大人になってから極めて高度な精神活動をもって哲学的あるいは宗教的に認識されるものでありますし、また「法則性ないし真理性」も、極めて高度な知的分析的総合的な考察によって把握されるものであります。これらを本当に把握し認識するために用いられるべき精神的な能力は、この時期の子どもにはまだ「誕生」してはおりません。未だ「誕生せざる」潜在的能力はしかし次第に成長し、いつかは誕生して自律的に活動を始める時を迎えます。この時にこれらの精神活動が健全に展開できるまでに力を蓄えているかどうかは、この力が子どもの内部に眠っている間に正しい方法で正しい栄養が与えられてきたかどうかによって、大きく左右されるでしょう。子どもがまだ直接には対応できない対象を、子どもの内部に眠っている潜在能力の成長のための栄養とする道が、シュタイナーの言う「授業の芸術的な形成」ということの意味なのであります。

要はこの時期の子どもに接する教育者が、「倫理」や「法則」そのものを直接的に知的・概念的な形で無理やりに子どもたちに押しつけることを避け、彼らの将来の精神活動の栄養となるようにして与えたいという願いに満たされて授業にあたることであります。教師が本当の意味での教育者となるのは、この願いと祈りに満たされているかどうかで決まるとも言えましょう。その他のあらゆる能力を超えて、この祈りが教師を教育者にするのです。それでは、このような意味における「授業の芸術的形成」は、具体的にどのようにすれば可能となるのでしょうか。それは、倫理的なものであれ法則的なものであれ、子どもに伝えるべき対象についての「イメージ」を、子どもの心の目の前に生み出させることによって可能となります。そして「イメージ」は「ファンタジー」という心の活動を媒介として描き出されます。

シュタイナーは人間の精神活動には、その一方の極に「知的判断」があり、もう一方の極に「意志」があると言っています。そしてその中間に「感情」の働きを置きます。さらにまた、知的判断は概念を生み出し、その意味で概念とはすでに見いだされたもの、つまり知的活動の死骸であり、「意志」はこのたびの地上の生では完結することのない、いわば死後にその結実が持ち越されるという意味で、本質的に未来的なものである、とします。この二つの精神活動の中間にある「感情」は両者の性格を併せ持っていて、それゆえ感情にはそのどちらの極にもつながってゆく作用があり、その意味で、意志、つまり倫理性にも、概念、つまり法則性にも通じる道となるわけです。ファンタジーとはこの「感情」の働きによって生み出される認識活動のことでありますから、過去の集積である「概念世界」にも、「未来」に実を結ぶことを本性とする「意志世界」にも、共に通路を持っています。ファンタジーが本当に生産的に活動する時、これを「芸術活動」と呼びますが、この活動は必ずしも常に、いわゆる「芸術作品」を生むための活動の中にばかりあるものではなく、人生のどの場面においても働いているものです。つまりファンタジーは本来「創造的」なものであって、それゆえに「創造的ファンタジー」が成人になる前の段階の子どもたちの教育において、極めて重要な役割を果たすことになるのです。

「世界は美しい」という感情に満たされて、ファンタジー豊かにこの世の生を受け入れてゆく時期の子どもたちは、外界の現象の意味や価値を、直接に自分の知性や感性を用いて判断する段階にはまだ達しておりません。例えば歴史の中に現われる「英雄」の姿に接しても、その凄さや偉大さを感じ取ることはできますが、その凄さや偉大さが「肯定されるべき」ものか、それとも「否定されるべき」ものかは、まだ自分では判断できません。彼らはそのような判断につきましては、自分の周りにいる大人の判断を拠り所として自分の判断を作るしかありません。ですからこの時期の子どもたちは、彼らが信頼し切ってその判断を受け入れることができるような指導者を必要としており、そのことを彼ら自身も本能的に知っております。子どもたちが、この人の判断は自分たちの判断であると信じ切って頼りにする存在のことを、シュタイナーは「権威」（アウトリテート）と呼んでおりますが、ファンタジーを通して世界の法則性を認識する成長期が、教育者の「権威」を信頼し、安心してその「権威」を手本にしながら成長してゆく成長期でもあることもまた、極めて大切な点なのであります。

もしもこの時期に子どもが自分の周囲に、この人の判断ならば自分の判断のお手本にしてよいと信じられる大人を見つけることができなかったならば、あるいは周囲の大人たちが、子ども自身に判断をさせることが「子どもの自主性の尊重」だと考えて、子どもに手本となるような判断を示すのを怠り、子どもを全く頼りのない状態に放置したりするならば、子どもは自分の中にまどろんでいる将来目覚めるべき能力を、健全に発達させることができません。その結果子どもの心の発達は、それ以前の「模倣期」の段階にとどまり、自分の感情と思考と意志とを総合的に用いての判断も、それをもとにした責任ある主張も、共に形作れない大人になってゆきます。

この現象の実例は至るところに見られます。例えば、大学の演習においても、さまざまな会議や討議の場においても、大変頭が良くて要領の良い意見を言うけれども、絶えずきょろきょろして、誰かが自分より気の利いた意見を出さないかと神経をとがらせている人間がいることを、皆さんもご経験であろうと思います。このような人間は相手の意見を理解し、その先を読んで先回りして相手の意見をまとめて、あたかも自分の意見のように提出しますから、しばしば仲間から尊重されて、責任ある地位などに就けられることがあります。このような一種の「八方美人」的なタイプの人には気をつけないと、昨日言ったことと今日言うこととが全く違うようになる恐れがあります。その人の判断は、模倣期の子どもの判断形式の段階にとどまって、その先の重要な発展段階が欠落しているのです。

また自分の欲望や内部の密かな願望が満たされないと、自分の身近にいる人たちに向かって暴力を振るう人があります。この傾向は、児童期に頼りになる「権威」を体験したことのない人に多く見られるようであります。暴力は心から尊敬する相手には向けられないものですから、自分が心から信頼する存在を持てなかったことによって、自分より高い世界に住む者への畏敬の念が育てられる機会に十分恵まれなかった悲惨を、この種の暴力が訴えているように思えてなりません。

その他さまざまな形での実例が求められるでしょうが、このように子どもにとって極めて大切な時期に、どうすれば子どもにとって頼りになる「アウトリテート」が生み出せるのでしょうか。この問題は、否この問題こそ、実は「創造的ファンタジー」をめぐる本質的な問題なのであります。

人間による外界認識のあり方は、教育の世界におきましてはまずペスタロッチの「直観」説によりまして、絶対的な神の秩序を認識するところから始まりまして、フレーベルの「予感」説によってかなりの程度に人間自身の主体的参与が認められるようになりました。しかし彼におきましても、その基盤が「神」という絶対者に発しているために、たとえ教育者が個人として子どもに対してゆく場合でも、教育者の「権威」は「神の権威」に由来するものであり、子どもの内部にある「神性」もまた神に由来するものでした。人間は地上の生を終えれば神の審判を経て、その後はいわば「救われることを待つ」のみでした。ところが、シュタイナーによって人間の霊性の地上回帰の視点が教育に導入されますと、教師の相手にしている子どもの魂は、一人一人異なる「魂の歴史」を持っていることになります。こうなりますと、ただ単に「児童の神性」を尊重しているだけではことが済みません。一人一人が違う魂の過去を持ち、それぞれが独自の精神の発展階梯にあるのですから、教師が同じことを同じ方法で教えても、それがすべての子どもの心に同じように入ってゆくとはかぎらないのです。

それでは、どうして教師が子どもの心に働きかけることができるのかと申しますと、その根拠は、子どものファンタジーが個人個人のものである、という点にあります。子どもは自分の魂の歴史にふさわしいあり方で、自分のファンタジーを活動させます。教師にとって大切な課題は、このように一人一人の子どもが個別に展開するファンタジーに、その活動の方向を与えてやることであります。これが教師にできるほとんど唯一の子どもへの寄与で、この寄与によって教師は子どもから信頼され、その信頼によって子どもにとっての権威となるのです。先生が肯定してくれる方向に自分が自分のファンタジーを展開してゆけば、自分の中にまどろんでいる未来の存在が誕生に向かって健全に育ってゆく、という安心によって、子どもは成長してゆきます。一人一人の子どものファンタジーを「創造的」な方向に向けて展開させようという願いを持つことによって、教師は教育者となるわけであります。

先ほど申し上げましたように、日本のように歴史的にキリスト教的世界秩序感覚が希薄な文化圏では、ペスタロッチやフレーベルのような偉大な教育思想に接しましても、その受容が理論面でも実践面でも、本当に深いところにまでは達しにくかったきらいがありました。シュタイナーの「創造的ファンタジー」に至りまして、「永遠性」を人間の霊性に認めるところまで進み、そこで初めて教育思想におけるキリスト教圏の地域性が乗り越えられ、全人類が一つの流れに合流する兆しを見せている現代においての、普遍的な教育問題につながってゆく可能性も見えてきたように思います。このことを実際に示している実例を私は日本の教育現場においてもいくつか見ておりまして、「シュタイナー教育」という看板などを掲げていない場所でも、実際には「創造的ファンタジー」に満たされた教育実践が行なわれていること、そして実践者たちが子どもたちの幸せな成長に寄与している事実が生まれつつあることを知っております。またシュタイナーの教育思想とは全く関係のない所で生まれ、そして外見的にはヴァルドルフ教育活動とは異なる姿をとりながら、本質的には互いに通じ合う精神によって貫かれている教育実践活動も存在し、幸せなことにその内のいくつかと出会うこともできました。歴史的な理由から異なった文化を発展させている世界各地に、これらの運動が、その地域的な相違を越えて芽生えてきていることに、私は本当の意味で人類が超域的に文化を共有する時代が誕生しつつあるのを感じております。これを、いわば人類普遍の教育思想の形成の流れの面から観察し考察するのが、教育史の仕事であり、そのような課題に立ち向かう時に、ドイツという狭い地域のキリスト教という精神基盤の上で、これまでどのような思想的展開があったかを探り、それがどのように展開してきているのかを、このような無手勝流をもって考察し、楽しんでみるのも、全く無駄な営みとは言えないでありましょう。その思いにのみ支えられて、まことにまとまらないお話をさせていただきました。

長時間のご清聴を、誠に有り難うございました。

（一九九七年九月六日　日本ペスタロッチ・フレーベル学会第15回大会記念講演、山陽学園大学）

変化する「わたし」と永遠の「わたし」

（山陽学園大学の一九九九年度公開講座で行なったものである。）

はじめに

本年のこの講義シリーズの共通テーマは「社会変動の中の『わたし』」ということになっておりますが、「わたし」という言葉は誰でもがいつも使っていながら、その意味を考え始めると次第に問題が広がりまた深まっていって、そのうちに自分の思考の行方が分からなくなってしまう、大変不思議な言葉であります。そして次第に、結局のところ「わたしの意味の解明」は専門の哲学者にお任せするしかない、深遠なテーマであるように思われてまいります。

実際に「わたしとは何か」は、古代ギリシア以来現代に至るまでさまざまな形で問われ続けてきた一つの「根源的な問い」であり、おそらくは「神とは何か」という問いに並ぶ、人間にとって最も重い問いの一つに違いありません。この問いは本来「哲学的」あるいは「宗教的」な領域に属するものでありましょうが、実はそれだけではなく、心理学や医学などの領域においても大変大きな問題でありますし、法律、政治などの社会科学にとっても、「わたし」の概念を曖昧にしたままでは、個人の権利や責任などについて論じることすら不可能です。

このような大変重い問題を、改めて根本から論じる用意が私にあるはずもありませんが、しかし私の専門といたします文学の世界は、いわば「わたし」の思いを言語を用いて表現する芸術の世界でありますから、当然ながら私もこの「わたしとは何か」という問いを扱った作品にしばしば出会い、したがって私なりにこの問題を考えざるを得ないことが非常に多いことは申すまでもありません。今日はそのような作品群の中からいくつかを選び出し、「わたしとあなた」「わたしと社会」あるいは「わたしと永遠」のようなさまざまな問題群との関わりを意識しながら、興味のおもむくままに、前後のまとまりはあまり気にしないでお話してみようと思います。結局はまとまりのないままに終わることとなるかもしれませんが、なにとぞご容赦くださいますように、あらかじめお詫び申し上げておきたく存じます。

私の中の二人の「わたし」

しばらく前に全国を騒がせた犯罪事件に、「連続幼児殺人事件」というのがありました。この事件の特徴は、弁護側が犯人は「多重人格者」であるから、彼に犯罪の責任を問うことができないと主張したことでした。これを具体的に申しますと次のようになりましょう。

同じ一人の人間の身体に、ある時にはA、ある時にはBという、全く異なる複数の「わたし」が住みつくので、Aに支配されている身体がある時点で行なった犯罪に対して、Bに支配されている時の彼は一切何の関係もない。そしてこの身体をAが支配している時だけこれに刑罰を課し、Bが支配している時点では刑罰を与えないということは実行不可能である上に、さらに、もしもA支配時にこの身体を死刑に処した場合には、全く無実であるBの生存権が不当に奪われることになるから、このような場合には犯罪責任が問えるわけがない。

皆さんがこの理屈をどのように受け取られるか分かりませんが、この「多重人格説」においては、一つの身体の中に複数の「わたし」が同時に存在し同時に別の判断行動をするという可能性については何も言っておらず、また複数の「わたし」が相互に「他者」であるのか、それとも複数であっても「わたし」であるのか、また複数の「わたし」がお互いの存在について無知であっても、等しく「わたし」であり得るのかなど、もっと細かくつめないといけない点が実にたくさんあります。特にはっきりしておきたいのは、もし犯罪を実行した時点の「わたし」が裁判の時点で身体を支配していて、そこで有罪の判決を受けた場合には、もう一つの「わたし」の存在が永久に顕在化しないままで闇にほうむられ、したがって「多重人格」問題そのものが起きないのではなかろうか、ということでありましょう。もしも犯罪時の「わたし」が常にAで、裁判を受ける時点の「わたし」が常にBだというのならば、これは外的条件によって同じ身体を二つの「わたし」が意識的に住み分けているのであって、A［わたし］とB［わたし］とを統合する一段上の「本当のわたし」が存在するという証拠になり、人格の多重性の主張の根拠が薄弱になります。

このような幼稚な議論はともかくとして、この種の理屈が公然とこねられるという事実の根底には、一つの身体の内部にお互いに全く関係のない複数の「わたし」が存在し得るという考えがあることだけは否定できません。少なくとも西欧流の人間観の中には、この考えが古くからあるのは明らかです。これを文学作品の中に求めてみますと、実にたくさんの例が見つけ出されます。もちろんそのすべてについてお話するわけにはまいりませんが、近代文学の中から代表的なものをいくつか選んでみようと思います。

スティーヴンソン作「ジーキル博士とハイド氏」

イギリスに生まれ、十九世紀後半に活躍した作家スティーヴンソン（Robert Louis Stevenson, 1850－94）は、冒険小説「宝島」などで日本にもよく知られています。夏目漱石などもこの人から強い影響を受けていると言われ、皆さんの中にはお好きな方もきっと多いことでしょう。

彼の作品の一つに「ジーキル博士とハイド氏」（一八八六年作）という小説があります。ご承知のように、今ではこの題名自身がいわゆる「二重人格者」の代名詞となっておりますので、まずこの作品から見てゆこうと思います。これも大変有名なものですので、詳しい内容をご紹介する必要はないと思いますが、ごくごく要点だけを申し上げておきますと、次のような話です。

大変豊かな学識を持つジーキル博士という人物がおります。この人はいつもは非常に善良な人格者で、人々の信頼と尊敬を集めているのですが、薬を飲むと恐ろしい悪人ハイド氏に変わります。ハイド氏は薬を飲んでまた善人のジーキル博士に戻ることができますが、非常に注意深くこの事実を秘していますので、世間はジーキル博士とハイド氏が同じ人間であるとは全く気づきません。

ところがある日、悪事をはたらいて追われているハイド氏が、いつもならば薬を飲んでジーキル博士に戻って知らぬふりをするところを、飲むべき薬の足りないのに気づきます。そして追い詰められたあげく、もう逃げられないと知り、自殺をするほかなくなってしまったのでした。

言うまでもなく、一人の人間の心がいろいろな面を持っていることは、古くから知られておりました。また一人の人間がそれぞれ異なった状況のもとで、それに応じた人格を発揮することも、当然のこととして認められておりました。平素は大変臆病だった人が国家の危険に直面した時に、誰も予想しなかったようなすばらしく勇敢な働きをしたというような話は、古今東西にたくさんあります。しかしこれらは皆、一人の人間の持つ多面性を指摘したものであり、本来備わっていながら普段は表に現われていない面が、ある条件のもとで突然顕在化するということに過ぎません。

この粗筋からもお分かりになるように、この作品には、当時の読者を驚かせるだけの新しさがありました。それは、違った状況のもとに現われる人格的特徴が一人の人間の心の単なる一側面に過ぎないというのではなく、一方の人格が他方の人格と全く切り離された存在であり、一方が身体を支配している時には他方がそれに全く関与しないという点でありま す。しかもこの複数の人格の交替が、ただ一回だけ突然に生じた現象ではなく、何度でも好きな時に生み出せるというアイデアが奇想天外だったのです。

ただこの作品には、もう皆さんもお気づきの通り、幼稚な欠点があります。それは、いったい誰が薬を飲もうと意志しているのかという点に、はなはだ曖昧なものがあることです。すなわち自分がジーキル博士になったりハイド氏になったりする時点を決めている者がいるはずなのに、この物語におきましては、この存在が何者なのかが追究されていないのです。もっと詳しく言うならば、一人の人間における「二重人格性」を取り扱うという、大変ユニークな視点を見つけながら、この作品におきましてはまだ、自分における二つの人格が共に自分にとっての「わたし」なのか、それとも複数に存在する人格が一つの「わたし」のいくつかの側面であり、側面どうしは相互に関与していなくても、それを「わたし」が統御しているというのか、それともそれぞれの側面が自己決定の自律性を持っているというのか、その辺がまだ問い詰められていないように、私には思われます。

端的に申しますと、一人の人間においてジーキル博士という人格とハイド氏という人格が交替するというだけで、この二つの人格がこの一人の人間にとって共に「わたし」であるのかどうか、そこまでは考えられていないようです。実は本当の「わたし」がその上にあって、時により状況に従って薬を飲み分けているのですから、むしろ一つの「わたし」が意図的に「二重人格」を作り出していたというところで話が終わっているのではないでしょうか。

ワイルド作「ドリアン・グレイの肖像」

「ジーキル博士とハイド氏」より五年遅れて、一八九一年に、同じイギリスの作家であるオスカー・ワイルド（Oscar

Wilde, 1854－1900）が「ドリアン・グレイの肖像」という作品を発表しました。

この作品も人格の二重性をテーマにしているのですが、二重性の持つ意味がスティーヴンソンの作品の場合とは質的に異なっています。この作品も有名なものですから、お読みになられた方も多いでしょうが、確認のためにその筋をごく簡単にまとめて言えば、次のような話です。

大変美しいドリアン・グレイという青年が、人生は享楽のためにあるのだという思想、つまり快楽主義にとらえられ、自分の美貌を武器にして、官能的な欲望を満たすために悪徳に身をまかせます。不思議なことに彼がどんなに荒れた生活をしても、不道徳な行為を重ねても、彼の若さと美しさは少しも損なわれず、彼の周りから崇拝者がいなくなるということはありません。

ところが彼はある日、壁に掛けてある自分の肖像画に、少しずつ変化が生じているのに気づきます。彼が何か不道徳なことをするたびに、肖像画に描かれた自分の顔が変わり、人相が醜くなるのです。描かれた自分の姿が変わっても、実際の自分の美しさと若さが少しも変わらなければ別に何も困ることはないと、初めのうちは思っておりましたが、毎日その醜さがつのってゆきますと、それを見るグレイの心に不安が生じ、抑えても否定しても甲斐なく、ついにある日耐えられなくなって、この肖像画を剣で刺してしまいます。すると、その瞬間彼自身が倒れ、息絶えてしまいます。死んでしまった彼の顔は目を背けたくなるほど醜く変わっているのですが、壁に掛かっている肖像画の方には何の損傷もなく、そこにはかつての若々しく美しいドリアン・グレイの姿が描かれているのでした。

この作品におきましては、享楽にふけるドリアン・グレイと、それを見守るドリアン・グレイが「二重人格」を形成しています。しかしこの二重性は外側から見えるのではなく、外に向けた顔は美貌の青年という一つの顔だけであり、もう一つの醜く変わってゆく顔が見えるのは、本人のグレイだけなのです。

これを言い直せば、自分が醜い人間に変わってゆくことを認識している者がいて、それもまた自分自身に他ならないという意味であります。すなわち行動する自分も「わたし」であり、批判する自分も「わたし」だということになりますが、同時にこの二つの「わたし」は相互に憎み合い、できれば相手を否定したいと思っています。その意味でそれぞれが独立の存在であり、ここにおいて人格の二重性は「わたし」と「もう一人のわたし」という形になっているのです。しかも二重でありながら共に「わたし」であるために、他方を殺せば自分も死ぬことになるわけです。

ここで提示されている「もう一人のわたし」が、古典的な意味での「良心」とほとんど同じ程度のものに過ぎないのがこの作品の限界であると言えば、作品批判としては当たっていて、評論家の批評作業ならばそこまででよいのでしょうが、私はむしろ、「もう一人のわたし」がグレイ自身の意識には関わることのできない領域に置かれていて、それがグレイの意識からは独立してグレイ批判を行なうところが、大変おもしろいと思います。なぜならば、ここから精神分析で言うところの「無意識」の中に住む「自我」の存在を発見するまでの道程が、もうそんなに遠くないからです。

無意識世界に住む自我

「無意識」の世界の存在を学問的に明らかにしたのは、ご存じの通りジークムント・フロイト（Sigmund Freud, 1856–1939）でありました。彼の代表作とされる「夢判断」は一九〇〇年に発表されましたが、ワイルドの作品より十年近く後のことであるのを見ますと、そこにも認識の深まりの道程には歴史のあることが窺えます。

フロイトの思想は複雑で広大ですから、簡単に図式的にまとめることはできませんが、それでも、彼の業績の中から後世に最も影響を及ぼしているものは何かと言いますと、人間の心には、意識されている部分とそうでない部分とがあって、しかも人間の精神活動を動かしているものの大部分が、実は意識されていない部分つまり「無意識」の領域に住んでいる、という事実の発見だろうと思います。

フロイトの場合には、この無意識世界に住んでいるものの多くは、意識にとって何らかの意味で都合の悪いものでありまして、そんなものの存在を認めないのが意識の働きだとも言えるのであります。しかし意識が認めなくても、その都合の悪い存在は無意識世界から消え去るわけではなく、意識の監視がゆるむとたちまちに表面に現われて、心の働きを支配しようとします。意識はこれを妨げようとして、その頭を押さえつけようとするのですが、これをフロイトの用語では意識による「抑圧」作用と言います。

例えば男の子には、幼い頃に母親を自分だけで独占したいという欲望があるのですが、この欲望にとって最大の敵は父親ですから、母親を自分のものにするには父親をなくしてしまわなければ、欲望の完全な達成はあり得ません。しかしこんな欲望は子どもの意識の発達とともに押さえ込まれ、無意識の領域に追いやられてしまいます。そして大きくなってから、何らかのきっかけでこの欲望が表に現われようとする時に、意識が抑圧を加えて、本来とは異なる姿にねじ曲げてしまいます。一般に精神病と呼ばれるものの中には、このねじ曲げられた欲望の表現形態と見られるものがあり、その場合には、病気の本当の原因である無意識世界の欲望、フロイトの用語に従えば「エディプス・コンプレックス」と申しますが、この欲望の存在を患者が正しく認識するように導けば、治療が可能になるというわけです。

無意識世界の存在の活動を監視する意識は「わたし」の意識でありますが、この「わたし」には全く知られていない無意識世界の心の動きもまた、同じく「わたし」の精神活動であることは疑いありません。フロイトは「わたし」の心の中に「わたし」の意識の及ばない部分があることを具体的に証明することによって、相互に独立した別の世界に住む「二つのわたし」という論理的矛盾を解明したのでした。

フロイトから学びながら、のちに彼を離れて新しい道を開拓した人の中で、特に大きな存在は、C・G・ユング（Carl Gustav Jung, 1875－1961）であると言ってもよいでしょう。ユングの仕事も膨大なものですから、簡単に要約することなどとてもできるものではありませんが、今述べたフロイトの「抑圧」という考え方との関係だけに限りますと、次のようなことが言えると思います。

それは、無意識世界に住む精神活動は必ずしもいつも「意識からの抑圧」の対象となるわけではなく、意識世界の精神活動だけでは破綻するはずの「わたし」の行動に、意識活動の制約を受けないで「無意識的」にバランスをとる働きをすることがあるとして、無意識世界をフロイトとは反対に、積極的に評価したことでした。意識世界と無意識世界の間のこの働きを、ユングは「補償」と呼んでいます。「わたし」の心の活動は、意識の世界が無意識の世界によって補償されてはじめて、バランスが保たれるのです。例えばユングは、彼の代表作の一つである『自我と無意識の関係』（一九二八）の中で、次のような実例をあげております。

「母親と非常に仲の良い娘がいました。しかし不思議なことに、この娘の見る夢の中に母親が現われると、いつも「魔女」か「幽霊」か、時には自分を迫害する恐ろしい敵の姿をとるのでした。

これは無意識が意識の活動麻痺を「補償」して、母親批判を行なっていることの証拠でした。母親は娘を溺愛しており、それが極めて有害な影響を及ぼしているにもかかわらず、娘の意識は日常的に母親の愛情に慣れているため、この影響に全く気づいていなかったのです。」

こうして、フロイトやユングたちの臨床研究と考察によって、「わたし」の構造がかなりの程度明らかにされた結果、本来「わたし」は一つであるはずなのに、なぜ複数の独立した「わたし」が存在するかのような現象が生じるのかが、今日では大変よく説明できるようになりました。しかもユングによれば、無意識世界の「わたし」の活動が意識世界の「わたし」のそれを補償的に支えているのですから、無意識の世界の「わたし」の存在意義は非常に大きいと言わなければなりません。

しかしながら、このような現時点の「わたし」の分析とともに、私たち人間には、未来の「わたし」を予測し、そのあり方を計画したいという欲求、あるいは希望があります。どんな人間にも、自分をより豊かな存在にしたいという願いがあるからこそ、人類の認識力や創造力が急速に発達し、現在の私たちの精神生活の水準が築かれたわけですから、「自己教育」あるいは「自己形成」の願望が人間を人間たらしめていると言ってもよいと思います。

この「自己形成」への意志が「わたし」の意志である以上、意識領域にもまた無意識領域にも働いているに違いありませんが、しかし、私たちには無意識世界のことは「意識」できないのですから、「自己形成」に参与しようという意志が自覚的に活動できるのは意識領域の中に限られます。ここで、意識領域の「わたし」が無意識領域の「わたし」も含めた統合的な「わたし」の自己形成に、いったいどのように関わり得るのか、という問題が生まれます。

この問いはもちろん、「答えられない」問いに違いありません。しかし「答えられない問い」ではあっても、「答えを求める問い」であることは否定できません。私たちは人間として生きている以上、この問いを絶え間なく突きつけられながら生涯を過ごすのです。それではこの「答えられない問い」に対して、私たちはどのように向き合ったらよいのでしょうか。

ヘッセ作「四つの前世の自伝」（過去、現在、未来にわたる「わたし」）

ヘルマン・ヘッセ（Hermann Hesse, 1877–1962）は日本にも愛読者の多い、ドイツの作家です。ヘッセのお父さんは宣教師で、インドに滞在したことがありましたし、またお母さんはインドに生まれ、ドイツで教育を受けたものの再度インドに渡って、総計九年間そこで活動した人ですから、ヘッセの家庭には生まれた時からインド文化の薫りがただよっていました。この伝統は母方の祖父であるヘルマン・グンデルトに由来するものですが、グンデルトは生涯をインド布教とインドの言語の研究に捧げた優れた学者で、この人の素質と精神的遺産がヘッセにまでつながっているわけです。グンデルトの孫には、日本文化の研究者として有名なヴィルヘルム・グンデルトがあり、言うまでもなくヘッセの従弟にあたります。

ヘッセの作品が私たちに親しみやすいのは、彼の世界観の中に東洋的な要素が染み込んでいるからだと思われます。東洋的と申しましても、それはインド的なものの範囲を出ないのですが、しかし私たち日本人も、確かに中国や朝鮮半島の文化を経由してではありますが、インド起源の思想に古くから親しんでいますので、それで私たちはヘッセの思想や感性の中に、自分たちと共通の何かを感じるのでしょう。

ヘッセはフロイトの精神分析やユングの分析心理学に、深い理解と同感を持っていました。しかし彼が自分自身の「わたし」について考える時、そこにはこの二人の精神分析医とは違った洞察が働いており、それが二人には見られない新しい魅力となっております。

ヘッセは「わたし」に対する「もう一人のわたし」を、時間の制約から解放しました。複数の「わたし」が存在しているにしても、それらが互いに独立しながらも時間的に「同時」に存在している、つまり「分裂」している、という面ばかりにこだわらないで、それぞれが意識界と無意識界を持ちながら別の時間に生きている「わたしともう一人のわたし」という視点もあってもよいではないか、と考えたのです。つまり東洋的インド的な「輪廻」あるいは「転生」の思想を「わたし」にあてはめ、時と場所を異にする二つの生を生きる「わたし」、というイメージを描いたわけです。

ここで大切なことは、この「わたし」は異なる人生を営みましても同じ「わたし」である、という点にあります。今の「わたし」が意識界と無意識界という二つの領域にわたった存在であり、その意味で「分裂」的存在であるように、「もう一人のわたし」も同じ自我構造を持つ「わたし」なのです。共に同じ分裂した自我構造を持つ複数の「わたし」が、時空を異にして存在するという構図を設定すること、これがヘッセの「わたし」とは何か、という問いへのアプローチなのです。

この設定にどのような意味があるのかは、次のように考えると明らかです。つまり、意識界の「わたし」は無意識界の「わたし」に自己形成的に働きかけることはできませんが、ある時点にある「わたし」は（意識界、無意識界を一体として）、別の時点にある「わたし」に対してならば、もちろんイメージの上ではありますが、自己形成的に働きかけることができます。そして、もしもこの「もう一人のわたし」が過去に存在したものであるならば、現在ある「わたし」の存在意義の根源をそこに見ることができますから、過去の「わたし」に働きかけ、これをイメージの上で再創造する行為は、今ある「わたし」の存在の意味を解釈し、自覚することにつながります。この営みは当然ながら、未来の「わたし」のあり方を意志することでもありますから、自己形成への意志の方向を自覚する作業であると言ってよいわけです。

ヘルマン・ヘッセには「前世の自伝」という作品が四つあります。その内の三篇は晩年の大作「ガラス玉遊戯」の付録として発表され、後の一篇は遺作として彼の死後に刊行されました。これらは実は「ガラス玉遊戯」よりも先に構想されまして、この構想が発展して「ガラス玉遊戯」が生まれたのだそうですが、「ガラス玉遊戯」の中では、主人公のヨーゼフ・クネヒトが学生の時に書いた作文ということになっております。これらはどれもみな、主人公のヨーゼフが過去に、今とは全く異なった環境世界の中に生まれて、どのように生きどのように死んでいったかが語られている、ヨーゼフ自身の過去生の自伝なのです。まずこの四篇の粗筋をご紹介しておきましょう。

①　雨乞い祈禱師

数千年も前の、人々が農耕の伝統と部族生活の習慣の中に生きており、太陽や月や星々の運行に人間の運命を読み取っていた頃のことです。ヨーゼフ少年の住む村は村一番の年寄りの女性が支配する世界でしたが、男性にもそれぞれ専門の技術が受け継がれており、特に農耕に関係の深い雨を支配する祈禱師は、大変重要でもあり、尊敬もされている職でした。

しかしそれだけに責任も重大で、もしも旱魃に際してその祈禱が効果を現わさなかったら、祈禱師自身が雨の神様に犠牲に捧げられることになっていました。

この村の少年クネヒトは、そういう職にある年老いた祈禱師ツールーを大変尊敬し、長年の間彼から素気なくされながらも彼の後を追い続けて、とうとう弟子にしてもらうことができました。そして許されてツールーの娘アーダーと夫婦になり、祈禱師の死後はその後継者となって、村の水を守っているうちに、いつの間にか彼自身も高齢になっていました。生前の義父の意志通りに、彼は自分の息子に義父と同じツールーという名前をつけ、息子が義父の生まれ替わりであることを信じていました。

クネヒトはさまざまな人生の試練を経ながら、伝統を尊重しつつ、また新しい工夫と思索を重ねてゆくうちに、いつとはなく、当時の人間の認識の水準を少しだけ上回る心の状態に達しつつありました。それは人間の内部には弱さや卑劣さとともに、自分を絶えず高めようという精神と、大切に思う人のためには自分を犠牲に捧げようという愛情とが住みついているという事実への、ぼんやりした予感でした。

彼にはマーローという大変もの覚えのよい弟子ができましたが、この弟子は成長するに従って、いろいろな性格上の短所を示すようになり、クネヒトがいかに心をこめて指導しても、利己的で嘘つきで、苦労を嫌い、しかも臆病でした。クネヒトにはそんな彼を、責任の重い祈禱師の職にふさわしい人間にすることができませんでした。マーローはやがてクネヒトのもとを去り、自分の器用さを生かして村の有力者たちに取り入って、クネヒトから祈禱師の職を奪い取ろうと工作するようになりました。

ある時、クネヒトにとっても全く見通しのつかない異変が、星空の中に起こりました。そしてそれが前例のない旱魃と飢饉を生み出し、どのように工夫を凝らそうと祈ろうと、一切は無駄でした。マーローはこの時とばかりに村人をけしかけ、クネヒト自身を人身御供にするように扇動しました。絶望し切っている村人の多くがこれに同調しました。

クネヒトは自分の能力と努力に限界の来ていることを悟っていましたので、村人たちを説得して、祈禱師の職を息子のツールーに譲ることを承認させ、それから村人たちの前に立ち、マーローに向かって、斧で自分の首をはねるように言いました。マーローは前に出てきましたが、クネヒトの目をまともに見ることができず、こそこそと逃げてゆきました。かわりにクネヒトの子ども時代からの友人で、人々の尊敬を受けている物静かな老人が指名され、クネヒトは彼に親しげに首肯きかけて目を閉じ、首を打たれたのです。そして薪が積み上げられ、その上に死骸が乗せられ、清められた木をすり合わせて火をおこす儀式を、新しい祈禱師となった息子のツールーがとり行なったのでした。

② 懺悔聴聞僧

次は四世紀のパレスチナのお話です。ガザという町にヨーゼフ・ファムルスという修道僧がいました。長年の修業と瞑想により高い徳と能力を身につけ、特に人の言葉をよく聴く才能によって、広く知られるようになりました。悩みや苦しみや良心の呵責などを心に抱いた人たちがヨーゼフの所に来て告白をしますと、彼は耳と心を開いて告白の言葉を自分の中に受け取り、ただただ聴くだけで何も言わずに共に祈りますと、罪人の心が鎮められて軽くなり、誰にせよ皆安らかな気持ちになって帰ってゆくのでした。裁くことも罰することも赦すこともしないで、ただ懺悔者と自分とを同じものとして祈ることだけが、彼のするすべてでした。

しかしヨーゼフが老年になりかけた時、彼に危機が訪れました。彼は自分が歳をとるにつれて、欲望や情熱が次第に消えてゆくものと期待していました。そしてそうすれば心の生活がますます晴れやかに、軽やかになってゆくものと思っていました。ところが事実はそうではなく、平和で単調な毎日が次第に無力な、なまぬるい、萎縮した、いわば「どろん」としたものになってゆくことが、だんだんと分かってきました。彼は永遠に続く他人の告白を、永遠に受け取り飲み込むことに、疲れ果てていました。絶え間なく自分の中に注ぎ込まれる他人の罪を、自分自身の罪として耐えてゆくことに意義があるのかどうか、次第に分からなくなってしまったのだとも言えるでしょう。そしてこのような生活が突然、浅薄で価値のないものに思われ、できれば裏切り者ユダのように、自分の生を自分の手で断ち切って楽になりたいとさえ、考え始めたのでした。

ある日岩の頂に立っていると、遠くから数人の巡礼がこちらに向かって来るのが見えました。その瞬間ヨーゼフは「もう耐えられない」と感じて、急いで旅じたくをして自分の庵から逃げ出しました。神と人から逃れ、これまで自分の天職であると信じていた仕事から脱走したわけです。

砂漠をさすらい、ある水飲み場で休んでいる時に、ヨーゼフの耳にディーオン・プーギルという懺悔聴聞僧の噂が入ります。この人はアスカロンの近くに住み、人々の懺悔を聴いているのですが、ヨーゼフとは正反対の厳格な姿勢で信者にのぞみ、まだ信者が告白する前に信者の犯した罪を見抜き、懺悔と苦行を命じたり、敵対する者たちには和解を強制したりして、人々を破滅から救っているというのです。ヨーゼフはこの瞬間、決して妥協しない厳しさと激しさによって人の迷いを解くというこの懺悔聴聞僧こそ、まさに自分の求める師であることを悟り、ディーオン・プーギルのもとで修業をやり直そうと決心します。

ヨーゼフはディーオンの住む町を目指して旅を続けますが、その途中で一人の年老いた、気難しい老僧に会います。彼にディーオン・プーギルのいる町への道を聞きますと、老僧はヨーゼフに名前を尋ね、なぜ彼がディーオンを求めて行くのかと問い返します。ヨーゼフの語るこれまでの生活と苦しみと、神を捨てての逃走のいきさつを黙って聞き終わった時、この老僧は、自分が案内してディーオンの住む家に連れて行こうと約束し、二人は共に旅をすることになりました。

この老僧がディーオン自身であったことは言うまでもありませんが、間もなくこれに気づいたヨーゼフは、ディーオンに自分の罪と悩みを残りなく懺悔しました。この時ディーオンはヨーゼフの懺悔を注意深く聴き、懺悔が終わりますと黙っておじぎをし、ヨーゼフの額に接吻し、十字を切りました。そして、全く何の判決も下さず、罰も苦行も訓戒も与えませんでした。

それからのちかなりの期間、ヨーゼフはディーオンの側にいて、彼を助けて働きました。そして自分とは違う個性のもとで、もう迷いもなく安らかに修業し続けていたのですが、そのうちについにディーオンの命も尽きる日となりました。ディーオンはヨーゼフに後事を託して死ぬのですが、その前にこれまでに話したことのない、ある真実を教えてくれました。

それによるとディーオンもまた、自分が誰よりも遙かに罪深いことを知りながらも人々から懺悔を受けなければならない、その呪われた宿命に堪え切れなくなり、ある日自分の庵を逃げ出したことがありました。それは自分の苦しみのすべてを懺悔するために、あの有名な聴聞僧ヨーゼフ・ファムルスの所に行くためでした。ヨーゼフを求めるディーオンと、ディーオンを求めるヨーゼフとはこうして砂漠の中のオアシスで出会いましたが、先にヨーゼフの懺悔を聞いてしまったディーオンは、もしもヨーゼフがディーオンもまた逃亡者であることを知ったならば、いったい彼は何をするだろうかと考え、気の毒な気持ちに耐えられなくなりました。そして神がお互いにお互いを遣わしたのだと悟って、その後の生活を共にすることを決意したのでした。

③　インドの王子

これは古代インドの王子をめぐる物語ですが、筋はとても単純です。

継母にうとまれた王子ダーサは、忠実な召使の計らいで宮廷から逃れ、牛飼の子どもとして成長します。彼は村の美しい農民の娘に恋して結婚しますが、しかし新しく王となった青年が近くに狩りに来た時、その王に愛する妻を奪われてしまいます。この王こそ憎い腹違いの弟でありましたが、ダーサは王を襲って殺し、その結果国中の人々から首を狙われて密林を逃げ回ることになってしまいました。彼は以前から一人の苦行僧を見知っていましたが、心では尊敬しながらも、自分自身が世を捨てて苦行の道に入る決心ができず、今度も側まで行きながら、奪われた妻への執着に苦しんでいました。そこに突然妻が現われます。妻の話すところによると、かつてダーサを逃がした召使の証言によって、殺された弟の方が王位の簒奪者であることが明らかになり、今はダーサが戻ってきて王位に就くことが人々の望みになっている、というのです。宮廷に帰ったダーサは正しい行ないを心がけ、国と人々のために尽くしました。妻は美しく、息子にも恵まれて、彼は初めのうち、本当に幸せでした。しかしその後次第に彼は、政治の上での策略の卑しさや、妻の虚栄や、臣下の裏切りなど、人生のはかなさを、いやというほど味わうようになりました。そして最後に息子に対する盲目的な愛情に溺れて、敵の罠にかかり、身を滅ぼしてしまいます。

ダーサはここで目が醒めます。すべては苦行僧が見せてくれた一瞬の夢でありました。ダーサは出家して、この僧の弟子となりました。

以上の三つの物語はヘッセが『ガラス玉遊戯』を発表する際に、付録として巻末に付けたものですが、最後の第四番目のものは未完成の原稿が二種類ヘッセの遺稿の中から発見されて、一九六五年に未完成の形のままで、関係するメモとともに刊行されました。死後三年目のことです。

④　シュヴァーベンの音楽僧

この物語におきましては、主人公のクネヒトは十八世紀にドイツのシュヴァーベン地方で生まれ、貧乏でしたが才能が豊かだったので奨学金を得て神学校に学び、聖職者となりながらも、音楽を通して神に奉仕することを選んでオルガニストとして生きてゆくという筋になっています。

この話にはベンゲル、エティンガー、ツィンツェンドルフなど実在の神学者たちとその教説、それに対するクネヒトの考えなどが細かく述べられていて、ほとんどヘッセ自身の魂の遍歴の記録そのものの感じがあります。結局クネヒトはあまりにも専門化し、あまりにも党派的になってしまっているキリスト教の神学によっては、自分の本当の信仰上のあこがれが満たされないと悟り、理論や思索ではなく、音楽という芸術を通して神に仕える道を選びます。そして当時の形式に従ってプレリュードやその他のオルガン曲などを作曲していたのですが、ある時、ヨハン・セバスティアン・バッハの音楽の噂を聞きます。友人の中にバッハの「コラール前奏曲」を学んできた者があり、その演奏を聞いたクネヒトは、ここにこそ自分の求めていた生き方のあることを知りました。またヨハネ受難曲を聞いてきて、その内容を教えてくれた仲間があり、クネヒトはこの曲の抜粋を手に入れて研究し、あらゆる教義論争の彼方に、キリストの精神にもう一度新しい表現を与える可能性が、バッハによって見いだされていることを確認します。この時に「バッハが死去した」という知らせが彼の耳にも届きますが、彼は

「私が求めていた、そして見つけることのできなかったものを、すべて身に備えていた人物が、この世に存在していたのだ。私はそれで満足である。私の一生は無駄ではなかったのだ。」

と言います。そしてその後は無名のオルガニストとして、静かに生涯を送ったのでした。

以上で簡単ですが「四つの自伝」の紹介を終わります。

まとめ

ギリシアの哲学は「汝自身を知れ」という言葉から始まったと言われますが、これはつまり「わたしとは何か」という問いに他なりません。そしてこの問いはヨーロッパの知性に引き継がれ、考察され続けてきました。特に近代になりますと科学的な分析法が人間の精神の研究にも適用されるようになりまして、その結果自分の内部の「わたし」に対しても、それが現に存在するものとして、分析研究の対象とされるのが、ごく普通のこととなっております。

しかしそのような姿勢で分析を進めた結果、「わたし」には明るい意識に照らされてよく見える部分と、暗い無意識の世界に住んで全く見えない部分とがあるという事実が確認され、無意識世界の部分には意識的な自己教育の手が届かないことが、原理的に確認されてしまいました。

そもそも「汝自身を知れ」という問いは、「わたし」の本質を見極めて、これに働きかける可能性を見いだそうという願いを内に秘めています。これはヨーロッパ精神の本源的な願望だったと言えましょう。しかし見てまいりましたように、この願望の達成は、理論的に不可能なのです。西洋の知性はここで行き詰まらざるを得ないのです。

この行き詰まりを乗り越えることを可能にしたのは、西洋の精神が東洋の知恵に出会うという事件が起こったからだと、私は考えます。そしてその具体的なあり方をヘルマン・ヘッセに読み取ったのです。彼は「わたし」を現時点だけの存在と見る西洋的分析法にとらわれませんでした。現時点の「わたし」のみに実在性を認める、いわば唯物論的な宇宙観に縛られず、ヘッセは「わたし」の存在性を輪廻の中において考える東洋的な宇宙観を、自分の作品の中に描き出してみせたのです。

「わたし」が輪廻するという思想はインド的東洋的なものですが、しかし私たち東洋人の「輪廻」観によりますと、もし「わたし」が輪廻に関与できるとしても、それは「次の世のわたし」のあり方をいくらか良くすることぐらいでありまして、自分が今このようにあることに対しては、今の「わたし」はその根拠を何一つ知りません。自分では全く分からない過去の「わたし」のことを、私たちはしばしば心霊術の先生などから聞かされることがありますが、先の世で「わたし」が例えば「親鸞上人のお弟子の何とか坊であった」などと言われましても、そこには今の「わたし」が、意志を持って関与する可能性など全くないのです。ただむやみに信じるか、あるいは馬鹿馬鹿しいと笑い捨てるか、いずれかしかないでしょう。これと同じに、未来の「わたし」に対して今の「わたし」が関与しようといたしましても、この意志が未来の生でどのような結果を生むのかは、予想することすらできません。せいぜい「良いことをすれば、良い環境に生まれる」という程度のお説教の餌食になるのが落ちではないでしょうか。

ヘッセは先ほどご紹介した作品によって、私たちが現在とは全く異なる時間的、空間的、歴史的条件の中に置かれた場合には、いったいどのように生きることを意志するだろうかを、私たちに問いかけました。そしてみずからの分身を「ヨーゼフ・クネヒト」に託して、ヘッセ自身の答えを出してみせてくれたのです。彼にとっての「もう一人のわたし」とは、現時点の「わたし」であるとともに「過去」の「わたし」でもあった、そして、おそらくは未来の「わたし」でもある何かであります。現時点の「わたし」は社会環境や家庭環境や、あるいは歴史の変動によって変わってゆくに違いありませんが、しかしその「わたし」にも、絶対に「わたし」以外のものの関与によって変えられることのない部分があり、それをもしも「もう一人のわたし」と言ってよいのならば、これこそ「わたし」の本質的な部分であると申せましょう。それは過去に向かっても未来に向かっても自分を貫き通す「意志」であり、「わたし」の存在の核心であり、「わたし」の存在の「意味」そのものであります。

ヘッセの作品の新しさは、西洋的な知性の伝統を、東洋的な知恵である輪廻思想によって照らし出したところにあると言えるでしょう。彼は西洋的な「わたしの分裂」を乗り越えたと同時に、東洋的な感性に見られる「わたしの輪廻形成への関与不可能性」も、共に克服したのです。ヘルマン・ヘッセが西洋ばかりでなく東洋にも熱心な読者を持つのは、結局は西洋文明の原初からあった問いである「わたしとは何か」に、東洋の光を当てて一つの答えを出しているところにあるのではないでしょうか。

（一九九九年六月十二日、山陽学園大学　公開講座）

第四章　死を超えてゆくもの

死生観と教育

（大和市の「生と死を考える会」という研究集団から、ルドルフ・シュタイナーの教育思想について話すように求められて、一九九四年の三月の例会で話したものである。）

ただいまご紹介いただきました新田でございます。今日の会は「生と死を考える会」の例会でございますので、ここでこのような題を掲げましてお話ししようといたしますと、皆様の中には、「生と死」の問題と「教育」の問題との間に一体どんな関係があるのかと、疑問に思う方が多いと思われます。そこで、この二つの問題の間には実は極めて本質的なつながりがあるということから、話を始めてみようと思います。

「教育」とは簡単に申しますと、相手に働きかけて、相手を何らかの意味で成長させようとする営みです。「何らかの意味で」と言いますのは、例えば「知的に」「技術的に」「体力的に」「道徳的に」など、さまざまな意味での成長があり得るからです。そして「成長」とは、ある一時点と次の一時点との間に能力差が見られ、しかも後の方が前よりも高い水準に昇っている場合を意味します。教育的な働きかけを受ける者、つまり被教育者が自分自身である時には、特に「自己教育」と呼ばれますが、外部からの働きかけを採り入れるかどうかを自分で判断できる水準に達した後は、その人の成長の可能性の大部分が「自己教育」を行なう意志の有る無しに関わってくることも、改めて申すまでもありません。

さて「教育」にしろ「自己教育」にしろ、今行なっている営みは常に未来を目指しており、未来の準備として行なわれるものであります。未来を予想しない教育活動というものはあり得ません。例えば小学校の体育で「跳び箱」という実技がありますが、「跳び箱」を大人になっても跳び続ける人は極めて少なく、また跳び箱が跳べなければ大人になれないということもないのに、どうしてこの実技を学ばせるのでしょうか。それは、この実技を学ぶことによって自分の身体を自由に使いこなせる技能を身につけ、外界の条件に対して正確に反応し、身を守る能力を得させるためです。社会に出て働くためにはそういう能力が必要だ、という見通しがあって初めて、この実技の習得に意味が生じます。体育の教育は、教育者が被教育者の上にこのような未来像を抱いているからこそ、存在意味があると言えるのです。国語も理科も数学も社会も外国語も、すべての教科の教育者はそれぞれにこのような被教育者についての未来像を抱いており、この意味で、「未来像」のない教育というものはあり得ません。

ただ問題は、そのような「未来像」が本当に人間として追求するに足るものであるのかどうかが、必ずしも常に明らかであるとは言えないことにあります。再び卑近な例によって考えてみますと、中学や高校のカリキュラムには、音楽や美術のような芸術的な感性を育てることを目的とした教科も含まれています。ところが、生徒を上級学校に進学させることを学校教育の最も大切な使命だとする考え方からすれば、受験科目に含まれない教科を割愛して、受験科目だけを集中的に勉強させる方が合理的であると判断されます。そして実際に、芸術教科や実技教科などばかりでなく、大学受験の際に選択しないすべての学科を省略して、たった二課目ないし三課目の受験科目だけに集中して勉強するように指導する高校も少なくないと聞いております。

上級学校に合格することを生徒の「未来像」とみなすのは、それ自体正しいことであり、決して非難するつもりはありませんが、もしこれが豊かな可能性を持っている若い人たちに対し、目前の願望を達成するためには大切な人間の基礎的諸能力の全面的な発達を軽視してもよいという、恐るべき人生観を注入することになるとすれば、これは由々しき一大事であります。つまり、こういう「未来像」には、何か間違ったところがあると言わなければなりません。

結論から申し上げますと、今あげましたような形の「未来像」は、次の時点ではすでに結論の出てしまうものであって、生徒が受験に成功すると「未来像」が獲得され、そうでない場合は失われたことになります。いずれにせよ、ごく短い視野でしか通用しない「未来」であり、極めて限定された「未来」であります。その先の見通しを欠いた「近視眼的な」未来であり、その意味で、「本当の未来」とは言い難いものなのです。同じように、社会に出ていわゆる一流会社に入り、順調にポストを上げてゆき、末は社長になりたいというような「未来像」も、結局は到達点のある未来像であることは、受験の際のそれと本質的には大きな相違がありません。少し遠くを見ているだけで、本当の「未来」を予感しているものとは言えないのです。ゴールが見えており、そこに入るか入らないかで成功と失敗が決まり、そこで「完結」してしまう目的像は、「未来像」とは言えないと申せましょう。

それではここで一気に飛んで、人生の最終的な到達点である「死」が人間にとって「未来像」であり得るかを問うてみましょう。「死」は生命の終わる点であって、自然現象であります。これは望んでも望まなくてもやって来るものでありまして、私たちは「死」そのものを人間の未来像とすることはできません。死に対する態度や、死についての考え方や、死に臨んでの心の持ち方などは、あるいは一種の「未来像」として思い描くことができるかもしれませんが、死そのものはあくまで自然現象であり、理想像でも目的像でもありません。死もまた、人間にとっての未来ではなく、一つの到達点に過ぎないのです。そして、到達点は決して「未来」ではないのです。

これは大変分かりにくい、言葉ではなかなか説明できない事実なので、また一つのイメージを用いて話してみましょう。死はしばしば睡眠と比較されます。この比較を借りて申しますと、例えばある子どもが学校に行きまして、先生からいろいろと教育を受けます。それから家に帰って夜になると眠りにつき、その子どもの一日が終わります。これは誰にも分かっている子どもの一日なのですが、また次の日に子どもが目覚め、前の日に勉強したことを基礎に、さらにもっと高度の勉強に入ってゆくことも、分かっております。つまり先生は子どもに明日のあることを前提にして教育を施しているのでありまして、この教育が今日だけで終わり、子どもの生がその日の夜の睡眠で終わるとは考えておりません。もしも眠り込んだ子どもが再び目覚めることがないと知っていたら、あるいはまた、睡眠から目覚めた後の子どもが睡眠に入る前の子どもと全く違う存在になるとしたら、教育のあり方は全く違うものとならざるを得ないでしょう。教育は子どもに明日、つまり未来があることを予感していて初めて成り立つ営みなのです。

もしも死が生の終わりであり、その先に続くものが全く予感されないとしたならば、人間の未来像は絶対的な限定を受けることになります。そして、限定のある未来は、本当の意味での未来にはなり得ないことは、先ほど申し上げました。死によって人生を限定する限り、人間には本当の未来をイメージすることができないのです。そして、未来が予感出来ない限り、深みのある未来像も描けるわけがなく、したがって納得のゆく教育活動も生み出せないわけであります。

この事実を人類は古くから知っておりました。その証拠には、人類の最も強い関心が「死後の世界」に寄せられてきたことを指摘すれば十分でありましょう。すべての宗教が人間の死後をイメージし、それによって人間教育の基礎を築こうと努めてまいりました。地獄、極楽、黄泉の国、影の国、天国、西方浄土など、言葉は違い意味づけが異なっても、死後にも続く何らかの存在形式を予感していることは、これらのイメージに共通しているのです。これらのイメージによって初めて地上の生に「未来」が与えられ、人生の活動に意味が生じるのです。

本当の未来像はこのように「死」を超えたところから生み出されます。もちろん私たちには死の先の世界を見ることも知ることもできませんが、しかし私たちは、見ることも知ることもできないことに対しても、その存在を予感し、その意味を理解する手段を持っています。もちろん現実の地上の世界を超えた世界についての認識ですから、普通の言語や普通の思考によることはできませんが、それらに代わる思考と言語とがあるのです。これを哲学や心理学では直観的認識の象徴的表現とでも申すのでしょうが、私はここでは仮にイメージ思考ないしはイメージ言語と呼んでおこうと思います。その意味を理解していただくために、また一つの例を用いましょう。

皆さんは神話や昔話や童話をお読みになりますと、現実には絶対にあり得ないことが書いてあるにもかかわらず、そこに書いてあることが嘘だとは思われないでしょう。なぜかと言いますと、日常の論理から見ればあり得ないことを表現の手段として使わないと、日常生活とは違う次元の世界の真実を語ることができないことを、皆さんが知っているからです。ヘンゼルとグレーテルは両親によって森の中に捨てられますが、森の中での大冒険を終えて帰ってくると、またもとのように愛情深く両親に迎えられます。お菓子の家に囚われたり魔女を焼き殺したりしたことなど、両親の認識には全く入っていないかのようです。そんなことが、日常の論理で理解できるでしょうか。明らかに、ここで語られていることは言葉通りに受け取るわけにはゆかないのです。しかし真実なのです。これは、ある人にとっては、二人が森の中で体験したことは大人である両親にはもう体験できないことなのだということの、イメージによる表現だと受けとめられますし、別の人には、親の庇護のもとにいた子どもが精神的に親から独立し、自分自身を見つけ、親の存在を客観化してゆく過程のイメージだと読み取られるかもしれません。また、初めはよく妹を保護し導いていた男の子が、魔女の家に捕らえられると全くなすところがなく、さっきまでめそめそしていた妹の方が急にしっかりして魔女をやっつけ、兄さんを救い出すところに、心理学で言う男性的要素と女性的要素の相互補償関係の象徴的表現を見ることもできるでしょう。これらのどの解釈にも真理が含まれており、どれが一番正しいかは決められませんが、どれ一つをとっても、それですべてが理解されていると言うこともできません。また、これら以外にも無数の解釈があり得ることも明らかです。この物語はそれらすべての意味を含み込んだ真理を地上の言葉で表現したもので、そのように受け取らないと全くの誤解になります。しかし、そのようなものとして受け入れると、それによってこの世のさまざまな真実の意味が深いところで理解でき、この世の生に対してどのような姿勢で臨むべきかが分かってまいります。この物語に見られるような表現の方法を、私はイメージ言語と呼んでいるのです。

そこでまた、先ほどの「死の境を越えた世界」の話に戻るのですが、死後の世界についての物語は、すべてイメージ言語を用いて物語られていると言えます。人間の未来像は死後の世界を視野に入れないと本当のものにはなり得ないと申しましたが、同時に、宗教的な教義の説いていることも含めて、死後に関するあらゆる物語はすべてイメージである、ということを申し添えたいと思います。

私は今日「シュタイナー教育」について話すようにとお招きを受けたのですが、シュタイナー教育、すなわち正確に申しますと自由ヴァルドルフ教育学は、オーストリアに生まれて主にドイツで活躍したルドルフ・シュタイナーという人によって生み出されたものであります。この人は教育ばかりではなく、神学、芸術、医学、農業、経済など多くの分野に新しい風を吹き込んで、人間生活の根本的な改革をはかった、十九世紀末から二十世紀初めにかけての巨人の一人なのですが、彼の運動の本当に目指すところは、人間の意識そのものの変革にありました。彼は、もし人間の意識が、現在や近い将来における幸福の追求という近視眼的視野の束縛から解放され、さらには地上での生という限定をも克服して、死後の世界を視野に入れ、もっと先に進んで、死後の世界の後に来るものまでを視野に入れることが出来るようになれば、人間の生き方が変わると考えました。どのように変わるかというと、自分の存在の意味がはっきりし、現在に限定されたものの見方から解放されて自由になり、どのように生きることが本当に自分自身を大切にすることなのかが分かるようになる、というのです。そのような意識の解放は、従来の思想や宗教の示す「未来像」からは得られないと、シュタイナーは考えました。そして、西洋ばかりでなく東洋の哲学や宗教も採り入れて、独自の死生観を生み出しました。シュタイナー教育、すなわち自由ヴァルドルフ教育学もまた、この死生観を基礎にして構築されているのです。

シュタイナーは、どんなものも無から突然に生じることがないという常識から出発します。人間の身体は親の身体から生まれ、さらにその子どもに伝えられてゆきます。親という存在が予め存在しなかったら子どもは生まれてきません。生まれた子どもは当然、肉体的には父と母の形質を受け継いでいますが、しかし知的感性的な能力や性格など、いわゆる精神的な形質の中には、両親にも、また先祖の誰にも似ていない要素があることも事実であります。もしこのような要素も突然に生じたものではないとするならば、それは一体どこから来たものなのでしょうか。

肉体の中に宿っているこの「親から受け継いだものではない」要素を、仮にその人間の「たましい」と名づけますと、魂は親から受け継いだものでもなく、また突然に生じたものでもないのならば、何らかの形ですでに存在していたものでなければなりません。そうだとすると、人間が誕生するということは、すでにどこかに存在していた魂が、新たに肉体に宿って、地上での新しい生活を開始することだと言えないでしょうか。

シュタイナーはこのような考え方から出発して、人間が地上で生活する時期と、肉体が滅びてからのちの世界で生活する時期とに分けて、魂はそれぞれの時期に、それぞれの世界でしか体験できないものを体験しながら、常に未来に向かって自己を成熟させてゆくのだと説きました。地上の生の間に学び取ったものを持って死の関を越え、死後の世界でそれを自分の中に完全に消化し、さらに次の地上の生において実現すべき自分の未来像を描いて、それを持って再び生まれてくるというのです。これをドイツ語で「レ・インカルナツィオーン」の思想と言い、強いて日本語に訳しますと「魂の再受肉」となるのですが、私はむしろもっとやさしく「魂の進化論」と呼びたいと思います。

誤解のないようにもう一度念を押しますが、シュタイナーがこのように説いている時に用いているのは、まぎれもなく私の言う「イメージ言語」なのです。死後の世界を私たちは直接に見ることができません。しかしこれを直観的に、ないしは予感的にイメージすることができ、それをイメージ言語をもって表現することができます。シュタイナーの「魂の進化論」は、そのようなイメージ言語として、先ほど申し上げましたように無数の真理を内包するイメージ表現として、受け取るべきものなのです。

しかしこの「魂の進化論」を、あたかも神話やお伽話を受け入れるように受け入れますと、私たちの内部に、突然未来に向かっての展望が開けてくるのを感じます。例えば、死の関を越えた先の存在がイメージできない間は、自分が死んでしまった後の地球はいわば自分とは無縁の世界なのですが、自分の魂が死後の世界で変容したのちに再びいつか地上に帰ってきて生活するというイメージを受け入れますと、たとえば地球の環境を破壊から守る行動が、単なる倫理や道徳や子孫への愛情の問題にとどまらず、自分が未来に住むことになる世界を自分自身で準備する行為となってまいります。そうなりますと、もう年をとって間もなく死ぬであろう人にも、環境問題に対して積極的に発言する勇気が生まれます。また若い人も「老人は黙っていろ」とは言えなくなるでしょう。

皆さんはここにすでに「未来に向けての教育」という考え方の大切さが姿を見せていることを、ご理解下さったことと思います。教育とは必ずしも学校の中だけで行なわれるものではなく、一生涯を通して行なわれ、さらに死の関を越えて継続し、さらにまた次の誕生を経て続いてゆく営みです。ある働きによって新しい認識が開ける時は、何らかの意味での教育が成立しているのです。ましてや学校が教育の場であるとするならば、学校においてこそ、本当の意味での「未来に向けての教育」が成り立っていなければならないわけです。

ご承知のように、ヴァルドルフ・アストリア煙草工場の社長エミール・モルトが一九一九年に、社員の子弟のための学校を設立しようと思った時、尊敬するルドルフ・シュタイナーに教育の基本方針を与えてくれるように頼みました。シュタイナーは学校の運営形態を決め、教科を編成し、教師の採用と教授法の講習をみずから行ない、学校の内部装飾までを指導して、モルトの信頼に応えました。こうして生まれたのが自由ヴァルドルフ学校であります。その後世界各地に姉妹校が設立されましたが、それらの中には同じように自由ヴァルドルフ学校と称するものもあれば、ルドルフ・シュタイナー学校と名乗っている所もあります。そのいずれにおいても、最初の自由ヴァルドルフ学校の誕生の時にシュタイナーが与えた基本方針が守られております。

シュタイナーが示した基本方針とは、自由な教師と自由な教師集団によって、子どもを「自由に向かって」教育することであります。誤解のないように申しますが、それは子どもを自由に勉強させることでもなければ、教師が自由に教えることでもありません。そのような意味での自由教育では絶対にありません。十二年間の一貫教育が終わった時に、子どもが自分の未来に向かって進む道を自由に選択できるだけの成長度に達していること、それを目指して子どもに働きかけること――それが「自由に向かっての教育」なのです。ここで言う自由の意味が、先ほど申しました「永遠の未来像」と深い関係にあることは、改めて申し上げるまでもないでしょう。すなわち「魂の進化」というイメージによってシュタイナーは、教師が教育活動に必要な「未来像」を持つことを可能にし、永遠に変わることのない本当の価値に向けて子どもを育ててゆく可能性を開いたのです。

このような姿勢を基本にして、教師の各々が各自の工夫を凝らしながら、自分の担当する授業を形成してゆくのですが、自由ヴァルドルフ学校のすべての組織と構造が、その努力を支えるように形成されています。これらは実によくできておりまして、自由を守るためにどのような規制が必要かを、これほど的確に把握していた思想家がいたということに、私などは感嘆するばかりです。その要点をいくつか取り上げてみましょう。

これまでにお話いたしましたところからも明らかなように、教育とは本質的には人間の「たましい」に向かって働きかける営みであります。しかし、魂の活動は「身体」によって支えられるものでありますから、身体の正しい発達がなければ、魂の活動に自由が生まれません。したがって教育者は子どもの魂と身体を、言い換えれば「心と身体」を、一体のものとして把握し不可分のものとして教育する必要があります。精神的な部分の発達の段階は、身体的部分の発達の段階と極めて密接に結びついておりまして、一方の発達の偏りは必然的に他方に深刻な影響を及ぼすことは明らかです。

シュタイナーは彼の教育に関する数多くの著作の中で、子どもの身体的成長のどの時期に、内部の精神的な部分にどのような変化が起こっているかを説いています。いうなれば「地上における人間の発達段階に関する見解」でありますが、自由ヴァルドルフ学校のカリキュラムは、この見解に基づいて構成されているのです。その第一は「七年周期説」とでも名づけてよいもので、子どもの成長を「歯の抜け替わる時期」「思春期」「性的成熟完成期」という三つの変化期を境に区分します。そうしますと、第一成長期が零歳から六、七歳まで、第二成長期が六、七歳から十二、三歳まで、第三成長期が十二、三歳から十八、九歳ないし二十歳ぐらいまでとなります。つまり各成長期は、それぞれ六ないし七年の長さになります。

第一成長期つまり零歳から六、七歳までの子どもは、親の愛情と保護に包まれて、親の行動をそっくり模倣しながら、地上の生活に親しんでゆきます。外界に対しての対応ないしは反応の基本的な型が、この時期に模倣を通して形成されますので、教育的には、親の日常生活の姿そのものが子どものお手本になっているわけです。

第二成長期つまり小学校一年から六年ないし中学二年ぐらいまでは、情感の活動が親の完全な保護圏から少しずつ独立して、完成してゆく時期となります。しかし、外界の出来事に対して論理的に判断する力は、まだ生まれておりません。自分の指導者を信頼し、その人の持つ判断が一番正しい判断だと信じられることが、この時期の成長にとって最も大切な条件で、この安心感の上に子どもは情感を発達させ、情感を通して外界と自分との関係を作り上げてゆきます。教師にとっては授業を芸術的に形成することが極めて大切であり、教科内容を理屈によってではなく、感動を通して理解させることが使命となります。

第三期すなわち中学から高校卒業ぐらいまでの子どもは、論理的・知的思考のすばらしさに目覚め、これを自分のものにしたいと願っています。情感だけでなく、納得のゆく論理を通して外界との関係を作り上げる力を発達させることが、この時期の子どもにとっての最大の内的欲求なのです。この願いに正しく対応することが教育の使命であり、教育者がこの使命をないがしろにすると、子どもはさまざまな形で批判し、抵抗し、反抗し、否定と破壊の行動に走ります。

以上のような原則に従って第三期までを歩み通しますと、子どもはすでに自分の内部に、自分の未来像を自律的に予感できるだけの感性と知性を育て上げておりますので、社会に出てゆくこともできますし、大学などに進んで、さらに専門的な知識や技能を身につけてゆくこともできるのであります。このようにそれぞれの発達段階に相応したものを、正しく選択し正しく提供することが教育者の仕事であり、それが正しく行なえることが教育者としての必須の条件であるということになります。ここに「教育問題は教師問題である」と言ったシュタイナーの言葉の真意があり、ヴァルドルフ教育において、教師養成を非常に重要視する理由があります。

ヴァルドルフ教育において見逃せない要点をもう一つだけ取り上げるといたしますと、それはおそらく「集中と解放のリズム」が隅々にまで生かされていることではないでしょうか。人間の生涯に生と死の繰り返しがあり、一日に覚醒時と睡眠時の繰り返しがあって、ある営みに集中する時期があると、その後にその集中から解放される時期が来ます。集中時に習得したことは、解放時に消化されます。この摂取と消化を、あるいは緊張と解放を、ないしは作業と休息を、繰り返すリズムがあって初めて、人間は本当の意味で一歩一歩人生の階段を昇ってゆくのでありまして、このリズムを無視したり乱したりいたしますと、生活から張りが失われ、マンネリズムに陥り、頽廃してまいります。ご承知の方も多いと思いますが、自由ヴァルドルフ学校では、算数、国語、理科、歴史などのいわゆる主要科目を「周期集中授業」（エポッヘン・ウンターリヒト）という方式で授業いたします。これは算数なら算数だけを毎日八時から十時まで通して教え、これを三ないし四週間続けます。これを「算数の周期」と言いまして、その間は算数以外の主要科目はお休みです。「算数の周期」が一区切りして終わりますと、次に「歴史の周期」が始まります。もう一度「算数の周期」が戻って来るまでには何ヵ月かの時間が経ちますが、その間に子どもたちは算数の授業で学習したことを無意識下で消化し、授業の時にはまだよくこなせていなかったことも、いつの間にか身についた知識に化しております。すなわち、十分に準備された状態で次回の「算数の周期」に入ってゆけるようになっています。これが一つのリズムであります。また、朝の最も元気のある時間帯に二時間の「集中」をした後に、音楽とか体育とか園芸とかいう種類の、主要教科とは全く違った性格の学科がきますので、主要科目の時の集中は一気に解放され、気分の完全な転換が行なわれます。これが第二のリズム形式であります。こうして学校生活の一日のリズムが作られ、さらにそれが一ヵ月のリズムに発展し、四季折々の祝祭や行事を豊富に採り入れた一年のリズムへとつながってゆきます。人間の一生にも春があり、夏があり、秋を経て冬の来ることが、そしてその時々に努力と休息の交代があり、喜びと悲しみの波のうねりがあり、さらにそれらの一切が、人間の生を越え死を超えて連なってゆく宇宙の時の流れに組み込まれていることが、こうして、いつとはなく子どもたちにも親しい認識となってゆくのであります。

自由ヴァルドルフ学校で行なわれております教育の内容につきまして、今日ここでこれ以上詳しいお話をするいとまはございません。また私はその適任者でもありません。もし、今日予定されておりました本来の講師に、改めてお話させていただく機会が与えられましたら、おそらくはもっと具体的なご説明ができるかと存じます。また、かつて妻と私とで訳しました『自由ヴァルドルフ学校』という本にも、この学校の内容が詳しく書かれておりますので、ご興味のおありの方はお読みくださいましたら幸いに思います。

以上で私の掲げましたテーマにつきまして、不十分ではありますが一応の見通しをつけたことにさせていただきたく思いますが、最後に一つ、どうしても付け加えておきたいことがあります。それは障害を持つ人たちと共に人生を歩むことの意味であります。

ある人間の魂が地上の生を営む期間に、その魂を支え共に歩む身体機能のどこかの部分に、いわゆる「障害」がありますと、その人は、いわゆる「健常者」よりも遙かに大きな負担に耐えながら、この世の生の期間を歩まざるを得なくなります。目の見えない人、耳の聞こえない人、脳性小児麻痺の人などが、もし「健常者」と同じだけの活動領域を確保しようとすれば、どれほどの苦労をしなければならないかは、改めて申すまでもありません。感覚器官や運動器官に障害があるだけでも生きてゆくのに大変なのですから、知力や感情などの関係する部分に、癒すことのできない障害があった場合、そのような身体を媒体として地上の生と関係を持たざるを得ない人の苦労は、私たちに想像すらできないものに違いありません。そのような人たちがそれでもなお、この世の生を生き抜かねばならない運命にあるということの意味を、私たちは私たち自身の運命と重ね合わせて認識する必要があります。なぜ自分にはこの人ほどの障害が与えられなかったのかと自分に問うことから、障害者に対しての姿勢がおのずから決まってまいります。障害者に対して教育的に働きかける場合も、障害者と共に社会を生きてゆく上にも、この問いは重い意味を持ちます。「障害者」の存在を通して、私たちは人間存在の本質に近づくことができると言ってもよいでしょう。

このような観点からシュタイナーは、いわゆる「精神障害」を持つ人々のことを「心の手当てを必要とする人々」と呼び、そのような人々に対する教育的働きかけの方法、すなわち「治癒をもたらす教育法」を生み出し、いわゆる「健常者」といわゆる「障害者」とがお互いにその存在の意味と価値を認識して、共に生活することのできる精神共同体の形成を提唱しました。この運動は彼の後継者たちの手によって着実に実を結び、発展し、世界各国に広まってゆきました。その中でもカール・ケーニヒによって始められた「キャンプヒル運動」の名は、日本でも知っている人が多いと思います。私たちはシュタイナーの教育思想の神髄に触れるには、彼の創始した「治癒教育」の実践から入るのが最も近道であると思いましたので、この分野の日本で初めての翻訳・紹介である『治癒教育の実践』という本を国土社から一九七五年に刊行いたしました。自由ヴァルドルフ教育の本当の意味での研究の出発点となった、まことに思い出の深い本でございます。すでに版元で絶版になっているようでありますが、図書館などでお目に触れる機会がありましたら、ご覧いただきたいと思います。

以上、まことに粗雑でございましたが、シュタイナーの神秘主義的思想が、これをイメージ言語として受け取るならば、具体的な実践活動に強力な基盤を提供し得るものであるという、極めて基本的な問題から始めて、死と生を考える会にとっても最大の課題であるに違いない人間の運命の考察に、なぜシュタイナーの創始した教育運動が関わりを持つのかを、一応お話できたと思います。これから先の具体的な教育技術などにつきましてはいろいろな資料があると思いますが、それらをお読みになる場合、何が本質的な要素で、何が国民性の相違などに左右される付随的な要素なのかを判断しながら、本当に普遍的なものを見極めて汲み取ってくださいますならば、生きることと死ぬことの意味を理解する上に、さまざまな示唆が得られることと信じます。

長時間のご清聴を有り難うございました。

（一九九四年三月三十一日「死と生を考える会」大和市公民館）

輪廻思想の東と西

（これは一九九七年三月二十三日の深夜、というよりは二十四日の早朝四時に、「ラジオ深夜便――こころの時代――」というNHK第一放送の番組において放送されたものの原稿である。）

皆さん、おはようございます。これから「輪廻思想の東と西」という題でしばらくお話をさせていただきます。最近は宗教関係のかたがたばかりではなく、テレビやラジオなどの番組でも「人間の死」とか「人間らしい死に方」などの問題がしきりに取り上げられるようになりました。また「臨死体験」というような言葉も、しばしば耳にいたします。絵本や紙芝居などを使って、幼い子どもの時から「死」について考える姿勢を身につけさせようという試みさえあるようです。

「死」は今さら改めて申すまでもなく、人間にとりまして大問題であり、時によりましては、悩み苦しみの源になることさえあります。それは結局、私たちが死んだら、その後にいったいどうなるのかが分からない、ということからきているのではないでしょうか。この謎が解ければ、「死」に対する心の姿勢も自然に生まれてくるでしょうし、またそこから、この世の生をどのように生きたらよいかという判断も、確かなものになってゆくことでしょう。

このような「死」をめぐる根源的な問いから生じる悩みを、私たち日本人は昔から「人間は死んでもまた生まれ変わってくるものだ」という信念によって凌いでまいりました。つまり「輪廻」または「輪廻転生《りんねてんしょう》」と呼ばれる思想であります。

私はこの思想を長らく「仏教」的なものか、あるいは遡って、インドに源を持つ思想であると考えておりました。つまり東洋のもの、東の世界の考え方だと思っていたのです。ところが目を少しずつ世界に向けて開いてゆきますうちに、やはり同じ「輪廻」と呼んでよい思想が、キリスト教の支配する西洋にもあって、しかも現在も生きていることを知るようになりました。つまり西洋型の「輪廻」思想であります。そこで今日は私たち日本人の心に生きる「輪廻」と、西洋人の思想としての「輪廻」について、私の経験を具体的に辿りながらお話してみようと思うのです。「輪廻思想の東と西」という題は、そのような意味で付けたものなのです。

私は石川県の、それもお隣の富山県にかなり近い、山村に生まれました。当時は今とは違って、この地方にも雪がたくさん降り積もり、冬の間は、人間も人間に飼われている動物も、家の中に閉じこめられて過ごす時間が大変長かったように覚えております。農家で飼っている牛や馬などの大きな家畜は言うに及ばず、犬や猫や鶏など比較的小さい生き物も、この期間は一緒に同じ屋根の下で厳しい季節を共に過ごすことから、私たちにとって人間の家族と変わらない、親密な仲間のような感じでした。

石川県と富山県は昔は加賀・能登・越中と呼ばれた地方で、浄土真宗の盛んなことでも知られております。蓮如上人(一四一五〜一四九九)が十五世紀の後半に熱心に布教活動を行ない、その結果この地方では、一向宗つまり浄土真宗の信仰が民衆の心の隅々にまで浸透いたしました。したがってこの宗派のお寺も多く、中には蓮如上人の落胤《おとしだね》によって開かれたという伝説を持つお寺さえ少なくありません。

私の小さかった頃は、お百姓さんたちの仕事はすべて手作業でしたが、年寄りも中年の男女も皆、田圃や畑で鍬を使いながら、口の中で「なんまんだぶ、なんまんだぶ」と念仏を唱えておりました。黙々と働くというのではなく、念仏を唱えながら働くのでした。何かにつけてお寺に参り、お坊さんにお経やいわゆるお文《ふみ》さま、つまり蓮如上人のお諭しを読んで貰ったり、お説教を聴いたりしたものですから、当然のことながら幼い頃から仏教思想に馴染むのですが、それも信仰と言うよりは、生活習慣に結びついた感情であり、知恵であったと言う方が近いでしょう。
そのような感情ないしは知恵の一つに、「因縁」とか「輪廻」とかと呼ばれるものがありました。もともとは仏教から学んだ思想でしょうが、民衆の間で信じられていたのは、もとの六道輪廻の思想とはおおよそ比べものにならないほど単純なものでした。例えば私が子どもの頃、よく次のように言われたものです。

「お前がもしも幸せになれるなら、それはお前が『前世』で良いことをたくさんしたからなんだよ。そして、もしお前がこの世で怠けたり、悪いことばかりしていると、次の世でその報いを受ける。つれあいが病気ばかりしたり、お前がせっかく良い仕事についたとたんに大怪我をして動けなくなったりするかもしれないし、ひょっとすると、人間ではなく虫か動物に生まれて、悪い人間にひどくいじめられることになるかもしれない。だからこの世ではいつもできるだけ良いことをし、他人様や生き物たちに優しく親切にしなさいね。」

大体このような調子で、どこの親も子どもを諭していたようです。先ほどお話したように、雪国では人間と家畜たちとの間が特に親密でしたから、このような輪廻観が生活感情となり、一方で動物への愛情を育み、万物平等の感情を養うとともに、この世での人間の生き方を支える倫理感覚の源ともなっておりました。このような心の生活の営まれている地方で、私は十九歳の四月まで暮らしたのです。

人間が何度も生まれ変わってこの世に現われるという考え方は、もともと大変古くからインドにありました。この思想を仏教が採り入れて、そこに全く新しい命を吹き込んで「六道輪廻」という思想を生み出したのですが、それによって人間の魂の輪廻する世界が「地獄道」「餓鬼道」「畜生道」「修羅道」「人間道」「天道」の六道に広げられ、それぞれが自分の生み出した原因、つまり業《ごう》によって、これらの諸界を経巡ることになりました。この思想が日本化し民衆化いたしまして、「蛇を殺すと、来世には蛙に生まれ変わるぞ」などという戒めが生まれることになったのでしょう。

ではもしも人間がこの世で良いことだけをするように心がけ、次の世にまた新しい人間に生まれ変わり、そこでもまたひたすら徳を積んでゆきましたら、最後にはどのようになるのでしょうか。仏教の教えによりますと、そのような生き方を何度も何度も繰り返しておりますと、何万年か何億年か経つうちに、その人の魂は生と死を繰り返す輪廻から抜け出すことができて、もう一つ上の世界に昇るのだそうです。すなわち、六道輪廻の運命から解放されることが仏教徒の願いであり、お坊さんたちの修業の目標でもあると言うことができます。

人間が餓鬼になったり畜生になったり、復讐の鬼になったり慈悲深い菩薩になったりするのは、この世での生き方の姿を比喩的に表現したものだと考えれば別に不思議なことではなく、むしろ大変適切な比喩だと思うのですが、幼かった頃の私を取り巻く環境では、これは決して単なる比喩ではなく、信仰であり確信であり、自然な生活感情でもありました。ですから「お前は良い犬だね、きっと今度は人間に生まれるよ」というような表現は、本当に優しい感情のこもった、心からの言葉であったのです。

このような生活感情は、必ずしも北陸の浄土真宗地方に限られたものではないと思います。大学に入ってからのちに知り合った人たちは、あるいは東北の出身であったり、九州や四国やその他のどこかを故郷としていたり、実にさまざまでありましたが、北陸育ちの私とこの点ではさほど生活感情を異にするとも思われず、「お前は今度は豚に生まれるね」などという冗談も、特別の説明なしで通用しておりました。

その後私はヨーロッパの文学や思想を勉強するようになり、何度かドイツに行き、そこに滞在して学んだり教えたりする機会も与えられましたが、ドイツの人たちと親しくなり、軽口をたたける仲の人の数が増えてくるにつれて、彼らに通じる冗談と通じない冗談のあることが、だんだん分かってきました。例えばドイツには「干支《えと》」がありませんから、その説明をした時に、A子さんの生まれ年は「いぬのとし」だから彼女は人懐っこくて、B君は「うさぎ年」だから臆病なのだ、などと言いましても、何の抵抗感もなく面白がってくれるのですが、もし「この犬は利口だから、今度は人間に生まれてきますよ」と言いましても、ちっとも面白がらず、何というおかしなことを言う人だと思われてしまいます。つまり、人間の性質が「ある動物の性質に似た特徴を持つこと」は認めるのですが、またお伽話の中では人間が蛙の姿に変えられたりすることもあるのですが、たとえ動物に似ていても、あるいは一時的に動物の姿に変えられても、人間はあくまで人間であって、決して動物そのものではないのです。もし私が次の世で動物に生まれ変われば、私は決して動物の皮を着た人間ではなく、動物そのものとなります。もしそうなるとすれば、その中で生きる魂も動物の魂であります。もしも現世の魂が来世につながるのならば、二つの魂は別物ではなく、同じ質のものであるはずです。ところがヨーロッパの人たちは、人間の魂と動物の魂が同質のものだとは夢にも思っておりませんから、人間がこの世の生き方次第で来世に動物になるということも、またその反対も、全く意味のないたわごととしか感じません。つまり、人間から動物への転生は、ユーモアでも冗談でもなく、馬鹿げたたわごとであって、おかしくも面白くもないのです。

ユーモアや冗談は深いところで生活感情に結びついております。生活感情の支えのないところではまた、比喩も象徴も成り立ちません。いうなれば「畜生道」や「餓鬼道」などへの自由自在な輪廻転生は、仏教思想が理解しやすい姿に変わって私たちの生活感情に溶け込んでいるからこそ可能なファンタジーでありまして、ヨーロッパには、このファンタジーを支える生活感情がないのだと言えましょう。

それではヨーロッパには「人間が次の世に生まれ変わる」という考え方は、全く存在しないのでしょうか。ヨーロッパはキリスト教の世界ですから、その教えに従って、「人は死んだら天国に行くか地獄に行く」という以外の、またはそれ以上の死生観は認められないのでしょうか。「人間の魂は、何度もこの世の生を繰り返す」という思想は、キリスト教の生まれるよりも遥かに遠い昔から、ギリシアにはあったのだそうです。ヨーロッパはギリシア精神文化の多くの部分を受け継いだとされていますが、キリスト教の教会勢力は、ギリシア人の持っていた「死生観」などを含む宗教や信仰に関わる面を「異教」のものとして退けました。しかしながらそれにもかかわらず、キリスト教の世界の中にも「異教的」なものがたくさん生き続けておりますし、伝統的なキリスト教の教えに逆らって打ち出された思想も、もちろんたくさんあります。そして実際に、「来世に動物になる」ことは認めなくても、「魂がもう一度この世に戻ってくる」ことならば信じられるとする人たちが少なからずおりますし、また、その思想の哲学的な深まりも見られます。本質的に単純な「良いことをすれば天国に、悪いことをすれば地獄に」という教義《おしえ》は、ご承知のように、もはや以前のような権威を保つことができなくなっておりますが、それに代わって、本来はキリスト教にとって異質なものであるはずの「輪廻転生」の思想が改めて新しい倫理感覚の源泉の一つとなり、人間としての生き方と死に方に、指針や方向性を与える役割をも担い始めているのです。

ドイツは哲学者の多い国です。特に十八世紀から十九世紀にかけましては大変優れた思想家がたくさん現われまして、現代の哲学や思想の基礎を作りました。そして彼らの思想の中には、新しい意味での輪廻転生説と言えるものがあり、すでに二百年以上前から、西洋哲学の世界での市民権を得ているのです。しかし本格的に「輪廻転生」の問題と取り組み、これを基礎にして自分の思想体系を築き上げ、そこから人間の生きる意味と死ぬ意味とを明らかにしたのは、十九世紀の末から二十世紀の初めにかけて活躍したルドルフ・シュタイナーという思想家でした。この人は自然科学や医学とともに哲学や文学を学び、芸術・学問・政治・経済など人間の文化の全領域にわたって根本的な改革を志し、自由と平等と助け合いの精神を基礎とする社会を作ろうとした人物です。彼の思想はナチス・ドイツの時代に厳しく弾圧されましたが、第二次世界大戦の後に復活して、現在ではこの思想を拠り所としたさまざまな社会改革運動が、世界各地に広まっています。

「輪廻転生」の思想が死生観とつながっているのは分かりますが、それがどうして社会改革運動と結びつくのかと、不思議に思われる方が、きっと多いに違いありません。そこでまずそのことを、かいつまんでお話いたしましょう。

シュタイナーは、人間には親から子に遺伝する部分と、遺伝しない部分とがあると考えました。例えば、ある子どもにある特別な天分が現われ、教育や環境の影響などを考慮してもなお、この子の才能が親から伝えられたとは全く考えられないという場合は、現実に珍しくありません。身体の特徴や、走るのが速いというような能力や、見たり聴いたりする感覚器官の鋭さなどのように、確かに遺伝する部分もありますが、思考力や倫理的能力や芸術的センスなどにおいては、親と子の間に全く共通性の見いだせないことがしばしばあります。シュタイナーはこの事実を踏まえて、親から遺伝しない場合は一体どこから来るのかを考えました。彼は人間の精神的な能力が、決して何の準備もなく突然に現われるようなものではなく、長い年月をかけての修練の結果獲得されるものだと確信していましたから、そのような能力は親以外のところに由来するはずだとしたのです。いろいろな考察を施した末に得られた彼の結論は、やさしく言えば次のようなものでした。

「肉体が滅びる時に、人間の魂はこの世で生きているうちに得た経験や知恵のエッセンスをたずさえて、魂の国に帰る。そしてある期間をそこで過ごし、地上で得たものを十分に自分のものとした上で、再び地上に戻り、新しい肉体に入る。そして前世で（潜在能力という）可能性の形で得たものを、この世で現実の存在に化してゆく。これが人間の自己実現の営みであるが、人間の魂はそのような回帰を繰り返しながら、最終的には地上の生をもはや必要としない段階に至るに違いない。」

すなわち、親によって準備された肉体に入る子どもの魂は、決して親が子に与えたものではなく、すでに何度も転生を繰り返してきたこの子自身の魂だということになります。親はこの子を作ったわけではなく、ただ肉体と心のある部分を提供しただけであり、その意味で親は、運命によって自分にこの子どもが「預けられた」のだと思わなければなりません。私たちは授けられた子どもを大事に養子どもは決して自分の感情に任せて勝手に取り扱ってよい私有物ではありません。私たちは授けられた子どもを大事に養い育てて、この子の魂がこの世で実現すべきものを実現できるように、援助してやる義務があるのです。

人間の魂がこのように各自それぞれの課題と運命を担っており、それゆえに今何度目かの人生を生きているのだとすれば、一人一人の人間に対してなされるべき援助のあり方も、一人一人によって異なるはずです。どの子がどのような自己実現の運命を背負っているかは、最後まで誰にも見えません。ですから、どんな営みが将来その子に必要になっても、それに対応できるように、あらゆる可能性に向かって準備しておいてやることが大切です。子どもが成長して自分の運命に目覚めた時に、それを実現する手段が基本的に身に備わっているかどうかで、その人間の人生が大きく変わってきます。この認識は直ちに、学校教育はどうあるべきかという問題につながります。この観点からシュタイナーは、第一次世界大戦の直後に、「自由ヴァルドルフ学校」と呼ばれる一貫制私立学校を創設し、教育改革運動に指針を与えました。日本でも近頃注目されておりますいわゆる「シュタイナー教育」は、このような理念に基づく教育実践なのです。

また、何かの原因によって肉体面あるいは精神機能面に障害を持っていますと、この世で自己実現を目指す歩みを続ける時に、いわゆる健常な人よりも遙かに苦労が多いに違いありません。私たちはそのような重荷を負っている人たちのことをどのように考え、この人たちとどのように交わり、どのように共に生きてゆけばよいのかについても、今述べましたた考え方から、ある種の見通しが生まれてきます。キャンプヒル運動という障害者と共に生きる施設が、イギリスを始めとしてヨーロッパやアメリカの各地にありますが、この世界的に有名な運動も、シュタイナーの直接の指導によって生まれた「障害者と共に生きる運動」から始まったもので、ナチスによってドイツでの活動が禁止された一九三九年に、カール・ケーニッヒという人がイギリスに移って継承した仕事が、今に受け継がれているものなのです。この運動は障害者と、いわゆる健常者とが一緒に生活し、お互いに欠けを補い合って共同の社会生活を生み出してゆく共同体の形を、世界に先駆けて実現したことでも、知られております。

こうして見てゆきますと、家庭教育、学校教育、障害児教育などのあり方が、そのまま人間の一生を通しての生き方につながるのが分かります。シュタイナーの思想は「人智学」とも呼ばれておりますが、現在この思想に共鳴する人は、ヨーロッパを中心にして全世界にたくさんおります。またこの人智学から生まれた社会運動も、学校やその他の場における教育の改革にとどまらず、文学や芸術や建築や経済活動や、さらには農業や医学や薬の開発とその生産や、病院の改革にまで及んでいるのです。

人間は洋の東西を問わず、死後の存在について考えるものであります。そしてその際に必ず魂の不死と再生に思いが及ぶものであることも、疑いありません。なぜならば、人は死にますと肉体が滅びますから、何が不死なのかと考えれば、それは肉体から抜け出せるもの、つまり魂だということになるからです。事実であるかどうかは別として、肉体の死んだ後になお生き続ける魂というものがあり、それこそが人間の存在の本質的な部分なのだと考えるだけで、人間は大きな慰めを得ることができます。私たちはみな年をとり、勤め人ならば定年を迎えて現役を退きます。そしてやがては死を迎えるのですが、その頃になって自分の人生を振り返ってみた時、自分の一生に満足できない気持ちになる人も多いに違いありません。もっとこうしたかった、ああすべきであったという後悔も湧いてくるでしょう。特に、戦争や病気やその他の災難によって無理矢理に死に追い込まれた場合には、どんなに無念残念なものかは、想像に余りあります。そのような無念の気持ちを抱いて死んでゆくのは、まことに悲惨なことです。しかしここに、自分の魂がいつかまたこの世に帰ってきて、これまでの一切の経験を潜在能力として新しい人生を形成するのだと知っていれば、これまで味わった喜びも悲しみも苦しみも、すべてがそのままで受け入れられる気持ちになります。そして安らかに「このたびの死」を迎えることができるでしょう。

もちろん仏教的あるいは日本的な「輪廻転生」観と人智学的、つまりシュタイナー的なそれとは、大変異なっております。始めにも申しましたように、私たちの持つのは「六道輪廻」であって、魂の経巡る世界が人間界に限定されておりません。これに対してシュタイナーの場合には、魂は再び人間界に戻ります。これはキリスト教の浸透した地域に住む人間の生活感情と深い関係があり、人間の魂と動物のそれとは次元の違うものだという前提があるからです。また私たちの場合には、猫が人間になったり人間が象になったり、また修業によっては天界に昇ったりまた落ちて餓鬼になったりと、本当に六道をぐるぐる回っていますから、因果応報はあっても次第に積み上げられてゆく進歩がありません。つまり同じ軌跡を辿る果てしない円環運動であります。西洋式輪廻では、魂は長い長い時間をかけて地上回帰を繰り返しながら、次第に成長してゆきます。すなわちそこには蓄積があり、成長があって、過去と現在と未来という時間の流れがあります。時間の流れの中に存在するというのは「歴史」の中に生きていることでありますから、それは円環運動を含みながらも、前進してゆく発展運動だと言えます。この点が一番大きな違いであろうかと思います。西洋人の世界観の中には、そのどの部分をとっても、このような「歴史」の感覚が感じられます。この感覚がダーウィンやヘッケルの「進化論」を生み、人間を生物の頂点に置くキリスト教的世界観に科学的な論拠を与えました。そしてシュタイナーは魂の輪廻転生を、この「進化論」の観点から解釈することによって、転生の思想が人間の生き方に方向を与える倫理感覚の源泉になることを示したわけです。

もちろんこういう話は実証を伴っておりませんし、実証できる性質のものでもありません。ですから、決して科学的な意味での真実とは言えません。つまり常識的な表現を用いますと、一種のお伽話、あるいは神話なのです。でもお伽話や神話の中に立ち現われる「本当にあったわけではない」出来事は、本当の「嘘」なのでしょうか。そこには、事実とか非事実とかという次元を越えた「真実」があるからこそ、人々の心を捉え、喜びや慰めを与え、感動と納得とを生み出すのではないでしょうか。私たちの認識能力にも表現能力にも制約がありますので、すべてにわたって事実か非事実かを判定することは困難ですし、またすべての真実を表現することもできません。普通の言葉では表現できない真実を、比喩とか記号などを使って間接的に暗示することを仮に象徴と呼ぶならば、お伽話や神話は一種の象徴表現であると言えましょう。常識的にはあり得ないし、普通の言葉では表現できないが、確かに「何か」があることを私たちが知る時、これを「直感」

とか「予感」とかと呼びますが、お伽話や神話とはつまり、直感されたものや予感されたものの象徴的な表現なのです。

私は昔から日本人が持っている「輪廻転生」の思想も、シュタイナーによって百年ほど前に提唱された進化論的転生論も、このようなお伽話か、または神話に似たものだと考えます。そして、この思想が東洋にも西洋にも見られることに深い興味を覚え、人類の知恵の普遍性に感動します。いわば古き東洋の知恵と新しき西洋の哲学は、今や魂の安らぎの泉を共有したと思うからです。

私はどちらかといえば仏教的な転生思想が好きです。因果応報なので確かに恐ろしいけれども、犬や猫や鼠や象や昆虫や、あるいは餓鬼や夜叉の魂までも人間のものと同類であるとする大らかさが、すばらしいからです。しかしこの思想によると、結局はこの輪廻の輪から抜け出さないと、いつまでたっても本当の意味の救いである「成仏」ができません。すなわち根本的には、輪廻する世界にとどまることが「迷い」とされています。ですからまた当然、迷いの世である現世を改善する意欲が、ここから生まれる必然は薄いわけです。地上の生への愛着が迷いであれば、死んだのちには用のないこの世を、いずれは死ぬに決まっている人間が、どうして苦労して改善する必要があるのでしょうか。地上はいわば仮の宿なのだからと思うところからは、本当の意味での自然保護、資源保護、環境保護といった精神は育たないと思われます。この点では極端な自己中心主義や利己主義、あるいは刹那主義につながるところがないとは言えません。

一方西洋的な転生思想と言えるシュタイナーの魂の進化論は、この世で生きてゆく私たちの判断にも行動にも、確かな根拠を与えてくれます。私たちは死の訪れる瞬間までこの世の生を大切にし、精神的な成長に努めることに、心からの喜びを感じることができます。現在危機的な状況にある教育や、自然破壊などの問題に対しても、次の世の自分が生きる世界のことをイメージすれば、おのずから、はっきりした解決の方向が見いだせます。実際にこの思想によって、生きる意味を悟り、救われた人の数はどのくらいあるか分かりません。

ただ、この思想においては、あくまで「人間の魂」の転生のみが問題とされ、人間の魂が動物のそれとは異質なものか、あるいは進化の次元の違うものだと考えられております。つまり、人間は一人一人が個別の個性であるが、動物の場合には、猫や犬などそれぞれの種族が全体として一つの個性である、というように捉えるのです。ですから、家に飼っているポチという犬の魂の輪廻転生は認められず、ポチがいかに良い犬でも来世に人間になることはあり得ないとされるのです。

このような、いわば人間と他の生物とを絶対的に差別する感情は、私のように「南無阿弥陀佛」で育った者には、どうしても異質です。同じ哺乳類である牛や豚を常食とする西洋人が、つぐみなどの小鳥を食べる日本人を残酷な野蛮人だと言ったとかいう話を聞いたことがありますが、現在の鯨の捕獲などをめぐる、資源保護の必要性に動物愛護感覚をからめたような論議なども含めて、西と東では深いところで生活感情の違いがあるのは否定できません。日本には「鯨供養」という、懺悔と感謝の気持ちを表現する祈りの行事があります。人間のために死んでいった存在に対する謝罪と感謝の気持ちは、生物のみならず無生物にまで及び、私たちの先祖は古くから、鍋供養、針供養なども行なって、万物にそれぞれの存在性と個性とを認めてきたのです。

こうして考えてまいりますと、私には次第に次のような気持ちが湧いてまいります。つまり、輪廻転生の思想を人間の生きる意欲の源泉にしたのは、西洋の知恵のすばらしさですが、万物に個性と魂が備わっていることを認めて、その間に次元の違いを感じなかったのは、東洋の知恵の広さであります。この二つの知恵は、このように確かに異なった性格を示していますが、しかし決して一方を取れば他方を捨てなければならないというような、お互いに矛盾したものではないようです。なぜならば、この二つの知恵は共に、死という難関を人間がいかにして越えるかをめぐって生まれたものだからです。そして私たちは、一人一人がそれぞれの死を迎えます。死の訪れに対してどのように心の準備をするかには、西洋も東洋もありません。死に対しての自分の心の姿勢は、自分が決めなくてはならないものです。

その時に私たちの心にまず浮かんでくるのが、「死後に私たちはどうなるのか」という問いであります。私たちは誰もこの問いに対して、この世の言葉では答えられません。しかし心は答えを求め、何らかの答えが得られない間は不安に悩まされます。ではこの問いに対しての答えは、どんな形においても与えられないものなのでしょうか。私は、そうではなく、そのような問いに対する答えは、この世の言語表現を越えた表現によって、すでに幾度も、また至るところで、出されていると思うのです。そして、その一つが東洋の「輪廻」思想であり、また西洋の「転生」思想であると思うのです。繰り返して申しますが、輪廻転生のような話はいわゆる「事実」の世界に属するものではなく、いわばお伽話か神話に似たものであります。すなわち象徴言語を用いて表現されている真理なのです。私たちは真理を感じとることにおいては東洋的であっても西洋的であってもよく、またその両方であってもよいのです。二つはそれを受け入れる人それぞれの内部で溶け合わされ、一つの新しい、その人だけの悟りの世界を開く鍵になってゆくべきものだと思います。

私は例えば良寛さんのような、優れたお坊さんの書かれたものを読みますと、大変感動いたします。またシュタイナーの著作にも強く心を打たれます。そこに説かれていることは、この世の言葉を越えた象徴の世界であります。「この世の論理を通してこの世の事実を越えた世界を夢見る」ことができるのは、非常に大きな幸せであります。このことに深く感謝しながら、私は自分の死を準備してゆきたいと思っております。

（一九九七年三月二十四日　ＮＨＫ第一放送）

人間――その死と生

（日本キリスト教学際学会から求められて、ルドルフ・シュタイナーの思想を中心に語った時の筆記。）

本日はお招きいただきまして、本当に光栄に存じます。私は宗教者ではありませんし、また宗教学の研究者でもなく、そのうえまた哲学者でもございません。そういう私がどうしてここにまいりまして全く専門外のことにつきまして、皆様にお話をするようにお勧めを受けたかと申しますと、この学会を企画された方の中に、ルドルフ・シュタイナーの思想を何らかの形で取り上げたいというご意向があったからであると伺っております。

最近は特にルドルフ・シュタイナーについて語る方が増え、また深く研究していらっしゃる方もきっと多いと思いますので、何も私がここでお話をする一番の適任者であるとは思えないのですが、おそらくは、かつて比較文化研究・比較思想史研究の立場からいくらか時間と精力をかけて、ルドルフ・シュタナーに関する研究をしたことがありますので、その仕事がお目にとまったのではないかと思います。

導入

ルドルフ・シュタイナーという人物の名前は近年、日本でもよく知られるようになってまいりました。その第一の契機は、先ほどもお名前の出ていました子安美知子さんが紹介された「自由ヴァルドルフ学校運動」との関連であったろうと思います。ただそれだけでしたら、それほどのブームになるようなこともなかったのでしょうが、これがマスコミに注目されて、子安さんの書かれた本がベスト・セラーになりました。それによってシュタイナーの名前が、何かある意味で不自然な形で日本の思想界で取り上げられるようになったような気がしないでもありません。

ルドルフ・シュタイナーは一八六一年に生まれ、一九二五年に亡くなりました。彼が、最も活発に仕事をしたのは一九〇〇年から一九二五年までの、二十世紀初頭の四半世紀でありました。ちょっと考えてみますと、ドイツの思想家というとすぐに反応する日本の思想界が、近年に至るまでシュタイナーのことをあまり取り上げなかったということは不思議な現象だと言えるかと思います。これには理由があるのでありますが、こんどは急にその名が日本中に知られるようになったのは、これも奇異なことであります。

どうしてかという問いへの答えはいろいろあろうかと思いますが、シュタイナーは最近急速に切実になってまいりました諸問題につきまして、すでに六十年以上も前に真剣に取り組んでいました。そしてその頃すでに彼としての解答を出しておりました。ですから、彼の出していた解答の意味が、漸く今頃になって、日本で理解されるようになってきたのだと考えることもできるでありましょう。また彼が始めました社会運動、思想運動などさまざまな運動が、漸く近年になって成果を上げ始めてきた、ということかもしれません。先ほども申しました「自由ヴァルドルフ学校運動」という教育改革運動に関しましては、すでにご存じの方も多かろうと思いますが、彼にはその他にもいろいろな運動があります。

例えば医学の革新運動があります。ルドルフ・シュタイナーの始めた革新的な医学をもとにして、すでにいくつものクリニックがドイツにできています。またルドルフ・シュタイナーは現在日本でも盛んに言われています「有機農業」を世界で初めて提唱して、化学肥料がいかに不自然であり、いかに土地を駄目にするかということを、非常に早く、一九二〇年代にすでに指摘して、それに対しての代案を出しています。有名な「農業講座」という講義によってこの運動の方向づけをしたのですが、この本はすでに翻訳によって日本にも紹介されております。

次に教育、医学、農業とならんで非常に有名なのは、建築の改革であります。スイスのバーゼルの近くにドルナハという所があり、そこにゲーテアーヌム自由大学という建物があります。シュタイナーはその建物の設計をし、建築にかかりましたが、木造であったそれは、完成するやいなや火災で失われました。彼は直ちに、今度はコンクリートを用いた建物の設計をして再建に入りましたが、不幸なことに建物が完成する前に世を去りました。非常に大胆な面白い設計でありまして、一九三〇年に早稲田大学の今井兼次先生によって日本にも紹介されております。

それから、文学・演劇の上での改革運動もあります。ゲーテアーヌムではゲーテの「ファウスト」のI部・II部をノーカットで、実際に詩を読むように抑揚をきちんとつけて朗唱する形で上演していますが、その上演の仕方はシュタイナーの提唱したものです。そういう演出上の改革ばかりでなく、「神秘劇」四部作などの実作の上での改革もあります。

それから、後でもっと詳しく触れようと思いますが、心の手当てを必要とする人たちのための治癒教育運動もあげなければなりません。いわゆる精神身体障害者の施設のことであります。その面でも彼は画期的な仕事をしています。それから第一次世界大戦が終わりました時に、いわゆる「社会三層化運動」を提唱し、ドイツ国民に向けてのアピールを出しました。彼のアピールはヘルマン・ヘッセを始めとするたくさんの知識人の署名を得て、社会三層化運動はドイツで一時、一つの革命運動になりかけたことがありました。この運動は当局の巻き返しにあって潰されましたけれども、そういう運動もありました。こういうことはいろいろ書物にも書いてありますので、お読みになっていただければ幸に存じます。

ルドルフ・シュタイナーの現代的意味

そういうあらゆる分野での社会・文化改革運動は、第二次世界大戦の間の冬の時代を通りぬけまして、ナチスによる弾圧がなくなりますと、とたんにすばらしい勢いで花を咲かせ始めました。例えばドイツにただ一つの、私立の医科大学ができました。これはシュタイナーの唱えた人智学を継承する人たちが造った大学でありますが、今のところ人智学的医学の研究と実践にたずさわる唯一の大学であります。ご存じのようにドイツでは、大学は原則として国立ないし公立大学ですが、その中にただ一つ私立大学が創立されたのです。そのようにして、かなりはっきりと目に見える成果が上がっております。彼が早くに行なった問題提起が一つ一つ現在になって実を結んできているのも、現在シュタイナーに対して興味を持つ人の増えた大きな理由であろうと思うのです。

シュタイナーに対する興味のもう一つの面は、人間の内面生活の改革に関するものでありますが、具体的に申しますとルドルフ・シュタイナーのキリスト教の理解の仕方と、インド思想への傾斜を伴った神秘思想を基調とする彼の人間観に向けられた興味であります。伝統的な精神生活のあり方に、哲学的な意味でも宗教的な意味でも絶望している人の数は非常に多いと思うのですが、そういう人たちがここに何か新しい可能性がないか、新しい救いの可能性がないかと期待して、彼の世界観に学ぼうとしております。この問題はある意味では極めて思想史的な問題でありまして、十九世紀末から二十世紀初頭におけるヨーロッパ精神史の理解がありませんと、評価を正しく行なうことは難しいのは言うまでもありません。

今私が申しました二つの面、つまり社会・文化生活の面での改革運動と、思想生活の面での改革運動は、決して分離して存在するものではありません。彼の社会運動の根底には思想があり、世界観があり、人間観があります。それが先ほど申しました「人智学」と呼ばれている彼の思想の体系であります。

「人智学」は「アントロポゾフィー“Anthroposophie”」というドイツ語の日本語訳です。これは、「テオゾフィー“Theosophie”（神智学）」の対概念として、彼が意識して用いた言葉であります。そこにもこの「人智学」という概念の歴史性が見てとれます。

シュタイナーは一時、神智学協会のドイツ支部長でありました。これは一九〇二年から一九一三年の間で、この間彼はドイツの神智学（テオゾフィー）を率いていたわけであります。そして面白いことに、一九〇二年にテオゾフィーを指導することを了承した段階で、「人智学（アントロポゾフィー）」という言葉を自分の精神活動の表現として用い始めました。

テオゾフィーをドイツで推奨してゆくけれども、自分の本当に持っている思想はアントロポゾフィーであるということであります。そして十一年間彼はドイツ・テオゾフィー協会の中で活動しました。

一九一三年にその協会を退き、同じ年にアントロポゾフィー協会（人智学協会）が結成されますが、彼は最初は人智学協会の指導者にはならないで、他の人たちに運営を任せます。彼自身が会長になるのは、ずっと後のことです。そういう経緯から見まして、人智学は神智学との協調と対決との中から形作られていったと言えると思います。

人智学は、端的に宗教と呼ぶにはふさわしくないものではありますが、相当に強く宗教的な性格を持っている、一つの世界観であると言えます。一人一人の人間が自分の「生」のあり方を決意する時に、その根拠を提供することができる、そういう意味での人間観であり、世界観でありますが、人生の形成の倫理的な方向を決定するという意味において、宗教性があると言っても決して誤りではないでしょう。

「ルドルフ・シュタイナーを知る」ということは、このような彼の全体を知ることでありまして、社会活動の面と思想活動の面とのうちの一方を抜きにして他方を論ずるのは、絶対に正しくありません。のみならずそれは不毛であり、場合によっては有害でさえあると言えると思います。これはどんな小さな個別の問題を取り扱う場合にも通用する、シュタイナー研究における一つの鉄則であります。またシュタイナーの活動は人生のすべての領域にわたっていますので、その全体を短い時間の中で取り扱うことは不可能です。今日ここで私がお話いたしますことも、もし彼の思想の中から宗教的・倫理的な「生」に関わる問題を拾い出すとするならば、それは何かと問われた時「この点が重要な鍵となる」と言えるものを、私なりに一つだけ選び出してご紹介するより以上のものではございません。それ以上のことは私の力に余りますので、お許しを願いたく存じます。

二人の自分

ここで問題を鮮明にするために、一度シュタイナーから離れまして、あの有名なカール・グスタフ・ユングの自伝をちょっとのぞいてみようと思います。ユングは自分の幼い時のことを語って、次のように書いております。

「私たちがクライン・ヒューニンゲンに住んでいた頃、或る日緑の馬車がシュヴァルツヴァルト〈黒い森〉というドイツの地方）からやってきて、家のそばを通り過ぎた。それは全く昔風で、まるで十八世紀からやって来たかのように見えた。「あれだ。確かにあれは私の時代から来たんだ。」それがかつて私が自分で駆っていたのと全く同じ型の馬車だったように思われ、それに見覚えがあるかのような気がしたのだった。――中略――

私は十八世紀に戻ったもう一つの体験をしたことがある。伯母の家で、私は十八世紀の小さな像、一つの色つきの人物からできている、テラコッタの作品を見たことがある。そのうちの一つは、年老いたシュテュッケルベルガー博士で、彼は十八世紀の終わり頃、バーゼルの町ではとてもよく知られていた人物であった。――中略――この年とったお医者の小さな像は、奇妙にも、私が自分のだと思い出したバックルの付いた靴を履いていた。私はこれが、かつて私が履いていた靴だと確信したのである。――中略――当時しばしば私は、「一八八六年」の代わりに「一七八六年」と書き違いをして、その度に、説明のしようのない郷愁に襲われた。」

これはユングが、自分の内部に二人の自分が生きていて、その一人は今の両親の息子としてここにこうしている十何歳かの少年であり、もう一人は、百年以上前にこの世に生きていた立派な職業と威厳とを持つ老人で、人々の尊敬と畏怖の対象でもあった、ということを認識したくだりであります。

この第二の自分は単に百年前の老人であるにとどまらず、むしろ超時間的な存在でありまして、何世紀にもわたって存在し続け、神と共にあり、常に神に問いかけ、自分の誕生よりもずっと以前より神から回答を得続けてきた存在なのですが、そういうことに、ユングは次第に気づいてゆきます。この根源的な体験が、その後のユングの思想形成に大きな役割を果たすことは、皆様ご存じの通りです。

ここでユングにも気づかれている「二人の自分」という問題が、洋の東西を問わず、宗教的な感性の目覚めとともにすべての人間に生ずる問いであるということは、改めて申し上げるまでもないでしょう。また、この問いに対してはいろいろな答え方があり、一つの宗教の内部においてすら、宗教者個人の資質によってその答えのあり方に違いが生ずるということも、申すまでもないと思います。ただそこには「死を超えて続いてゆく生」の認識が共通しておりまして、「死すべき者」が「第一の自我」であるとしますと、「死を超えて生き続ける者」が「第二の自我」であるということになり、この「第二の自我」をどのように理解するかによって、各々の宗教者の間に答え方の相違が生じてくるのだと思います。

さてここで再びシュタイナーに戻ってまいります。彼はこの事実をどのように捉えていたのでありましょうか。彼は人間の生と死を、睡眠時と覚醒時になぞらえて説明するのを常としていました。例えば彼は、次のように述べています。

「私は朝起きる。私の続けていた活動は、夜の間中断されていた。もし私の生において、首尾一貫性が保たれるとするならば、私はこの活動を、朝になって勝手気ままにまた始めるというわけにはいかない。私が昨日行なったことによって、今日私が行なうべきことの前提条件が作られてしまっている。私は昨日の私の活動の生み出したものを続けてゆかなければならない。全く言葉通りに、私の昨日の行動は私の今日の運命である。私は活動をその上に積み重ねてゆかなければならないその根元になっている原因を、みずから作り出したのだ。これらの原因は、たとえ暫くの間、私がそれから離れていたとはいえ、私のものなのである。

もう一つ別の意味で、私の昨日の体験の結果は、私自身のものだということができる。すなわち、それらの結果によって私自身が変化させられた、ということである。例えば私が何かを始めて、それが半分だけしか達成されなかったとしよう。私はなぜこのように部分的な失敗が生じたのか、ということを考察する。私がもう一度同じようなことをしなければならなくなった時には、前の経験で気づいた失敗を、再び犯さないように避けるであろう。このようにして私の昨日の体験は、今日の私の能力となる。私の過去は私と離れ難く結びついており、現在の中に生き続けている。そしてそれは私の未来に向かって私と共に進んでゆく。

眠りが「死」の姿を、よくイメージとして示しているというのは、人間は睡眠中には、運命が待ち受けている「場」から離れているからである。私たちが眠っている間に、この「場」では出来事が中断することなく継続している。私たちは睡眠している間は、この出来事の経過に何らの影響をも与えることはできない。それにもかかわらず、私たちは私たちの昨日の行動の結果と再会し、それと合体してゆかなければならない。実に私たちの人間本性は毎朝、改めて私たちの行動世界の中で、自分の肉体を見つけることになるのである。

夜の間私たちから離れていたものは、日中はいうなれば私たちを身に纏うのである。私たちが諸々の前世でなした諸々の行動とは、このようなものである。そのすべての成果が、私たちが肉体を得たこの世界に、同化、摂取されている。人間の精神は自分の行為を通して、自分にふさわしいものとして自分のために作り出した環境の中においてしか、生きることができないのである。」

再受肉（レインカルナツィオーン）の思想と社会運動

もうすでに皆様もお分かりになられたと思うのですが、シュタイナーはここで魂の不死を説いており、魂が一つの肉体の中に住み、その肉体が滅ぶと魂の世界にいったん帰り、そしてまた時を経て肉体を得るという、魂の地上への回帰ないしは「輪廻とカルマ（業）」を説いているのであります。

このような再生・再受肉ないしは「輪廻転生とカルマ」の思想は、キリスト教の二つの教会（カトリックとプロテスタント）のいずれにおいても、異端の思想であります。しかしシュタイナーは、自分の持っているこの人間観・世界観が、決してキリスト教本来の精神と矛盾するものではないと思っていました。むしろ中世のキリスト教神秘思想、それよりもっと昔からあるグノーシスの思想の、深く正しい発展であり、正しくキリストを理解すると当然そこに帰着する、と考えていました。そして新しいキリスト教神学の体系を作り上げ、この分野でもたくさんの著作を発表しています。

またキリスト教信者たちの新しい教会とも言えるキリスト教徒共同体（クリステン・ゲマインシャフト）を創始しましたが、そこではリッテルマイヤーという人が中心になって基礎が作られ、今では一つの勢力となっています。彼の神学は、言うまでもなく、正統的な神学者たちからの激しい攻撃を受けました。完全に無視した神学者たちもいましたし、まともに取り上げて攻撃している神学者もいました。これらの事実や資料は日本ではほとんど紹介されていません。大変面白い、異端の神学と正統の神学とのぶつかり合いの場でありますが、そういう問題も、これから研究されてゆくべきものと思われます。

ここではシュタイナーが提唱しました輪廻転生の思想に焦点を絞って、この思想と社会改革運動との関係を眺めておきたいと思います。なぜかと申しますと、彼が始めたさまざまな分野での活動には、極めて宗教的な雰囲気を伴う倫理性が基底にありまして、その倫理性の根拠の一つに輪廻転生の思想が働いているからです。これを具体的な形で見ることができるように、一つ実例をあげてみようと思います。

シュタイナーは一九二五年に死にましたから、一九二三年といえば彼の最晩年のことですが、この年彼が二人の青年に与えたインスピレーションから、「心の手当を必要とする人たちのための教育運動」が始まりました。これは「治癒教育運動」とも呼ばれていますが、精神身体障害者たちと共に生き、共に学び、助け合う生活のことであります。

シュタイナーの輪廻転生の思想によりますと、先ほど私がユングの自伝から引用した個所で「第二の自我」と呼ばれている部分、すなわち、「一つの肉体の生が終わってからのちに、次の肉体の中に再生してゆく存在の本質」は、前世での経験の総合を一種の記憶という形で保有しており、したがってある意味で個別性を持っているのでありますが、しかしこの本性には決して「病気である」とか「不具である」というようなことは、原則的に生じ得ないという考えに立っています。病気とは、物質的なものも心理的なものも、またその両面を含むものも、すべて地上的な現象であって、魂がその地上的な活動を展開するために必要としている道具の故障であるに過ぎません。しかし、自分の生の実現のための道具の故障は、その主人である魂もしくは第二の自我にとりまして、一つの体験であり試練であります。

ただ、なぜそのように不自由な道具を手に入れるようになったのかは、今回の生だけを視野に入れていたのでは答えようのない問題であります。また私たちの直観は、このような重荷を背負った人たちが、実は「選ばれた人たち」であるということを知っているのであります。古い時代においては、何らかの意味において、障害者は神に近い存在だと考えられていました。そして特別な尊敬を得ることが多かったのです。これは民俗学や文化人類学の指摘する通りです。

なぜそういう人たちが「選ばれた人」なのかと言いますと、通常の状態にある者には潜在的にしか与えられていない存在の重荷を、この人たちは顕在的に負うという運命を授けられているからであります。人間存在は不完全なものです。そして少しずつ完全なものに向かって進もうとするところに進化が実現してゆくのだとしますと、ともすれば現状の完成度に安住しやすい凡人たちに、運命の息吹、運命からの警告を吹きかけてくれる恩人が、こういう重荷を背負った人たちであると言えるでありましょう。この世の中で生きるのに不自由な道具を与えられている人たちの持つハンディキャップは、それを正しく背負ってゆけるように協力する人たちとの共同作業の中で、最も強力に、生の意味の認識に人々を目覚めさせる契機になります。そしてそこに相互に働きかけ合い、助け合うという連帯の生が形成されてゆくわけです。全く同等の価値を持つ魂と魂が、今回の地上的運命の違いから生じる不当な差別を克服しつつ共に真の自由に向かって歩んでゆこうとする積極的な意志、これがこの運動に参加している人たちの全体を貫いている精神なのであります。

このような精神によって活動している施設は、現在すでに全世界で二百ヵ所以上あります。その一部はカール・ケーニヒという人がドイツからイギリスに渡り、そこで〈キャンプヒル運動〉として展開したものですが、その運動がもう一度ドイツに逆輸入されて、ボーデン湖畔を中心として大きな広がりを見せています。ご存じの方もあると思いますが、この運動はアフリカにもアメリカにも渡っています。

ここで働いている活動意志は、決して「博愛」精神や、「慈悲」の精神や、ましてや障害者を少しでも働けるようにして働かせようという功利主義の精神などでは絶対にありません。従来の観念から言えば社会福祉のジャンルに入る運動が、それ自体で「宗教的」と言ってよい倫理的な運動になっているのです。ここに私は注目したいのです。またキリスト教の社会福祉運動の場合には、参加している人たちはキリストに誠心誠意仕える手段として、そういう運動にたずさわります。しかしシュタイナーから発しているこの運動には、「奉仕」の観念はないのです。それは共に生きてゆく人間の、正常なあり方として理解されているのです。正常な人間の営みですから、そこには最も合理的にこの目的を追求するための方法が講じられており、医学や心理学や教育学などの適正な応用が要求され、そのための専門の研究機関が設けられています。そのような施設には日本からもかなりの数の人が行って訓練を受けていますが、日本に帰っても活動する場がないものですから、彼らの多くはスイスやドイツなどにとどまって活動しているようです。

現世利益思想と宗教的エゴイズム

私はここで、このような人間の「死と生」の把握から生み出されてきた社会運動が、決して普通の意味での現世利益を目標としたものではなく、それとは次元の違うものであるということを指摘しておきたいと思います。私たちは現代でもなお「病気治し」を表看板にしている宗教があることを知っています。キリスト教におきましても、例えばカトリックでは「霊力のある水」で病気を治すというようなことは、必ずしも否定されていません。十数年前にドイツのバイエルン地方で霊水が発見されまして、非常にたくさんの信者がその水をもらいに行きました。この事件は大々的にテレビで放映されたので、私も存じております。それからまた仏教の方でも、加持祈禱はしばらく置きましても、お経を唱え終わりましてから家運隆盛、福徳長寿とか、「願わくはこの功徳をもって遍く一切に及ぼし、……」というお祈りをするのですが、その時祈る人たちが、具体的に自分はそのためにいったい何をしようと決意をしているのか、かなり疑問があるのではないでしょうか。

しかしこの点に関しては、例えばマールブルク大学の宗教学の教授でありましたルドルフ・オットーが、一九二七年にマールブルク大学宗教学博物館を創立した時に次のように言っています。

「各民俗の宗教というものは、文字に書かれた経典を読んでいたのでは、その実体は分からない。本当にその宗教がどう機能しているかということは、実際のもの、実際の形を見なければ、その本質は捉えられない。したがってその宗教がどのように人間の精神生活を導いているのかも分からない。むしろ宗教の真の姿は、宗教者たちの活動の現実の中に表われたものから判断しなくてはいけない。」

ルドルフ・オットーはこういう考え方から世界各国のいろいろな実例を集めまして、博物館を作ったのであります。そこに集められていきます数々の蒐集品は、麗々しく語られた教義と信者の信仰の実態は必ずしも一致するものではないということを、興味深く示しています。

本当のところキリスト教や仏教やその他のもろもろの宗教にひかれる人々の心の中には、この世における幸福を願い、もしそれが叶えられない場合には彼岸においてこれを求めたいという気持ちが、強く働いているように見受けられます。

一切の良い行ないも、修行も、皆この目的に向けられがちであります。この場合、彼岸での救いを願う心には、この世での幸福の成就を願う願望の延長と言ってよい点があります。この世で味わう苦しみの代償として、彼岸での幸福が欲しいという、そういう気持ちが見て取れるのです。これはこの世の生を「苦」と考えるにしましても、また死後の生へのただ一回限りの準備期間であるとするにしましても、いずれにしても、彼岸を一つの楽園と捉える思想の必然的な帰結であると言えましょう。仏教においては「輪廻の輪」を断ち切ることが修行の目的であり、もう一度地上に戻るとするならば、それは修行が不完全であったためだとされています。輪廻の輪を切ることができなくてもう一度そのような苦しみを繰り返さなければならない、という感じ方をする以上、地上における次回の生に向かっての積極的な意志の生まれてくるはずがありません。現世利益を願うにしろ、彼岸における安楽を求めるにしろ、それは結局のところ自分という個人の快楽を欲する気持ちに違いないのです。

「彼岸」理解の落とし穴――キリスト教的肉

南ドイツのバード・ボルという小さな村で展開された、一つの不思議な宗教活動があります。その導き手であったクリストフ・ブルームハルトという宗教者は、今申しましたような欲望を「キリスト教的な肉」と呼んでいます。彼の父はヨハン・クリストフ・ブルームハルトといい、この人も偉大な宗教者でありましたが、彼が死んだ時信者が非常に悲しんだことを思い返して、息子ブルームハルトは次のように言っています。

「私は九年前父が死んだ時に、私の心を揺さぶった悲しみを今も覚えている。あの時、手紙や直接の言葉で、私に告げられた実に多くの人々の悲しみは、彼らが毎年父から期待してきた霊的喜びが、今や終わったということについての嘆きであった。」

肉体的・物質的な満足は言うまでもなく、このような霊的な喜びですら、それらを追求するのは現世における個人の欲求であり、欲望でありまして、そこには未来の人類のあり方に対しての積極的な参加の意志が、強く働いているとは言えないとするわけであります。言い換えれば、これは「宗教的エゴイズム」なのです。

禅宗でよく言われますが「見性したさの修行」という言葉があります。これは「見性病」ともいうそうで、一種の病気とみなされています。私は十年以上、北鎌倉の円覚寺に住んでおりましたが、そこによく遊びに来たジョンというアメリカの青年が、私に「あなたは見性しましたか」としきりに聞くのです。とにかく彼自身はとても見性したがっていました。有名な山田耕雲老師のところにたくさんの外国人が参禅していましたが、そのおおよそは、この病気の患者であったようであります。その頃、山田老師のお弟子さんのカプローという人が「THREE PILLARS OF ZEN」という本を出し、ベスト・セラーになりました。これをドルチィさんというドイツ人がドイツ語に翻訳されて、非常に立派な註を付けられました。ドルチィさんは大変優れた、それこそ見性体験の豊かな人でありますが、カプロー氏やドルチィさんのように深いところまで達した人はむしろ少数派で、多くは「見性病」で終わっているようであります。そういう見性病やいわゆる「超能力が欲しい」というオカルト志向の人も、日本には少なくないように私は見ております。物質的なエゴイズムを克服して、人間の魂を自由に導いてゆくべき使命を持つ宗教精神が、今度はまた新たに、そういう宗教的エゴイズムにとらわれやすいという現象は、私たちの日常にしばしば見るところであります。

シュタイナーが説きました意味での輪廻転生は、「死と生の循環」を意味していまして、死から次の生の誕生までの期間の存在様式を、誕生から死までのそれと関連づけて眺めたという点で、個人の一生の持つ意味の重さを明らかにしたと言えるものであります。

すなわち今の世の個人の生は、人類の未来を準備するものでありますから、人類の将来に影響を及ぼしますが、それは同時に自分自身の未来の生の環境を作ってゆく営みでもあります。個人の生と人類の生の連帯の倫理が、ここから自然に生じてまいります。

この倫理に対して、それは宗教的なものではなく社会科学的なものだという観点も確かにあると思いますが、しかしいかなる倫理も、宗教的な感性と無関係ではありません。シュタイナー自身は、自分の人智学は宗教ではないと言っていますけれども、彼のなした仕事に接した時に宗教的な感動を感じるとしても、それはこの意味で、少しも不思議ではないと思うのであります。

ルドルフ・シュタイナー研究の手続き

私は今日ここに、ルドルフ・シュタイナーについてお話するようにとお招きをいただいたのですが、彼の世界のごく小さな部分についてしか取り上げることができませんでした。彼の仕事は非常に多岐にわたっておりますので、それらをすべて視野に収めるには、それなりの時間と努力を必要とするのはいたしかたありません。

しかし先ほどから申し上げていますように、彼の自然科学的な仕事——彼はウィーンの工科大学の出身でありまして、ゲーテの最も大きな全集であるワイマール版全集の「自然科学」の部門の担当の編集者であり、解説者・注釈者でありますーーそういう自然科学的な仕事や宗教学的な研究や、芸術・文化的な活動などの、そのいずれをとってみましても、それらの根本にある世界観・人間観を無視しましては、正しい理解が成り立ちません。ルドルフ・シュタイナー研究は、常に総合的な理解を必要とします。

最近になりまして、少しずつ日本語の文献も整備されてきましたので、ご興味をお持ちのかたがたには、直接にシュタイナー自身の書いた著作についてご研究になる便宜が増えてまいりました。彼の著作は現在では大小いくつもの出版社から刊行されるようになっています。ドイツでもフィッシャーという大きな出版社などが、シュタイナーのものをたくさん出版しております。

これは少し以前には考えられないことでありまして、私が最初に留学しました一九五九～六二年の間、大学ではシュタイナーの名前は聞けませんでした。もちろん、大学の書籍部にはシュタイナーの本などは一冊も置かれていませんでした。二度目の滞在期間である一九七二～七四年の頃は、シュタイナーについて語る人の数も増えてきて、本屋でも取り扱うようになっていましたが、大学の図書館にはありませんでした。ところが三度目の滞在となった一九八二～八四年には、大学図書館に著作集が入っており、生協書籍部にはシュタイナーのコーナーさえ設けてありました。すなわち単なる一時的な好奇心ではない持続的な興味が出てきていて、それに応えられるような体制も生まれてきつつあります。

もっともシュタイナーの言葉は残念ながら、標準的ないしは平均的なドイツ語とは言い難いのでありまして、誤訳の危険性が他の文献よりも多いと思います。それから講演が多いということも、誤訳が生まれやすい原因になっていると言えるようです。しかしそれを承知の上で、翻訳でありましても、原典でありましても、とにかく彼自身の言葉から彼を理解する努力をすることが大切かと思います。そして研ぎ澄まされた宗教的な感性をもって彼の著作に当たりますと、一見大変に飛躍の多い言葉の内側から、言葉の意味を超えた何かが語りかけてくることにお気づきになると思います。

自分の貧しい読書体験をもとにして断定的なことを申し上げるつもりはありませんけれども、少なくとも私の場合にはそういう感じがございました。つまり一種のインスピレーションを呼び起こすイメージが彼の作品の中に漂っていて、シュタイナー自身が「倫理的ファンタジー」と呼んでいるものを、読み手の心の中に呼び醒まします。私はシュタイナーの作品を読みますと、そのたびにそのようなイメージを受け取るのです。私の今日の試みは、そういう私の個人的体験を、言葉で伝えてみようとするものでありました。この私の意図を多少なりともお汲み取りいただけましたら、この上ない幸いでございます。

（一九八七年十一月二日　日本キリスト教学際学会　東京ダイヤモンドホテル）

第五章　「木下杢太郎」余韻

杢太郎とゲーテ

（昭和六十一年日本ゲーテ協会通常総会における講演）

本日はこのような席にお招きを受けまして、大先生がた、諸先輩、新進気鋭の学究の皆様の前で拙いお話を申し上げることとなり、大変恐縮いたしております。もう随分以前に正統的なゲーテ研究の道を踏みはずしてしまい、近年の目覚しいばかりに華やかな皆様のお仕事ぶりを、ただ遠くから感嘆して眺めているばかりの私にとりまして、専門家の皆様の前でこうして何かをお話し申し上げることはおこがましく、できればご辞退いたしたかったのですが、ご親切な先輩・友人のお勧めを無下にお断りすることもまたはばかられましたので、意を決して出てまいった次第でございます。そういう訳で、内容も何一つ新しいこととてなく、さぞかしご退屈かと存じますが、しばらくの間ご辛抱くださいますように、お願い申し上げます。

さて、本日のテーマは「木下杢太郎とゲーテ」といたしておきましたが、日本におけるゲーテ受容の歴史の一コマを、木下杢太郎とゲーテとの関わりという具体的な例によって映し出そうとすれば、大まかなところ、どんな像が浮かんでくるでしょうか。そういう意図でこういうテーマを選んでみたのでありまして、いずれにしましても、決して「杢太郎のゲーテ像」とか、「杢太郎に見られるゲーテの影響」とかいうような、本格的な論陣を張るつもりはなく、また、そのような用意もいたしておりません。そういう難しい議論をする前のところで、いったい杢太郎はいつ頃からゲーテを読み始めたのか、どんな作品を好んだか、というような水準の問いから出発して、続いて、彼がゲーテについてどんなことを書き記しているかを、一つ二つ実例によってお話できればよいと考えております。

木下杢太郎、つまり後年の東大医学部皮膚科学講座主任教授、医学博士太田正雄は、現在の伊東市湯川で生まれ、明治三十一（一八九八）年、十三歳の時に神田の獨逸學協会中学に入学いたしました。歴史の先生は津田左右吉であり、友人に長田秀雄がいたことなどは周知のところでありますが、杢太郎が中学時代にゲーテの作品を読んでいたかどうかについては、まだ確証がありません。井上勤訳『独逸奇談・狐の裁判』が出たのは明治十七年のことで、『ヴェルテル』の中井錦城による抄訳も明治二十二年に『新小説』に発表されており、同じく明治二十二年の『女学雑誌』には『ヴイルヘルム・マイスタア』のミニヨンの部分が訳出（愛軒居士訳）されておりますから、杢太郎が幼少の頃からゲーテの名を耳にしていたであろうことは想像がつきますが、特に明治三十四年、つまり杢太郎が中学四年になり『文庫』『新聲』『明星』などの文芸雑誌に読みふけっていた頃に、草野柴二訳の『ヘルマンとドロテア』が出版されましたので、これは多分杢太郎の目にとまっていたことでしょう。

しかし、いずれにいたしましても杢太郎が本格的にゲーテの作品を読み始めますのは、明治三十六年七月に第一高等学校に入学してからのことであります。一高では一年の二学期に岩元禎教授の時間に『ゲッツ・フォン・ベルリヒンゲン』を読みましたが、それと併行して、当時九段下にあった獨逸語専門学校という夜学で『ヴェルテル』と『ヘルマンとドロテア』の授業を受けようと決心し、南江堂で本を買って、講義の始まる前に独力でこれらを読み始めております。『ヴェルテル』を担当した教師は法学者・経済学者として有名な和田垣謙三（一八六〇〜一九一九）でありましたが、開講の期日が来ても一向に姿を現わさず、結局この講義は流れたようでありますが『ヘルマンとドロテア』の方は平塚という講師で、杢太郎はドイツ語の註釈書まで買い込んで熟読したのでありました。このほかエッカーマンの『ゲーテとの対話』や、

『イフィゲーニエ』なども入手して、次々と読んでおりますが、最も大きな体験は何と言っても岩元禎教授が『ゲッツ』に続いて講読した『イタリア紀行』を聴講したことでした。のちに杢太郎自身が「一高時代の回顧」というエッセイの中で、次のように述べております。

「中に就てわたくしは岩元教授から受けた多大の薫陶を銘意する。多勢の學生の不平にも拘らず、一箇年間にゲエテが伊太利亞紀行三分二弱を讀み了しめた事は實に先生であった。わたくしも分相應にゲエテの氣象を感知することが出来た。現にわたくしが人生に處して、心常に平なるを得るは先生から植ゑつけられた多少の讀書癖に由るのである。」

一高の名物教授であった岩元禎については、最近また改めて話題になったことでもあり、とりわけて申し上げることもありませんが、ご承知のように相当に強い好悪の感情を学生に対して持たれた方のようであります。杢太郎は岩元先生を大変尊敬しており、先生からも深く愛されていたと察せられますが、実際一時期は自分もドイツ文学者になって、ゲーテを研究しようと、真剣に考えたこともあったことが、日記などから窺えます。ただし、この頃の彼のゲーテ熱が多分に美術への関心と結びついていたことは、見逃すわけにはまいりません。例えば『泰西名画集』を開いて、その中に収められていたイタリア美術の名品を眺めながら、それらに対するゲーテの批評や讃辞の意味を考えたり、ヴェネチアやローマの町のすばらしさを想像しながら、自分の住む環境の雑駁なことを嘆いたりしている様子が、日記に生き生きと記されていて、若き杢太郎の感動がどのようなものであったかが想像されます。杢太郎は少年時代から画才に富んでおり、一高時代も専門の画家になりたいという望みをまだ捨てかねていたのでありますから、ゲーテの作品の中でも『イタリア紀行』から最も強い印象を得たことはむしろ当然であり、しかもこれを尊敬する岩元先生から習ったのですから、感動もひとしお

であったのでしょう。三年生の前期の始まろうとする明治三十八年九月になっても彼は日記に

「おれはもとより醫者にならうとは思はないさ、ままよ、次の一學年は獨乙語と画の稽古でつぶせ」（九月三日）

「此後一年をば、ゲーテの研究と正則なる繪画の稽古にゆだねむと欲す」（九月八日）

などと書きつけておりまして、もしも画家となる道がはばまれたらドイツ文学に進み、ゲーテを研究しようと考えていたことが分かります。杢太郎は多読な人で、一高に入ってからゲーテの他にもハイネ、シラー、レッシングなどを始め、トルストイ、ゴリキー、チェホフ、ドストイエフスキーなどもドイツ語訳で読んでいて、中でもツルゲーネフは大好きでありました。しかし、専門として一つを選ぶとすればゲーテ以外には考えられなかったというのには、やはりそこに美術との関わりが感じられたからであり、具体的には『イタリア紀行』を大学での研究テーマにしようとする意図がすでに、彼の心の中に芽生えていたからでありましょう。実際彼はカール・フィリップ・モーリッツの『Götterlehre der Griechen und Römer』を読み、上田敏に教えられてコッタ版の十三巻本の『ゲーテ全集』や、ビルショフスキイの『ゲーテ伝』などを注文して、医学部進学志望の一高第三部から、文科への転科を準備していたのでありました。ところが、画家になることはもとより、文科に転科することに対しても、杢太郎の家族からの反対が強く、その上に、尊敬する岩元先生がわざわざ彼を呼んで、転科をせず医学の道に進むように諭されたりいたしましたので、思い直して東京大学医学部に進むことにしたのです。この問題で杢太郎はその後も大変苦しんだようです。

明治三十九（一九〇六）年から大正五（一九一六）年にかけての十年間、つまり大学生時代から医局時代の終わるまでの間は、杢太郎が詩人として、また劇作家・小説家・美術批評家として、東京の文壇で大活躍をした時期であります。文学や美術の好みもホフマンスタールや外光派・印象派といったものの上に移っており、感激の対象はゲーテの『イタリア

紀行』からリヒャルト・ムーテルの『十九世紀佛國繪畫史』や、ユウリウス・マイエルグレエフェの『近世芸術発展史』になっておりました。しかし彼の感覚の深いところには、岩元先生の授業から受けた強烈な印象が生き続けており、時おりそれが彼の創作活動の上に姿を現わしていることも、見逃すわけにはゆきません。その一例をあげますと、森鷗外邸で催された観潮楼歌会に杢太郎が初めて参加した明治四十一年十月三日に、彼が席上で詠んだ歌は次のようなものでありました。

十月は枯草の香をかぎつつもチロルを越えてイタリヤに入る

この歌は大層鷗外の気に入りまして、杢太郎自身も予想しなかった高点を得たのだそうですが、彼自身も述べている通り（「森鷗外先生に就いて」）ゲーテの『イタリア紀行』を「もじった」ものであります。

もう一つ、森鷗外との関連で申しますと、鷗外の名訳の一つであるゲーテの『ファウスト』は大正二年に冨山房から出版されたのでありますが、その装釘を受け持ったのが杢太郎であります。鷗外が文芸委員会に嘱託されて『ファウスト』の翻訳に着手するのが明治四十四年七月三日であり、一部二部ともに訳し了わるのが翌年の一月五日であって、その年の八月には杢太郎が鷗外を訪れて、本の中に入れる木版画について相談をしたということが「鷗外日記」に記されております。

ところで、この件に関連する記載を『木下杢太郎日記』の方で捜してみますと、明治四十四年六月十七日土曜日のところに次のようなことが書かれております。いろいろと興味深い事情が読み取れるので、全文を引用させていただきます。

(1911)

17. VI. 11　土

三浦氏 Klinik、ソヨリ　Auge、入澤、Polikli ニユク。
晝メシハ辯當ヲ Prof.Irizawa ノ Zimmer ニテ食フ。マタコノ比ニ――Physiologie ヘユクトイフ話。
午后佐藤氏 Klin. 今井ノ所デ病理 Note 一冊カリ、ソレカラ圖書館ニ一時間バカリ。颯田ト Musikschule ノ文彌節ヲキキニユク約ハ果サズ家ニカヘリ病理ヲミル。澤崎来ル。

ソレカラ夜森博士ヲタヅネル。Er war heute sehr heiter. Frau Mori モ出テクル。
Prof. Koganei も亦 Kinder が多いので大に困まりてゐるといふやうな話、これは予が Physiologie にゆかむといひたるより出づ。

Kleinkind, Darmleiden. Kalomel 0.1
Dermatologie
予に Faust を譯さぬかといふ。全く意想外のことなりし故何とも考へず、返答もせず。

杢太郎は大学の医学部に進みましてからも何とかして文学を専門とする方向に転じたいと願っておりました。家族からは決して同意を得られませんでしたので、尊敬する森鷗外の意見を聞きたいと考え、鷗外が「萬事を捨てて文藝の事に従へ」（「森鷗外先生に就いて」）と言ってくれることを期待したのでしたが、鷗外は、ついに一度もそれらしい言葉を口にしなかったそうであります。そこで結局、医学部を卒業するところまできてしまい、今度は、卒業後にどの分野を専門に選ぶか、言い換えれば、どの教授の教室に入るかという選択の前に立たされることになりました。そこで杢太郎は、この件についても、鷗外の意見を聞こうと思ったのであります。

この日記の中にも見えますように、この日は大学や病院で授業に出たり実習をしたりした後、内科の入澤達吉教授の部屋を訪れ、そこで昼食をとりました。そこでも医局の選択のことが話題にのぼります。生理学に進んだらどうかと、誰かが、おそらくは入澤教授でしょうが、言ったらしく思われます。午後は外科の教室に顔を出し、それから図書館で勉強をし、㛹田琴次と遊びに行く約束があったのを断って、夜、鷗外を訪問したのです。杢太郎の質問に答えて鷗外は、義兄弟にあたる解剖学の小金井良精の例などを出しながら、皮膚科の土肥慶蔵につくことを勧めます。そういうやりとりがあってから、鷗外は突然、ゲーテの『ファウスト』を翻訳しないかと、杢太郎に質問したのであります。

杢太郎にとりましては、この質問は全く思いがけないものでした。彼はとっさに否とも応とも返答ができず、びっくりしたままで家に帰ったように思われます。そういう感じが、日記のこの文から受け取られます。しかし鷗外の側からいたしますと、この年の五月に正式発足したばかりの文芸委員会の仕事として『ファウスト』を翻訳刊行しようという計画は、すでに鷗外の心の中にあったはずであり、委員長の岡田良平が病気になり、七月から鷗外がその役を受け継ぐことになるのですから、この頃には今後の運営に、はっきりとした見通しを持っていたに違いありません。すでにドイツ留学時代から『ファウスト』の翻訳を考えていた鷗外が、翌月の会合でこの件を持ち出し、訳者として杢太郎を推薦するつもりであったと推測しても、決して不自然ではないのであります。この作品をよく読み込んで熟知していた鷗外が、杢太郎ならば立派に訳せると判断していたということが、この一行から窺えると言ってもよいでありましょう。

結局は鷗外の力量をよく認識していた杢太郎がこの申し出を辞退し、訳は鷗外自身が引き受け、杢太郎は装釘者として鷗外に協力するということになったのでありますが、この二人の偉大な「ユマニスト」を一つに結びつけている永遠の記念碑がゲーテの『ファウスト』の日本語訳であるということは、記憶されてよいことと申せましょう。

さて、先ほど申し上げましたように森鷗外の勧めもありましたので、杢太郎は大学を卒業した後に、最終的には土肥慶蔵教授の率いる皮膚科の教室に入り、大正五年から九年まで現在の遼寧省瀋陽、当時の奉天市の、南満医学堂教授兼奉天医院皮膚科部長として勤務し、東洋美術の研究などで大きな仕事をしたのち、大正十年にアメリカ経由でヨーロッパに向かい、三年余りをヨーロッパで過ごします。皮膚科学の研究の便宜のためにパリを本拠とし、主としてサン・ルイ病院で勉強するのですが、その間にヨーロッパ各地を旅行して医学以外の分野での収穫も多く、中でもスペインとポルトガルでキリシタン史関係の貴重な資料を発掘して、学界に大きな貢献をしたことは、どなたもご存じであろうと思います。ただ、この頃になりますと、彼の心の中に占めるゲーテへの関心の度合は比較的小さくなっており、わざわざワイマールを訪ねたり、ゲーテの作った劇を好んで観に行ったりするというようなことはなかったようであります。そういううちにも何度かゲーテを偲ぶ機会もなかったわけではなく、特にイタリアに旅した時には、かつて青春の情熱をかたむけて読んだ『イタリア紀行』をたずさえて行っており、一種のゲーテ巡礼の気分も味わっていたに違いありません。彼がヴェネチアに滞在した時の日記の一節として、あるエッセイ（「ゲエテの伊太利亜紀行」）に引いている文章をご紹介いたしましょう。

「あたりがとぼとぼになる頃やつと宿屋の多い街區に出た。その間にも、兩岸の高い家並がとぎれると、突然に小橋が現はれ、その後方の既に燈火の明い家の前面の見えるところなど、筑後の柳川、支那の蘇州などの水道を航行する時と同じ情趣であつた。舟の已に過ぎた Alberto Vittoria と云ふ家の、川へと下りる入口のたたずまひ、暗い燈かげに見える内部のけはひなどに好いところの有るに氣付き、舟をその家まで返させ、今夜はそこの客になることに定めた。此家は偶然にもゲエテが伊太利亜紀行に出て來る「英吉利女皇館」で、翌日その軒に、千七百八十六年の幾月の幾日から幾月の幾日までゲエテがここに宿したといふ文句が、獨逸語で記されてあるのに氣附いた。」

杢太郎がヴェネチアに着いたのは大正十二（一九二三）年四月四日の夕方でありますが、今引用いたしました文章は当時の日記には見当らず、おそらく備忘のため別に書き留めておいた記録があったものと想像されます。それはともかくとして、ヨーロッパ滞在中に杢太郎がゲーテのことを考えたのはイタリアにおいてであり、具体的には例えばチントレットオ、パウロ・ヴェロネーゼ、そしてヴェネチアとパラディオというような観照対象を前にした時であり、つまり『イタリア紀行』のゲーテなのでありました。彼はまた、次のようにも言っております。

「若し僕が今、文科大學の學生であつたとしたら、ゲエテが伊太利亞紀行を卒業論文の題目として選んだであらう。然しその場合には之をゲエテが自敍傳――その内生活發達史の一部として見るのではなく、當時の文藝批評の標準、殊にゲエテが参考にした各種の伊太利亞に關する評論――さう云ふ層から、如何にゲエテが游ぎ出して、自分固有の見解を作つたか、また伊太利亞の地で新に得た友人たちからどれだけ影響せられたか。既に Niebuhr などと云ふ男はゲエテの此書を酷評してゐるさうであるが、當時伊太利亞に在つた青年獨逸美術家たちとの間の、世代相の差異は果してどの位であつたか。伊太利亞美術に對する知識や見解はその後百餘年の間に大に變化した。僕も一九二三年ゲエテのかの書を携へて伊太利亞を旅行し、こんな筈ではなかつたがと思つたこともある。是等の近世の意識の層を通じて、逆に回顧すると、ゲエテの姿はどの位の程度まで歪んで見えるだらうか。そんな風な見方から觀察して見たいといふのである。」（「ゲエテの伊太利亞紀行」）

杢太郎がこの文を書いたのは昭和七年のことであり、雑誌『セルパン』の「ゲエテ百年祭記念号」に掲載されたのでありますから、彼が一高で『イタリア紀行』を学んでからすでに二十八年、イタリアに旅行してから九年の年月が経っているわけであります。この文章で見る限り、その間に彼の『イタリア紀行』に対する関心は少しも薄らいでおらず、問題意識も、その方向を変えることなく、確実に深まっているように思われます。青春の感激を保持し続け、それを深め続けてゆくという生き方は、杢太郎において著しい一つの特徴でありまして、北原白秋などと共に始めた「南蛮趣味」の文学活動が、後になって『日本吉利支丹史鈔』や『えすぱにやぽるつがる記』「安土城記」などの作品に深まってゆき、若い頃から好きであった植物などの写生が、晩年の大作『百花譜』に発展するなど、このことは杢太郎の多面的な活動のどの部分をとっても言えることであります。『イタリア紀行』の研究は残念なことに、彼自身の言葉を借りるならば「中々手間がかか」って「文科大學の學生でもないと――時間の餘裕が十分に有る身でないと、企てかねる」ものでありましたから、結局は形をとるに至りませんでしたが、この「文科大學の學生でもないと」という一言に、どうしても文科に転ずることが許されず、したがって専門のゲーテ研究者になることのできなかった彼の、青春のうらみの余韻が聞き取れるのであります。

杢太郎の興味と問題意識の持続の息の長さは、ある意味でゲーテのそれに似たところがあります。申し上げるまでもなく、幼少の頃のファウスト体験を生涯にわたって深め続けたゲーテは、ファウストのみならず、ヴィルヘルム・マイスターも、イフィゲーニエも、およそ発展・深化の可能性のあるテーマなら、決して一度の感激の後に忘れ去るということはなく、生涯これを保持し続けました。そして、そのような興味・関心の幅が広く、かつ多岐にわたっておりました。この点でも杢太郎は、ゲーテの流れをくむ万能人の型に属する人でありました。ひとり自然科学のみならず、人文科学までも著しく専門分化の進んでまいりました現代世界におきまして、一つの面に偏り固執することによって大を成そうという功利主義・能率主義のために、個人の人間としての豊かさを大切にしようという精神が見失われがちであると言われますが、杢太郎の生涯を知りますと、専門の職業に入る以前にすでに芽生えていた多くの興味を、社会人として活動する中で失い去ることなく、はぐくみ育て、深めてゆくことによって、専門の仕事の内容と方向自身を自分に納得できるような姿に仕上げてゆくことが、スケールの大小さえ問わなければ、誰にでも許されている道であるように思われてくるのであります。

杢太郎がこのように長い間『イタリア紀行』のテーマを心の中に保持し続けたのは、見方によって一種の固執のように思われるかも知れません。しかしそういう固執を杢太郎はゲーテ以外の分野でも、例えばキリシタン研究ではヴァリニアーニとルイス・フロイスについて持ったのであり、また支倉常長について持ったのでありました。そういう、一つの分野で特定の対象に固執するという姿勢こそ、正しい意味における「専門」研究の発生する母胎であり、そういう自然に発生した興味による専門化は、対象の一面的把握を引き起こすことはありません。杢太郎が『イタリア紀行』によってゲーテを体験し、この体験を生涯持ち続けたということは、彼がゲーテの他の面に盲目であったということを意味するものでは、決してありませんでした。むしろ『イタリア紀行』を具体的な手がかりとして、広くて奥深いゲーテの世界を窺おうとしたと言うべきなのであります。ただ私たちにとりまして残念なのは、杢太郎がこの作品を部分的にしか訳していないことであります。やはり時間の余裕がなかったことが最大の原因でありましょうが、もしあのリヒャルト・ムーテルの『十九世紀佛國繪畫史』の代わりに、彼がゲーテの『イタリア紀行』の完訳を残していてくれたら、私たちゲーテ愛好者にとって木下杢太郎の名が、もっともっと親しいものとなっていたであろうと思います。

杢太郎の残したゲーテに関する仕事には、まず翻訳の方から申しますと、『エグモント』があり、「上顎の間骨は動物と同じく人間にも認められるべきこと」という、いわゆる「顎間骨」論文があります。また、エッセイや論文や解説の類としては、先にあげました「ゲーテの伊太利亞紀行」の他に、「ゲエテと醫學」、『エグモント』に付した解説などがあげられましょう。これらはそれぞれ興味ぶかく、杢太郎がゲーテから学んだものを知る貴重な資料でもありますが、今日のところは、これらについての詳しいことは省かせていただきたく思います。

以上、とりとめなくお話をしてまいりましたが、私の申し上げてみたく思っておりましたことを要約いたしますと、まず、杢太郎とゲーテとの出会いが一高の岩元先生の授業における『イタリア紀行』であったこと、そしてこの作品への関心が生涯を通して杢太郎の中に生き続けていたことであります。次に、杢太郎のゲーテ体験には彼と森鷗外との関わりが反映しており、その一例として『ファウスト』の翻訳をめぐっての経緯があげられるということをお話しいたしました。

それからまた、ゲーテと杢太郎との間に、生き方の上である種の相似が見られ、その相似性の意味を考えるところから、現代世界の矛盾を克服しようとする時の示唆が私たちに与えられるのではないか、ということも申しました。いずれにせよ、内容としては何一つ新しい発見をお伝えすることのできないことを万々承知しながら、尊敬する太田正雄先生・木下杢太郎のおもかげを、ゲーテと関係する面だけに限って話させていただいたわけでございます。

ご清聴を深く御礼申し上げます。

（一九八六年五月十四日　日本ゲーテ協会、ドイツ文化会館）

杢太郎と晶子——社会思想をめぐって——

（伊東市の一九九三年度杢太郎祭における記念講演の筆記録を修正したものである。）

木下杢太郎、すなわち太田正雄先生が文壇に登場されたのは明治四十（一九〇七）年のことで、最初に発表されたのは「蒸気のにほひ」という題の小文でした。この作品は現在木下杢太郎全集の第五巻の冒頭に収められておりますから、簡単に見ることができます。掲載された雑誌は『明星』未歳《ひつじどし》第三号、つまり明治四十年三月号でありますが、この文芸雑誌は言うまでもなく、新詩社の機関誌であり、新詩社が與謝野寛・晶子夫妻を中心とする文芸結社、つまり詩人・歌人・文学者のグループであることは、これもまた改めて申すまでもありません。太田先生は友人の長田秀雄に紹介されて、この結社の同人になったばかりでした。当時太田先生は満年齢で二十一歳、與謝野寛は三十四歳、晶子は二十八歳でありました。

太田先生から見ますと寛は十三歳、晶子は七歳の年長ですが、文芸運動の変化の歩みが大変速かった明治時代においては、この年齢差の意味するところは極めて大きいものでした。寛が最初の詩歌集『東西南北』を発表して、詩歌の世界、特に短歌界に強い衝撃を与えたのが明治二十九年七月、『明星』を創刊したのが明治三十三年四月、これに直ちに参加した晶子が寛と直接に知り合い結ばれるのが同年八月、第一歌集『みだれ髪』の刊行が三十四年八月で、太田青年が二人の前に姿を現わす前に寛は七冊、晶子は六冊の詩歌文集を発表しており、二人ともすでに文壇の大きな存在でありました。

この頃の新詩社の活動と性格を太田先生は後に、次のように記しておられます。

「今でも類の少いことであるが、当時の、極めて其数の少い文学的サロンとしては新詩社は随一のものであつた。その頃の文壇人は、とても今ほど多くはなかつたから当時一流の名匠は多くはこのサロンを訪ひ、我々弱輩も容易にかかる人々に面接することが出来た。馬場孤蝶氏、戸川秋骨氏、千葉掬香氏、浦原有明氏などがそれであつた。石井柏亭氏、山崎紫紅氏などは客員格として既に甚だ重んぜられてゐた。時々の会合には軍服姿の鷗外博士、瀟洒なる柳村先生（上田敏）も、夕方の弁当を前にし、歌を作られ、また談論せられた。今にしては得難い光景であった。」（「與謝野寛先生還暦の賀に際して」『冬柏』四巻三号、昭和八年二月）

すなわち太田先生は與謝野夫妻の傘下に入り、新詩社同人となることによって、詩人・劇作家・小説家として成長してゆく機会を得たのでした。この頃太田先生はまだ太田正雄の本名を用いておられましたが、やがて木下杢太郎を始め竹下数太郎、堀花村、きしのあかしや等々のペンネームが用いられるようになりましたので、私もこの辺りから先生を杢太郎という筆名によって呼ぶこととし、一人の作家として取り扱う時の常として、敬語を省かせていただきたく存じます。

『明星』によってデビューした杢太郎はその年、すなわち明治四十年の夏休みに、與謝野寛の引率する新詩社の九州旅行に参加し、それを機会に詩を作る技を身につけたのでしたが、その折の仲間である北原白秋、吉井勇、それに長田秀雄・幹彦兄弟などと共に、翌四十一年一月に新詩社を脱退します。この事件については、杢太郎や白秋たちが與謝野寛に対して反感を抱いたかに説く人もありますが、事実はそれほどのことではなく、若い世代が気負いを持って自己の存在を主張したという程度のことだったと言うべきでしょう。また、創刊以来百号に達した『明星』が、その歴史的な役割を果たし、次の時代を担う新人たちに場をゆずったのだと見ることもできます。『明星』は明治四十一年十一月発行のこの第百号をもって廃刊となりました。そして翌明治四十二年一月に『スバル』が創刊され、杢太郎、白秋、秀雄、石川啄木などが中心となって、新しい局面が展開されてゆくわけです。執筆者の顔ぶれは『明星』の時と重なるものが多く、與謝野夫妻もその中に見いだされますから、『スバル』同人と與謝野夫妻との関係は決して冷たくなったわけではなかったのです。ただ、與謝野夫妻の手から次の世代へと、時代を背負う者の責任が移り、文学思潮の傾向が変化したことは明らかでした。

これを與謝野寛について見ますと、『明星』が廃刊した後の明治四十三年に歌集『相聞』が刊行されますが、これは『明星』に発表された短歌を千首選んだものに過ぎず、その次の詩歌集『槲之葉』は、従来の自分の世界から脱皮することを望みながら果たせない、焦ちと苦悩に満ちた作品となっています。かつて歌論『亡国の音』によって短歌界を驚かせ、晶子と交した恋愛歌によって新しい時代を生み出した寛の意気も情感も、すでに今では創造のエネルギーを失ってしまい、過去のものとなっていたのです。杢太郎と寛との関係を見る時、おおよそ今述べたような流れにそって理解してよいのではないでしょうか。

杢太郎と與謝野晶子との関わりを考える場合には、これとは全く別の見方をする必要があるように思います。杢太郎や白秋などによって乗り越えられていった『明星』の世界は、いうなれば寛によって担われていた部分であって、晶子の担っていた部分は、あるいはもっと明瞭に言うならば晶子の世界は、決して若い世代によって乗り越えられてはいませんでした。晶子には若き俊秀たちによっても追い越すことのできないものがありました。それは芸術上の主義や、作家の技法や、創作力というような面での能力やエネルギーではなく、もっと別の種類のものであり、おそらくは若い優れた男性たちを彼女の周りに引きつけた魅力の源泉もそれであったと思われる「何か」なのです。

その「何か」に対して、性急に名称を与えることはしばらく慎みたいと思います。そしてこの「何か」の正体を見定めるために、これまで「情熱の歌人」という視点から論じられることの多かった晶子を、それとは少し違った角度から眺め直してみようと思います。

ご承知のように晶子は堺の出身で、駿河屋という名の知れたお菓子屋さんの娘であります。父親があまり商売熱心でなかったのと、これまで父に代わって店をあずかっていた姉さんが結婚して家を出たのとが原因で、まだ十二歳だった頃から店の帳場に坐り、仕入れ販売、収支の計算など、店の経営にたずさわりました。その間に暇をぬすんで平安朝の文学に読みふけり、のちに歌人として活躍する基礎を身につけたのですが、その一方で、使用人やお客との関係を通して実生活の苦労を体験し、経済のやりくりの中から社会の営みの実相を知ったのでした。息のつまるような古いしきたりに縛られながら、我欲にまみれて生きる人間の多い社会を、晶子は十二歳から十九歳までの娘時代に、自分の日常として生きたのです。

もちろん彼女の語彙の中にはまだ、「革命」とか「社会改革」とか「自己解放」とかいう言葉はなかったと思いますが、せせこましく息苦しく差別に満ちている世界を否定する感情と、そこから逃れ出たいという願望が次第に強く心の中に育っていたことは確かで、すでに短歌を作り始めていた彼女が、短歌界の革命児である與謝野寛の新詩社に参加する気持ちになったのは、よく理解できる経緯であります。

ただここでちょっと言葉をはさんでおきますと、與謝野寛は確かに古い和歌の伝統を打ち破り、新しい短歌の創造を提唱した革命児でしたが、彼の「丈夫風《ますらおぶり》」と呼ばれた新しいしらべの基調にあるのは、社会的日常的な生活の中に巣食う矛盾への怒りではなく、新生日本を謳歌するナショナリズムでした。古い殻を脱ぎすてて、勢いよく外に向かって打ち出してゆく勇ましさが、「虎の鉄幹」と呼ばれた若き日の寛の姿でした。

いたづらに、何をかいはむ。事はただ、
此太刀にあり、ただ此太刀に。

という歌が、まさにこの頃の寛の代表作だったのです。

しかし何はともあれ、古い世界を打破しようという寛のアピールは、じくじくと平安朝以来の約束を守り続ける伝統的和歌の世界よりも、晶子の心をとらえる力を持っていました。もちろん寛の他にも短歌革新の運動はあり、例えば、寛と晶子が出会うより二年前の明治三十一年二月には、正岡子規が「歌よみに与ふる書」を発表して、俳句の世界で実証した写生の方法を短歌に生かす試みを開始しています。しかし、晶子が他ならぬ寛のもとに走ったのには、確かにさまざまな運命的要因があったにせよ、ただの文学的革新にとどまらず、自分の住む現実の社会を否定し、そこから身体ごと抜け出したいという願いが根底にあったからに違いありません。

晶子は明治三十三年八月に寛と初めて会い、たちまちに寛を巻き込んで、奔放な恋愛歌の交換に始まる短歌の伝統破壊を成しとげましたが、この芸術上の自己解放は、彼女にとっては同時に古き生活からの脱皮をも意味しました。彼女は寛と結婚し、芸術家となり、自分の意志と責任において社会の中で自由に生きる道を拓いたのです。

自分で自分の生き方に責任を持つということは、もちろん晶子のような人にとってもたやすくはありませんでした。夫との関係においても、日常の経済生活においても、晶子は生涯苦労のしづめだったようです。その辺のことは例えば佐藤春夫の『晶子曼陀羅』にも描かれており、私もかつて述べたことがありますので省きますが、それとは別に、晶子にとって好ましい刺激であると同時に、大きな努力を要求する要素がありました。それは、新詩社の運動に参加してくる若い人たちとの付き合いであり、それを可能にするために必要な自己教育でありました。

先ほど引用いたしました杢太郎の思い出にもありましたように、新詩社は当時一種の文学的サロンで、文学を好む各界の優れた人たちが出入りしていました。森鷗外や上田敏などの大家は別にしても、法律家の平出修、哲学者の阿部次郎、英文学者の馬場孤蝶、ドイツ文学者の茅野蕭々、彫刻家の高村光太郎など多士済済で、サロンの女主人として彼らと接してゆくことは、作歌の技法も古典の教養もすべて独学で獲得してきた晶子にとっては大変な負担であったに違いありません。そして、晶子が偉大であったのは、実にこの負担に耐え抜き、新しい文化的環境を積極的に生かして、さらに自分を豊かにしていったことにあるのです。

晶子があの有名な「君死にたまふことなかれ」を発表したのは明治三十七年のことです。この詩は必ずしも反戦とか反帝国主義とかいうような明瞭な思想的立場をとっておらず、徴兵制の矛盾を指摘し、民の嘆きを歌ったものに過ぎないのですが、その根底には社会の中にある不正への怒りがあり、権力への不服従の姿勢が明瞭です。この詩に対する大町桂月の非難に応えて、翌年「ひらきぶみ」が発表され、読売新聞の角田剣南を巻き込んだ大論戦に発展していったのです。桂月のあまりの暴言にたまりかねた夫寛と平出修とが桂月のところに談判に行き、論をもって立つべき批評家の道義を逸脱した発言のあったことを認めさせ、わびさせたと言われています。

当時二十五歳であった晶子は、社会を見る目と正義感とを持っており、不正を怒る激情につき動かされて筆をとったのですが、実のところ社会の矛盾を論ずるにはまだ思想的に未熟であり、自分の立つべき所がどこにあるのかを自覚し切っていなかったようです。負けん気の強い晶子が社会問題について目を開き、娘時代から心に抱き続けてきた社会的不正への怒りと、男女差別や階級的差別のない平和な世界を生み出してゆこうとする願いとに、何とかして説得力のある表現法を獲得しようと努め始めた頃、ちょうどその頃に杢太郎の世代との出会いがあり、第一次『明星』の廃刊という事態が生じたのでありました。

『明星』が廃刊したまさにその年である明治四十一（一九〇八）年から、晶子は積極的に散文を書き始めます。短歌も相変らずたくさん作り、作歌指導、作品添削、色紙・短冊・屛風などへの揮毫などで生計を支えていたことは前と少しも変わりませんでしたが、自分の感情と思考に論理的な構造を与えて思想化しようとする意志は、実にこの頃に芽生えたものなのです。随筆や小説も書きましたが、何と言っても最も注目されるのは社会評論の執筆であります。そして明治四十二（一九〇九）年から明治四十四（一九一一）年までに雑誌に発表したものを集めて、第一社会評論集『一隅より』を刊行いたしました。

例の大逆事件が起きたのは明治四十三（一九一〇）年で、その翌年の一月に幸徳秋水らが死刑になります。この時『明星』以来の友人である平出修が弁護士として裁判に加わり、旧新詩社同人や『スバル』の仲間に事件の真相がある程度正確に伝えられたため、晶子も杢太郎も強い衝撃を受けたに相違ありません。平出修はこの時の体験を踏まえて『畜生道』（大正元年）『計画』（同上）『逆徒』（大正二年）を書きましたが、大正三（一九一四）年に、惜しくも結核で世を去りました。杢太郎は友の死を悼み「故平出修君を追懐す」という文を書いています。そしてその中で彼のことを「最も信頼するに足る友人」と呼んでおります。

杢太郎が大逆事件の刺激を受けて一部を書き直したと言われる「和泉屋染物店」は、幸徳秋水処刑の直後、すなわち明治四十四年二月に完成した作品です。晶子や『スバル』同人たちが社会の動きに目を向けたのは、必ずしも平出修の影響によるものだけではなかったに違いありませんが、晶子の身近にこのような新しい動きに敏感な人たちがおり、彼らが、同人の中でも年長者でしかも法律家であった平出修に負うところが多かったのも事実です。石川啄木が平出から受けた影響については日記などに具体的な証拠があるため、よく取り上げられます。啄木の場合は、それが直接的に社会主義への傾斜となって現われました。しかし、社会の矛盾を指摘し、精神と行動の自由を獲得しようとする意志は、それぞれの個人の置かれた状況によって現われ方を大きく異にいたします。啄木の社会主義的発想はしばらくおくとして、これを晶子と杢太郎について眺めてみましょう。

晶子が第一社会評論集として『一隅より』を発表したことはすでに申しました。彼女はそれからも社会評論を書き続け、第二集『雑記帳から』を大正四（一九一五）年に刊行してから、ほとんど毎年一冊ずつと言ってよいテンポで第三、第四……と続けてゆき、昭和九（一九三四）年の『優勝者となれ』をもって終わるまでに、計十五冊に達しました。晶子のこの面での仕事は従来あまり注目されておらず、作品を収めた本も、全集を別にしますと、私の知る限り岩波文庫に一冊『與謝野晶子評論集』という抜粋があるばかりです。これは大変残念なことでありまして、彼女の社会評論は、歌人としての業績に比べても決して劣ることのない、見事な仕事であると思います。

彼女の立論の特徴は、女性であり妻であり、また死亡した子も数えれば十二人の子どもの母であるという事実を踏まえた上での発言である点でしょう。このことが差別や偏見を指摘する時に、その具体性と実証性を保証する力を発揮します。彼女は出産、離婚、貞操観、女子の経済的自立、女子の被教育権、選挙権などについて大いに論じていますが、その際に男性の偏見を批判するばかりでなく、女性自身が抱いている先入観や偏見についても目をつぶりませんでした。そして進歩的ないしは急進的婦人解放運動家と言われている平塚雷鳥、山川菊栄、山田わか子などに対して、いかに彼女たちが男性依存的であり、特権階級的発想に縛られているかを、具体的かつ論理的に明快に指摘します。これらの論文の強い説得力に触れますと、日本の女性解放運動ないしはフェミニズムの歴史を辿る時、青踏社のお嬢様がたや社会主義イデオロギーの婦人旗手たちに対して捧げるのと、少なくとも同じだけの敬意を、晶子にも捧げるのが公平であろうと思わざるを得ません。

晶子の主張はつまるところ、男も女もみずから経済生活において独立できることが、本当の意味での精神の自由を保証する基盤であり、お互いの精神の自由の保証があって初めて男女の関係が、本当の愛情を基礎とする協力と献身の関係になり、これが差別のない平和な、そして文化創造のポテンシャルの高い社会を作り出す前提なのだ、というようにまとめられるでしょう。このことを彼女は自分の経験から、具体的な事件や、男性・女性の発言などに則して論じてゆきます。そして自分の論の裏づけとして、当時としては最も水準の高かったヨーロッパやロシア、アメリカなどの哲学書、社会論、経済論、教育論などを引用してみせることも忘れません。ロダン、ロマン・ロラン、トルストイ、リップス、オイケン、エレン・ケイ、ウィルソンなどの所説を引き、時によってはそれらをも批判しながら自説を展開するのですが、彼女の目指していたのが結局は、精神の自由と行動の自由の確立した社会であったことは明白です。

晶子が社会評論の筆をとり始めた頃、杢太郎もまた個人における自由の問題と、それにからむ経済的自立の問題に取り組んでおりました。しかし当時二十四、五歳であった大学生の杢太郎が直面していた問題は当然、極めて空想的であるとともに極めて具体的な性格の、そして極めて個人的なものでした。つまり、自分の将来を自分の意志に従って決定することのできない苦しみを、どのような形で解決するか、という大問題でありました。これは個人の精神の自由と行動の自由が、経済的自立の能力の有無と義理人情によって制約される実例で、杢太郎日記の明治四十三（一九一〇）年から四十四年のあたりを読みますと、彼が自分の精神の自由をどこに、そしてどのようにして見いだしたらよいのかを考えて、日夜苦闘している様子が、強く胸を打ちます。明治四十三年、四十四年といいますと、杢太郎が詩人・劇作家・美術批評家として最も華やかであった時期にあたりますが、実にこの時期こそ、彼の苦悩の最も深刻であった時期でもあったのは、決して見落としてはならないところだと思います。晶子のように自分の育った環境から抜け出して、経済的な自立を基礎とした精神と行動の自由とを獲得することができなければ、結局のところ経済的実権を握る者の言いなりになる他なく、そうなれば自分の将来を自分の責任で決めてゆくことができなくなります。それでもなお、個人における精神の自由と行動の自由があり得るのでしょうか。杢太郎の場合は、勉学のための費用を負担してくれる家族が、杢太郎に医者になることを望んでおり、杢太郎自身は画家か文学者になる方向を選びたかったのです。杢太郎は医学を専門にすることを、自分の意志の否定と感じました。職業選択の自由を放棄することは、精神と行動の自由を放棄することでした。

杢太郎の友人には平出修のように、法律家で同時に小説も書くという人もありましたが、北原白秋や吉井勇のように、自分の生活の全体を文学活動に使っている人もありました。また、スバル同人ではありませんが、児島喜久雄のように、自分の好きな美術の研究を大学で専攻している人もありました。杢太郎は自分の天職は芸術家であると信じていましたから、医学を専門に選ぶということは、自分の信念に従うことを諦めることでした。文学は片手間にやればよいという意見もありましたが、それは自己の意志による選択ではなく、自己の意志を貫けなかった敗北者の卑怯な妥協であるとしか思われませんでした。晶子においては個人の解放から出発して、今や女性の解放、階級的不公平と差別からの解放というところまで意識の拡大が進行し、評論活動という実践が開始されている時に、杢太郎は自己の精神的自由の確立という扉の前で苦悩していたわけです。

この時に杢太郎が心の支えとしたのは、森鷗外の存在でした。森鷗外が現在に至るまでにさまざまな外的な制約とたたかい、それに耐え抜いてきたことを、杢太郎は知っていました。森鷗外がどのようにして現在のような精神的自由の境地を獲得したのかを、若き杢太郎は何とかして知りたいと思いました。その経緯は、この頃の杢太郎の日記を読むと、正確に辿ることができます。杢太郎は鷗外を訪問しては、いろいろな問いを出します。両頭の蛇の話や、蛇の脱皮の話など、いろいろと謎をかけては謎めいた返事を貰っていますが、いくらか禅問答に似たこれらのやりとりの中から、杢太郎は鷗外の心の中の深い寂しさに気づきます。鷗外は極めて重大な「諦め」を、人生のいくつかの局面で自分に課している、それが現在の鷗外の精神の自由の源泉となっている、そういうことに気づくのです。このことを、杢太郎がその頃すでに明確に把握したとは必ずしも言えないかもしれませんが、この時に直感的にであれ予感的にであれ理解したものが、後年の優れた森鷗外論の下地になっていることは確実です。杢太郎の「鷗外文献」という文の中に、次のような箇所があります。

「『美と自由』とは博士の青年より以来もつとも尚んだ所である。研究室における科学的探求も又博士の飯飲よりも愛する所であつた。然らば何が故にそのもつとも尚ぶ所、もつとも好む所に就いて、他は之を弊履の如く棄てなかつたのであるか。僕のもつとも知らんと欲したのはこの事であつた。そして到頭直接に博士から教はることが無かつたのである。（中略）

をととしの夏から秋にかけて、僕は鷗外全集の大半を再読したが、その時僕は少し悟る所があつた。鷗外博士は両頭の蛇では無かつた。また世間の謂ふやうにヂレツタントでも無かつた。博士の一生涯の所業は甚だ多岐多端では有つたが決して相撞著するものでは無かつた。その青年時代に於て或は互に相鬩《せめ》いだかも知れぬ心中の諸像は、その齢のやうやく更けると共に渾然たる一体となつた。某医務局に於けると文壇に於けると、決して別の世界に住むのではなかつた。その共通する所は畢竟思索とアクシオンとの織りなす太い流であつた。然して諦念はまたこのアクシオンの重要なる一部であつたのを悉《し》るのである。」

杢太郎は森鷗外の歩んだ道を自分なりに歩もうとし、職業選択の自由を諦めることによって逆に、職業自体を自分の精神活動の表現の一つに選び取りました。諦念を通して精神の自由を獲得するという方法でした。この道を歩むという決断をしてしまいますと、かつての悩みの原因が、実は自我が自由を求めてかえって自己束縛をしていたことにあった、ということが分かってまいります。自由を求めてかえって自分に縄をかけてしまう悲劇を、杢太郎はこうして避けることができたのでした。

杢太郎が味わった苦しみは、いわゆる二代目にあたる世代に共通した苦しみだということができます。優れた第一世代（つまり父親世代）を持つ人は、または優れた文化的環境の中に生まれた人は、強い個性を持てば持つほど、自分の精神の自由・行動の自由への欲求が、外側から制約されるのを感じます。杢太郎たちの時代から少したちますと、文化的経済的に恵まれた家庭に生まれた青年が親に反抗し、自分の育った環境を否定して、社会改革や政治革命などの運動に参加してゆく現象が生じてくるのですが、これは大正・昭和の日本ばかりではなく、おそらくは世界に共通する現象でありましょう。

杢太郎は外圧に対する抵抗を諦めることによって小さな自我を克服し、精神の自由の目標を、外的条件によって左右されないものの確立に置くようになりました。それは普遍的に価値あるものを、自分の活動分野のすべての部分において生み出すことでしかありません。いわば自分の認識の水準を、人類普遍の価値と同等の高さに求め、個人的特殊性の要求をしりぞけることが、杢太郎の課題となったのです。これから後の杢太郎は、例えばあれほど愛した江戸情趣の作品を「今から顧みて顔を顰めるほどの鄙《いやし》さがある」（「食後の歌」序）と評し、和辻哲郎が日本古代文化の特殊性を論じ、飛鳥美術の個性を主張した時には、これを東洋美術精神の地方的な一つの発現形態であると見るべきだ、と反論するようになってゆきます。彼の視界は着実に拡がり、そして深まって、彼の精神は狭い地域性や時代的拘束から解放された自由の境地へと進みます。そしてついには、人類普遍の価値の結晶とも言える古典の世界を教養の根底とすべきである、という主張に辿り着くわけです。

精神の自由という、基本的には全く同じ問題に取り組みながら、與謝野晶子はこれをまず女性の自立と経済的生活の上での差別克服の面で捉え、さらに一般の社会問題を論ずる社会評論の方向に進みました。杢太郎が今述べましたように、いわゆるユマニテの精神を見いだすことによって精神の自由を確立する努力をしていたのは、ちょうどこれと同じ時期にあたります。二人は『明星』の廃刊から同時に新しい自己実現の道に向かって歩み出し、それぞれの足跡を残したのでした。晶子が杢太郎を愛し、杢太郎が晶子を尊敬し続けたのは疑いのないことですが、それはこのような事情を見ればもっともなことであるとうなずけます。お互いに理解し合いつつ、今は別の道を歩んでいるという気持ちは、晶子が杢太郎に捧げた次の詩によく表われております。

木下杢太郎さんの顔

與謝野　晶子

友の額のうへに
刷毛《はけ》の硬さもて逆立つ黒髪、
その先すこし渦巻き、

中に人差指ほど
過《あやま》ちて絵具の――
ブラン・ダルジャンの附きしかと……
また見直せば
遠山の鬢に
雪一筋降れるかと……
否　それは白髪の奇しき塊。

然れども
友は童顔
いつまでも若き日の如く
物言へば頬の染《そ》み、
目は微笑《ほほえ》みて、
いつまでも童顔
年四十となり給へども。
年四十となり給へども、
若き人、
みずみずしき人、

初秋の陽光を全身に受けて
人生の真紅の木の実
そのものと見ゆる人。

友は何処に行く、
猶《なお》も猶も高きへ、広きへ、
胸張りて、踏みしめて行く。
われはその足音に聞き入り、
その行方を見守る。
科学者にして詩人、
他に幾倍する友の歌の
重《おも》りかに華やげるかな。

同じ世に生れて
相知れること二十年、
友の見る世界の片はしに、
我も曽て触れたり。
さはいえど、今は我れ
今は我れ漸くに寂し、

譬《たと》ふれば我がこころは
薄墨いろの桜、
唯だ時として
雛《ひな》げしの夢を見るのみ。
羨まし、
友は童顔、
いつまでも童顔、
今日見れば、いみじき
気高ささへも添ひ給へる。

（第二期『明星』大正五年六月号）

それでは杢太郎は、その後いわゆる「社会問題」に関心を持たなかったのでしょうか。これは簡単には断定できない、難しい問題だと思います。彼の作品には、社会思想について立ち入って考察をほどこしたものはありません。第二次世界大戦の頃、いわゆる「時局」について語ったものはありますが、どれも思想的な内容のものではなく、ましてや社会改革や反政府運動を認めるような表現は全く見あたりません。しかし、これをもって彼が社会問題に無関心であった証拠とするのは早計で、彼の医者としての実践を見ればそれがよく分かります。彼は癩病患者の隔離という政策を深刻な社会問題と捉えており、患者を救うための薬剤を発見できないでいる医者の社会的責任を強く感じていました。彼が晩年を癩病の病原菌の研究に捧げているのは周知の通りです。

また、東北大学時代には学生を引率して農村を廻り、僻地の医療にたずさわっており、その折の記録である「僻郡記」

「続僻郡記」の二篇は、人道的であるとともに、ゆき届いた社会学的な観察記であります。

そしてもう一つ、杢太郎と社会思想との関係を考える上で、見逃すことのできない出来事があります。それは言うまでもなく、東北大学における「森鷗外の會」のことでありまして、この会において杢太郎は、社会思想上の問題で苦悩している青年たちを指導する立場に立たされました。杢太郎記念館シリーズ八号の「森鷗外の會」にその時の記録が収録されており、当時の学生の一人であった高橋実氏の書かれた「鷗外の会のことなど」という題の、詳細でゆき届いた解説と思い出が付けられています。

高橋先生の文章を読みますと、杢太郎がどういう気持ちをもって青年たちに接したかがよく分かるような気がします。まず杢太郎は、純粋で理想主義的な青年たちが社会の矛盾に怒りを感じ、社会改革運動に参加し、政府の不当な弾圧にあって志を打ち砕かれ、深刻な挫折感に苦しんでいるのを見抜きます。そこで杢太郎は、彼らを圧迫する外圧自体を性急に否定することも肯定することもせず、外圧によって危機に立たされている個人の精神の自由をいかにして回復させるかに、教育の目標を定めようと考えます。これを、当時の状況下で社会思想について論じるのが危険だったからという観点だけで捉えると、本質を見落とすおそれがあります。聡明で敏感な青年たちが、そのような日和見主義にだまされるわけはありません。高橋先生の言われるように、この時に杢太郎が与えたインパクトは、青年たちの心の中に終生生き続けるほど強烈なものだったとすれば、疑いもなく杢太郎は、ここでも自分の本音で話したに違いないのです。

杢太郎の狙いは、学生たちをイデオロギーといういわば相対的な価値観から解放し、精神の自由の次元を人類文化の普遍的な価値に参加できる水準にまで高めることが、学生一人一人にとっても可能であることを示すことにありました。それは若き日の杢太郎の苦悩と、その克服とを思い出させる営みであります。杢太郎はかつて自分が心の支えとした森鷗外を、自分の体験によって得た確信に基づいて、学生たちに勧めました。これが杢太郎の持つ温かさであり、誠実さであり、また豊かさなのであろうと思います。高橋先生と杢太郎の関わりはその後も続くのですが、そのことにつきましても、どうか高橋先生の書かれたものをご覧くださいますようにお勧めいたしたく存じます。

杢太郎が心の中にどのような社会思想を持っていたかは、彼の作品から探るのが困難です。何とかその面でも積極的な評価が可能であって欲しいと思う杢太郎びいきの人たちは、『和泉屋染物店』にその証拠を見いだしていますが、そういう直接的な形での証拠は、全作品にあたっても多くは発見できないと思います。私はむしろ、社会主義とか共産主義とかいうイデオロギーが、杢太郎にとっては永遠的な価値に見えなかったのだと考えた方が、彼の社会観をすっきり理解できるのではなかろうかと思います。杢太郎は結局「主義」の人ではなく、芸術を愛し文化を愛し人間を愛したがゆえに、あらゆる意味での固定的な価値観から自由であることを求めた人でした。これはやはり一つの倫理的な姿勢だとも言えるでしょうし、本当に杢太郎は生のすべての側面において、高潔な人柄であったそうであります。杢太郎の社会観を考える時は、したがって主義主張の根跡を求めてその乏しさを嘆くよりも、彼が多面的な人間関係の中で一人一人の人間の過去と現在を、その置かれている社会的現実を、どのような同感や愛情をもって眺め記述したかに注目してゆくのが正しいのではなかろうかと思います。そうすれば具体的に、このような場面ではおそらく杢太郎はこのように対応するであろう、というような見通しも生まれてくるでしょう。杢太郎から学ぶということは、あるいはそういう作業のことであって、無理に杢太郎の中から特定の主義や思想を抽出することではないのではなかろうかと思う次第です。

（一九九三年十月三日　伊東市観光会館）

太田先生の多面性とその本質

（伊東市における杢太郎生誕百年祭における記念講演）

木下杢太郎つまり太田正雄先生は医学者であられました。明治三十九年に第一高等学校を卒業してのち、直ちに東京帝国大学医学部に入学され、四十四年に卒業なさってから一年間、衛生学教室に籍を置かれて、主として細菌学の勉強をされ、翌四十五年の七月に皮膚科学教室に入られて、土肥慶蔵教授に師事されました。次の年に医籍の登録をなさり、その次の年である大正三年からは皮膚科学会の機関誌『皮膚科及泌尿器科雑誌』の編集にたずさわっておられます。太田先生の先生である土肥慶蔵という方は外科から皮膚病学の道に入り、明治三十一年に初めて皮膚病学の講座を東京帝国大学に開設して主任教授となった、日本における皮膚科の開祖であります。土肥先生の教室で四年間勉強された後に、太田先生は大正五年に南満医学堂教授兼奉天医院皮膚科部長として当時の満州に渡られましたが、これも土肥先生の指示に従われたものでした。ここで四年間、医者として、また大学教授として研鑽をつまれ、一度退職されて一年間の準備期間を経た後に、大正十年にアメリカ・キューバを経てヨーロッパに留学されます。主としてフランスで勉強された成果は、ランジュロン博士との共同作業である「真菌分類」に関する新しい方法など、いくつかの論文としてフランス語で発表されました。ヨーロッパの学会の近況を日本の友人たちに知らせるべくお書きになった手紙もあり、それらの全体から推測してみますと、太田先生が当時の若手の研究者の間に占めておられた位置の高かったことが分かります。太田先生の先輩で、しばらくパリで同じ時期を過ごした田村春吉という人は、愛知医科大学の皮膚科の教授で、後に名古屋帝国大学の第二代総長となった人ですが、彼は太田先生の能力を大変高く評価し、太田先生が留学を終えて帰国されるとすぐに、愛知医科大学の教授として招聘いたしました。田村春吉と同じ頃にパリにいた慶応大学医学部の宮島幹之助教授も、太田先生の才能と人格にほれ込み、慶応大学に細菌学の教授として赴任するように誘っております。結局、太田先生は愛知医科大学に行かれ、そこに二年間おられました。ところが、恩師の土肥先生が大正十五年に東京帝国大学を退官し、これまで東北帝国大学の皮膚科の主任であった遠山郁三がその後任となり、東北大学のポストが空きました時、土肥先生門下の多くの俊秀の中から選ばれて、太田先生がその職に就かれたのでした。それから十二年後の昭和十二年に、遠山郁三教授が東京大学を退職すると、その後に招かれて母校に戻り、第三代目の東京大学医学部皮膚科学教室の主任教授となられます。その間になされた研究は癩菌の培養に関するものを始めとして、現在も「太田母斑」の名で呼ばれている褐青色母斑の研究など数々あり、フランス政府からレジョン・ドヌール勲章を贈られたりして世間的な栄誉にも飾られた、文字通り日本医学界の代表的な学究の一人となられました。太田先生は医学者としても、極めて優れた人間にしか達せられない高い水準の認識能力を自分のものとされたのでした。

皆様もご存じのように太田先生は、木下杢太郎の筆名によって早くから知られた詩人であり劇作家であり批評家でもありました。文壇に登場されたのは明治四十年、二十二歳の頃で、当時先生は大学の二年生でしたが、與謝野寛の主宰する新詩社に入って機関誌『明星』に散文や詩や短歌を盛んに発表し、北原白秋や吉井勇などと共にこの時代の『明星』を代表する新時代の詩人とみなされました。しかし一年後には新詩社を脱退し、北原白秋、吉井勇、長田秀雄などと共に「パンの会」を中心とするいわゆる耽美派的な文学運動を始め、明治四十二年になると石川啄木なども加えて『スバル』を創刊されました。白秋の「おかる勘平」という詩で検閲にひっかかり、たった二号で廃刊となった『屋上庭園』という雑誌も、この年に太田先生を中心として創刊されたものです。この頃から先生は文芸批評や美術批評のジャンルでも大いに健筆をふるわれ、特に美術展覧会評は博い見識と鋭い鑑賞力の発揮された独特のものと言えましょう。小説も劇作も矢つぎばやに発表され、『白樺』『新思潮（第二次）』『三田文学』『太陽』『読売新聞』など数多くの雑誌や新聞のどこかに太田先生の作品の見られない月はありませんでした。単行本として初めて出版されたのは戯曲集『和泉屋染物店』で、刊行は明治四十五年七月でした。それから大正三年の『南蛮寺門前』、翌大正四年の小説集『唐草表紙』『穀倉』と続くのですが、大正五年に当時の満州に赴任したこともあって一時文壇から離れた形となります。しかしそれでも大正五年に美術書の翻訳である『印象派以後』、八年に同じく『十九世紀仏国絵畫史』と詩集『食後の唄』、十年に『地下一尺集』『支那伝説集』と『空地裏の殺人』というように、作品集の刊行の絶えることはなく、雑誌や新聞への寄稿も相変わらず活発でした。ただこの頃から、当然のことながら外国の風物の観察から得られた印象を記す紀行文、通信文の種類が増え、いわゆる随筆の類とともに太田先生の文業の中でも特に優れた一つの世界が拓かれてまいります。大正十一年の『大同石仏寺』から始まり十五年の『支那南北記』昭和四年の『えすぱにや・ぽるつがる記』十四年の『其国其俗記』と連なってゆく系列と、昭和十一年に刊行された『芸林間歩』や、亡くなられた後に出た『葱南雑稿』（昭和二十一年）などに収められている数多くの随筆が、この分野に属します。太田先生が詩人、劇作家、小説家としていかに優れた存在であられたかは改めて申し上げるまでもなく、野田宇太郎さんや高田瑞穂先生のような杢太郎研究の先駆者たちを始め、多くの文学研究者や評論家がこれまで評価してこられたのも、主としてこの面の業績であったのは皆様もよくご存じのことでありましょう。

太田先生の真面目が発揮されるのは、むしろ『支那南北記』あたりからのちに現われる紀行や随筆においてでありまして、そこで展開された散文芸術の世界を私などは、太田先生の諸作の中でも最も質の高いものと思っております。まず抒情詩人として、また詩的劇作家として天才を現わし、後に数多くの珠玉の如き随筆を残したオーストリアのフーゴー・フォン・ホーフマンスタールは、太田先生が特に愛読された作家ですが、太田先生ご自身の文学者としてのお仕事は、ホーフマンスタールのそれに傾向としてよく似ており、内容的質的に見ても彼にいささかも劣るところはないと思われます。

太田先生はまた、姉崎正治、村上直次郎、新村出などに続く時代の吉利支丹研究の代表的学究であられました。青年の頃の読書記録などを別にすれば、この分野での研究は大正十三年に始まります。すなわち、ヨーロッパ滞在の終わりに近い頃スペインとポルトガルに旅行し、其地の図書館で十六世紀のイエズス会士の日本布教に始まる吉利支丹の歴史に関する文献を探し、日本で手に入らないものは筆写して持ち帰られました。そのノートの一部は現在横浜の神奈川近代文学館にある木下杢太郎文庫に保管されておりますが、これを眺めただけでもコピーの不便であった当時のこととて、どんなに多くの労力を忍んで研究がなされなければならなかったかが、痛切にしのばれます。正確に、時として原本の書体まで真似て、実に丁寧に書写されていて、現在見事に発展している吉利支丹研究がどんなところから出発したのかを知る貴重な資料と申せましょう。イエズス会士ルイス・フロイスが本部にあてて書いた書簡の持つ価値をいち早く認めて、その翻訳に着手したのはドイツのシュールハンマーと太田先生の二人であって、お互いに当時は相手の仕事を知ることなく、ほとんど同じ頃にフロイスに注目したということです。

太田先生の翻訳は、部分訳ですが昭和六年に刊行されました。吉利支丹研究関係の論文は、のちの昭和十八年に『日本吉利支丹史鈔』の題名で一書にまとめられましたが、その他にグワルチェリの著作の翻訳である『日本遣欧使者記』がすでにその十年前に刊行されており、『ルイス・フロイスの日本書翰』(昭和六年)と併せて、当時のこの面での研究業績としては第一級のものと言えるのであります。日本の吉利支丹学はその後、岡本良知、土井忠生、海老沢有道などの各氏の努力によって現在の水準にまで次第に高められましたが、その土台を築くのに、少なくともその方法論の面においてなされた太田先生の貢献は多大のものがあったと思います。これだけでも、優に一人の学究の一生を要するほどの仕事でありましょう。

皆様のご記憶にも新しいことと存じますが、先年岩波書店から『百花譜』という画集が発行され、続いて『百花譜百選』も出されました。これは太田先生の絵画の方面でのお仕事のほんの一部分でありまして、先生の遺された水彩やスケッチ、山水画、色紙の類は膨大な量にのぼり、日記やノートの余白に描かれた小さな鉛筆画などを数え合わせたら何千点になるか、ちょっと見当もつきかねます。その中から本の装釘、仏像、昆虫、風景風俗などを数百枚選びまして、用美社という出版社が四冊にわけて刊行することになり、その第一巻がこの十月十五日に、先生の命日を記念して発行される運びとなっております。これらをご覧になりますとお分かりになるように、先生の描かれる絵は教養人の余技というような水準のものではなく、極めて質の高い芸術の境地を示しています。ご承知のように太田先生は青年の頃、画家を志されたことがありました。黒田清輝や三宅克己に接してその影響を受けられたことも、日記に出てまいります。職業画家にはなられませんでしたので、描かれた作品を随分鷹揚に友人や知人に贈られたようですが、そういう自由さが作画の態度にも表われていて、世俗の名声や評価に心をわずらわせることが全くないゆえか、対象の本質を自分の目で捉えて記録する作業の純度の高さは、目をみはるばかりです。画業においても太田先生は独自の世界を持っておられました。

以上にざっと見てまいりましただけでも、太田先生が大変に多面的な方であられたことがお分かりになると思います。そしてどの分野をとってみましても、その道の極めて優れた専門家とみなさなければならないだけの実績を残されたことも、お認めいただけるでしょう。

さて、人間が多面的であるということ自体は決して不思議なことではなく、むしろ当然の話でありましょう。人間は全体として一つのまとまった存在でありまして、生まれながらにして一つの分野の専門家であった者はなく、生まれつき、ある方向に優れた才能を資質として持っているということはあっても、それがどのように展開してゆくかは、その後の運命と、運命に関わってゆくその人の姿勢によって決められます。ある種の才能は幼い時期に外に現われ、周りの人たちに発見されやすいので、本人が自分で自分の進路を決定するだけの判断力を持たないうちに、周りの人から将来進むべき方向が決められてしまうことがあります。その代表的な例が音楽の才能でありまして、名演奏家となった人たちのほとんどは、幼くして才能を現わし、幼くして周囲の人たちの意志によって音楽家たるべく運命づけられてしまった人たちです。

そういう人たちも、おそらくは音楽以外の方面にも優れた潜在能力を持っていたに違いないのですが、それらの発現が音楽の才に比べてずっと遅れて生じたために、すでに音楽家としての地位を得て、将来への道が決まってしまった後では、大抵の場合は見逃がされるか無視されてしまったのです。最初は個別の楽器の演奏家として名をあげ、のちに作曲や指揮の方に転向した人たちは、後になって自分の意志によって自分の生をある程度修正することに成功した例だと言えましょう。私の従兄に画家の長男で幼児から優れた画才を示し、若くして画壇にデビューした人がおりますが、彼は自我に目覚めたとたんに周囲の圧力をはねかえして学問の世界に進み、現在はある大学で生物学の教授をしております。私はこのように自己の進路を修正できた人たちの意志――自己に忠実に生きようとする意志――の強さに、心の底から讃嘆いたします。従兄が職業画家となることをやめて大学に入り直した時、私はあれだけの才能があるのに惜しいことだと思いました。当時、私はまだ大学に入ったばかりでしたので、他人より優れた才能を持っているということ自体に価値を認め、その才能を積極的に用いようとしないのを、彼の意志に深い同感と尊敬を持ちつつも、やはり「惜しい」という感情で見ていたものでした。

このような私の感情を私は「俗物根性」だと思うのですが、今これを分析してみますと、専門化の進んだ現在の社会で生きてゆくには、一つの方向の能力を突出させるのが有利だという常識が、その根底にあることに気づきます。もしもその一つの分野にしか愛情を持つことができず、そこに専一に生きることを自分の生の本当のあり方だと判断し信じきっているのならば、何の問題もありません。そこには「有利」とか「不利」とかという観点のまじる余地はなく、生き方として純粋であって、他に何も考えることはいらないでしょう。しかし、すでに将来の約束されている才能を持つ者が自分の中に別の可能性を見いだし、新しい可能性にも第一の可能性に劣らぬ魅力を感じた時、現代という「専門化」の進んだ時代において自分の社会的通用度を高めようと考える限り、自分の努力目標を分散させることは効率の低下に通じ、いわば「不利」な結果をまねくでしょう。現代の能率主義は、ここで人間の自然な成長を抑圧する力として働き、内面から生ずる自己発展へのさまざまな希望を抑えて、ひたすら専門分野での勝者となるようにそそのかすのです。芸術家の中にときとしてみられる非常識や、学者にはごく普通の現象である「専門馬鹿」は、能率主義の風潮が進めば進むほど一そう多くなってくるでしょう。現在、多方面な才能をお持ちのかたがたは、このような能率主義の世界を生き抜くために、一つの専門の仕事に向けてほとんどの精力と時間とを用い、その他の分野の営みはこれを「余技」ないしは「趣味」とみなして、全力をそこに投入することはなさらないようであります。うっかり趣味に没頭などしていては本業がおろそかになる、という言い方もあるようです。

太田先生の一生をこのような人間の多面性と、それに対する効率主義的専門化の風潮という視点から眺めてみますと、先生の生き方の特色の、ある面が分かってくるような気がいたします。先生が医学の道に入られたきっかけは、おそらくは大多数の医学者の場合もそうであろうと思われますが、ご本人の内から発した希望ではなく、いわゆる保護者、つまりご家族で年長のかたがたの意志でありました。先生は豊かな家にお生まれでしたが三男でしたから、もちろん家督を継がれることはなく、当時の常として、教育を受けて世に出るか、他家に養子となるかのいずれかが良いというご判断が、年長者におありだったのでしょう。頭の良い子は医者になるのが一番有利だという考えは、必ずしも最近の流行ではなく、当時も同じだったようで、したがって利発な子供は自律的に自分の進路を選んでゆく能力の熟する前に、すでにして世の効率主義の支配を受けることになります。太田先生において一番早くに目覚めてきた才能は、文学と美術の分野に属するものでした。中学時代に始まり高等学校時代にすでに見事に開花した自分の才能と、それをもとにして予想される将来の自己拡大の可能性は、具体的にはまだ何一つ知らない、大学に入ってから初めて学び始めることになる医学を、本当に自分の本業としてよいものかという疑問につながってゆき、若き日の太田先生は大変に悩まれた様子です。この辺のことはどなたの書かれた伝記的研究書にも詳しく書かれておりますから、詳細はすべて省きますが、太田先生は結局この悩みを極端な行動によって解決することはなさらず、内から自然に湧いてくる興味によって改めて医学を自分の積極的な活動世界と化すことに成功されたのでした。太田先生が主観的にはどのような苦しみをされたかは別といたしまして、結局このような解決法を採られたこと自体は決して不思議でも不自然でもなく、それどころか、いかにも先生らしいと思われるものであります。

先生の才能は芸術的方面において最も早くに開花いたしましたけれども、論理的な思考能力とそれを好む性向はすでに少年期より備わっており、美術や文学の才能が開かれてくる過程におきましても、その背後に高度の知的能力があって、先生の一切の行動を支えております。『明星』や『スバル』や『屋上庭園』の同人たちとともに文学活動に没頭されても、どこか他の人たちと違う、小堀杏奴先生の表現をお借りすれば「毅然とした」ところを持っておられたのは、次にお話しようと思う先生の倫理的・道徳的才能と、今申しました知的・論理的能力の豊かさにあるものと思います。医学は自然科学である以上、知的・論理的思考力を要求するものであるのは言うまでもありませんが、感覚器官の多面的で活発な働きを要する点では芸術的な作業に近い要素を持っているものです。その両者に優れた太田先生が、医学の中の少なくともいくつかの分野に興味を持たれるようになられたのは、結果としては少しも不思議ではないのです。医学はまた人間を相手にする学問ですから、当然倫理的、道徳的な性格をも持っており、太田先生の素質の中にあった倫理的能力が発達し深化してくるにつれて、医学的活動の対象と研究の性質にも変化が出てまいります。医学者となられた初めの頃は、芸術活動に最も強くひかれておられた時期でありましたから、対象の持つ個別の形態と色彩と動きとに興味の集中する細菌学に一番魅力を覚えられたことも、これと無関係ではないように推察します。

太田先生の持っておられた素質の中で、才能として姿を現わしてくるのが最も遅かったのは倫理的・道徳的能力であったように思います。先に述べましたように、素質として、また漠然とした予感として、すでに早くから道徳的な傾向を持っておられたことは事実であり、先生のあらゆる活動の背後にそれを感じとることができますが、この素質が具体的な対象を究明する精神的活動として展開を始めるのは、ヨーロッパ留学を機として次第に明瞭になってくる古典文化尊重の姿勢と、吉利支丹研究の開始でありましょう。つまり先生はこのあたりから「人間の生き方」がいかにあるべきかを、具体的な資料探索と考察の作業を通して追求し始められたのです。留学から帰られて早々になさった名古屋での講演「日本文明の未来」や「古典復活礼讃」を始めとする国語国字問題に関する一連の発言も同様に、極めて倫理的な調子の高いものであるのは皆様もご存じの通りです。

ヨーロッパ留学以後の先生のお仕事に共通して感じられる格調の高さは、倫理的・道徳的素質の意識的・自覚的展開の過程と重ねてみれば、よくその意味が捉えられるように思います。

太田先生は実に多面的な方でありましたが、その一つ一つの能力の発展には必然がありました。先生はご自分の内部に持っておられるものを便宜主義や能率主義に害されることなく、それ自体の伸びてゆくべき方向に伸ばしてゆくように、自覚的に意志し努力されたのです。すべての能力は、決して一時に目覚めてくるものではありません。自分の内部に一つ一つと目覚めてゆく可能性のどの一つをも、不純な動機で圧殺することなく、それぞれに固有の法則に従いながら発展させてゆくことは、極めて強い意志がなければできない営みであります。凡人にそれが難しいのと同じように、優れた才を持つ人にもやはり難しいと思います。優れた才を持つ人にそれが可能であるとすれば、凡人にも、それぞれの能力に応じた程度でそれが可能なはずです。先生にそれがおできになったことは、決して先生の才能が他に優れていたというだけではありません。私はそこに自己教育への意志の強さを見、俗物根性と妥協することを拒絶された高潔さを見る思いがいたします。そして先生の優れた才能には、どんなに努力しても足下にも及ぶものではありませんが、生に対する姿勢だけは先生から学ぶことができ、いくらかでもその域に近づいてゆくことが「可能性として」許されているであろうことを信じたいのです。太田先生の多面性の本質は、これまでに見てまいりましたように、知的・論理的存在である人間と、芸術的・審美的存在である人間と、倫理的・道徳的存在である人間とを分裂させず、一人の人間の中に調和させたところにあると思います。多面性が統一性だというのは矛盾のように聞こえるかもしれませんが、このことは、専門化を極端に進めた時に人間的統一性が破壊されるであろうことを予想すると、決して矛盾でもパラドックスでもないと、ご理解いただけるでしょう。多面的であることの許され難くなってきている現代社会で、多面性を生き抜かれた先生は誠に偉大であられたと申すほかはありません。

ところで、このような生き方を先生ご自身はどのように自覚しておられたのでしょうか。この問いに答えるにはさまざまな鍵があり、どの鍵を使って箱を開いても中身は同じだと思うのですが、その一つの鍵として私はここに、先生の『日記』をあげたいと思います。

先生は少年の頃から日記をつけておられます。中学生の頃は美文調の旅日記のような性格のものでしたが、高等学校に入ってからはしだいに毎日の体験の記録、覚え書きの性格を強め、何を見たか、何を読んだか、何をなしたか、何を感じ考えたかが、短い言葉で記されるようになってまいります。英語、ドイツ語、フランス語、日本語のローマ字書きなど、その時の気分や文の内容などによっていろいろに書き分けられているのですが、のちには使用する紙に原稿用紙が用いられるようになり、一年毎にきちんと整理され、別紙にくるまれて保管されてありました。大変興味深いのは、同じ時期の日記が二種類あることがしばしばあり、そういう場合一方が他の清書であることがほとんどです。日記に限らずスケッチにせよ模写にせよ、先生の記録の速さと量の多いことには驚かされますが、記録を大切に保管され、時としては清書までしておられるのは、どういうことなのでしょうか。私は先生がご自分の生を客観的な事実として眺め、克明に記録なさったのだとしか考えられません。つまり先生は、ただ一回だけこの世で生きる人間の生の記録を、ご自分について残されたのです。そう思って見ると、日記はもちろんのこと、『百花譜』と名づけられた植物図譜にも、昆虫のスケッチにも、旅行中のスケッチにも、ご自分の生活に関係のある記録的な言葉が書きこまれてあることが多く、図譜やスケッチ類もやはり、先生ご自身の生の記録であることが分かります。これらは本質的に日記の一種なのです。先生はご自分の生を記録することにより、一人の人間の、人間としての生の全体を、自我の目覚めた頃から死の直前まで書き続けられました。考えてみるに、これほど正確で信頼のおける「伝記《ビオグラフィ》」は他にあるでしょうか。世に「自叙伝《アウトビオグラフィ》」と称するものは数多くありますが、そこには筆者の願望や自己評価が混じっていることが多く、虚構の文学の面が含まれているのが普通ですが、先生はご自分の伝記を正確に客観的に生涯を通して書き抜かれ、そして生き抜かれました。「伝記」を持ち得るのが、個別の生を自分の意志で形作る存在、つまり人間の、他の生物と決定的に異なる点だと申しますが、毎日の生を意志的に生きながら、それを意識的に記録してゆかれたことに、多面性を統一的に生き抜かれた太田先生の真面目を見るような気がするのであります。

（一九八五年十月五日　伊東市観光会館）

初出一覧

今回初めて活字になる三篇、すなわち第二章の「中国研究と比較文学」、第三章の「変化する『わたし』と永遠の『わたし』」、第四章の「死生観と教育」を除けば、所収の文章のすべては一度印刷されて発表されたものである。中には数回形を変えて再録されたものもある。ここにまとめて初出の紀要、年報、年鑑などを記しておく。

教養の役割
『生活文化研究所年報　第十二輯』ノートルダム清心女子大学、一九九八年三月刊
生活習慣と言語表現
『山陽論叢　第二巻』山陽学園大学、一九九五年十二月刊
美意識と知性
『李太郎会シリーズ第六号』李太郎会、一九九〇年十二月刊
漢方から蘭方へ
『医学概論』産業医科大学、一九九〇年三月刊
フェミニズムと文化
『山陽論叢　第三巻』山陽学園大学、一九九六年十二月刊

社会の変化と日本語
『山陽論叢　第五巻』山陽学園大学、一九九八年十二月刊
直観、予感、創造的ファンタジー
『人間教育の探求　第十号』日本ペスタロッチ・フレーベル学会、一九九八年三月刊
輪廻思想の東と西
『山陽論叢　第四巻』山陽学園大学、一九九七年十二月刊
人間―その死と生
『ＩＣＰＡレポート　十五号』国際クリスチャン教授協会、一九八七年五月刊
李太郎とゲーテ
『ゲーテ年鑑　第二十九巻』日本ゲーテ協会、一九八七年刊
李太郎と晶子
『李太郎会シリーズ第九号』李太郎会、一九九三年十一月刊
太田先生の多面性とその本質
『李太郎会シリーズ第一号』李太郎会、一九八五年十二月刊

■著者略歴

新田　義之（にった　よしゆき）

1933年生まれ。東京大学大学院人文科学研究科比較文学比較文化専門課程修了。文学修士、学術博士。

東京大学名誉教授、現在ノートルダム清心女子大学教授。

比較文学・比較文化専攻

現住所／〒251-0038 藤沢市鵠沼松が岡1-11-19

主な著書・編著

『リヒアルト・ヴィルヘルム伝』(筑摩書房)、『木下杢太郎』(小沢書店)、『比較文学への誘い』(大学教育出版)、『ルドルフ・シュタイナー研究』全4巻、編著（人智学出版社)、『文化の諸相』、編著（大学教育出版)、その他

文化と教養 ——比較文学 講演の旅——

2000年5月25日 初版第1刷発行

■著　者——新田　義之
■発行者——佐藤　正男
■発行所——株式会社**大学教育出版**
〒700-0951 岡山市田中124-101
電 話 (086)244-1268(代) FAX (086)246-0294
■印刷所——互恵印刷(株)
■製本所——日宝製本(株)
■装　丁——ティー・ボーンデザイン事務所

ISBN4－88730－393－9

比較文学への誘い
―東西文学十六章―

著―新田　義之

比較文学の基本的な考え方を様々な作品解釈の実例を示しながら、分かりやすく説いた比較文学概論である。従って、大学での教材としてだけでなく、講義案作成の見本として、また一般読者には楽しい読み物でもある。

ISBN4－88730－258－4　A5判　180頁　本体1、800円

文化のダイナミズム

編―新田　義之

日本の文化の中には人類全体の財産の一つとして認識されるという時代において、私たちは世界から学びながら、同時に自分の持っている文化の意味と価値を世界の光に照らして確認するための素材を提供する。

ISBN4－88730－328－9　A5判　268頁　本体2、100円